最初からそう教えてくれればいいのに！

みんなの事業承継研究会 著
弁護士 今井多恵子 監修
公認会計士 河江健史 監修

事業承継のツボとコツがゼッタイにわかる本

秀和システム

●**注意**
(1) 本書は著者が独自に調査した結果を出版したものです。

(2) 本書は内容について万全を期して作成いたしましたが、万一、ご不審な点や誤り、記載漏れなどお気付きの点がありましたら、出版元まで書面にてご連絡ください。

(3) 本書の内容に関して運用した結果の影響については、上記(2)項にかかわらず責任を負いかねます。あらかじめご了承ください。

(4) 本書の全部または一部について、出版元から文書による承諾を得ずに複製することは禁じられています。

(5) 本書に記載されているホームページのアドレスなどは、予告なく変更されることがあります。

(6) 商標
本書に記載されている会社名、商品名などは一般に各社の商標または登録商標です。

(7) 本書の内容は、平成29年12月末現在の法令、通達等に基づくものです。出版後に法令、通達等の改正が行われることがありますのでご注意ください。

はじめに

　中小企業の多くの経営者の方が、自分の人生とともに大切に育ててきた会社を、次世代へ承継させていきたいと考えていらっしゃることでしょう。また、次世代へバトンを渡し、会社を維持させることは、日本の経済活動にとっても重要なことです。

　中小企業の事業承継に関して、例えば次のような声を聞きます。

「私（現在の社長）が死んだ後、長男に会社を引き継いでいってもらいたい。でも、私の死後、次男、三男と揉めるのではないか、今からとても心配だ。私が生きている間にできることはしておいてあげたいと思っているが、どういう対策をしておいたらいいだろう」

「遺言書を書いておきさえすればそれでいいのだろうか。ポイントがよくわからない」

「会社のことをよくわかってくれている従業員、あるいはずっと会社を手伝ってきてくれた娘婿に引き継がせたい。でも、相続の権利がない人に引き継がせる場合、どのタイミングで何をしていったらいいのだろう」

「会社を、別の会社に売却することを考えている。売却先をどう探して、どのような流れで進めたらいいのだろう」

「自社の株式を後継者に譲ろうと考えているが、どれくらいの税金がかかるのだろうか」

「事業承継に伴う税負担を抑える節税スキームはないのだろうか」

　経営の「バトン」の渡し方によっては、渡された側がそのバトンを他の人に奪われてしまったり、意味のある承継ができなくなる危険性があります。事業のバトンを渡していきたいという気持ちはあっても、では「引き継がせるべき事業とは何か」「何をどのように引き継がせていったらよいか」、悩まれる経営者の方は多いのが現状です。

　他方、事業承継の問題は、法的な事項、税務的な事項と多岐にわたり、中小企業の経営者の方が、そのすべてについて情報を把握し、整理していくことは、非常に困難と言わざるを得ません。

本書は、中小企業の経営者等、これから事業承継について考えて行こうとされている方を対象に、弁護士、税理士、公認会計士が各々執筆させていただきました。事業承継の意味、事業承継の種類といったごく「スタート」の事柄から、各事業承継において気を付けるべきこと、事業承継に関連する相続等の基本的な事柄、事業承継にかかる税金の基本的な仕組みと税負担を軽減するスキーム、第三者に会社を承継させる場合の流れ等、基本的なことについてのわかりやすい記載を心掛けました。

　また、よりイメージが掴みやすいように、個別のＱ＆Ａ方式とさせていただき、関心のあるＱから読んでいただけるようになっています。

　なお、わかりやすさを優先したため、定義等については一部簡略化、概略化しているところがありますので、この点はご了承ください。

　本書を通じて、経営者の方々が、「事業承継」についてのツボやコツを把握して頂き、それぞれの事案においての考えを整理して頂く一助になればと願っています。

みんなの事業承継研究会一同

最初からそう教えてくれればいいのに！
事業承継のツボとコツがゼッタイにわかる本

Contents

    はじめに..3

第1章　事業承継を考える前に

1　事業承継ってどういうこと？..................................22
- そもそも事業承継とは？..22
- 人生をかけて育ててきた「事業」のバトンタッチ...............23
- 事業承継を契機として新しい成長局面に入る！................23

2　承継すべき経営資源とは？..................................24
- 後継者に承継すべき経営資源は株式だけではない.............24
- 後継者に承継すべき経営資源は「人（経営権）」、「資産」、「知的資産」の3つ...25
- 知的資産の「見える化」が事業承継の成功の鍵になる！.......26

3　事業承継の現状はどうなっているの？.....................27
- 中小企業の事業承継は社会の熱い視線を浴びている............27
- 事業承継のタイミングは年々遅くなってきている..............28
- 国も事業承継を応援している！..................................29

4　後継者候補は親族だけではない.............................30
- 事業承継にはさまざまな選択肢がある..........................30
- 承継先は「親族」、「従業員」、「第三者」の3パターンに分けられる...31
- 従業員や第三者への承継が増加している！.....................31

5　息子に事業を承継してほしいのだけど、どう進めたらいいの？...33
- 親族内承継とは..33
- 親族内承継の方法と特徴を理解しよう..........................34
- 方法を知った上で家族での話し合いをしよう！　承継のタイミングも大事！......35

6 子どもが継がない、従業員に事業を承継してほしい。 どう進めたらいいの？ 36

- 従業員承継とは 36
- 従業員承継の方法と特徴を理解しよう 37
- 適正な承継者を選ぶだけではなく、株式の譲渡方法をよく考える必要がある！ ...38

7 社内でも身内でも事業承継できない、取引先に、事業承継 してもらう方法もあるの！？ 40

- 取引先に事業を承継してもらう方法等 40
- 取引先に承継してもらう場合の特徴を理解しよう！ 41
- 取引先とのM&Aについては、情報が漏れないように慎重に！ 42

8 社内も身内も事業を承継できない！ 同業他社に、事業を承継してもらう方法もある！？ 43

- 同業他社に事業を承継してもらう方法 43
- M&Aの方法と特徴を理解しよう 43
- 会社の価値を上げて、早期に買収企業を探していこう！ 45

9 事業承継は何歳から準備すればいいの？ 46

- 後継者が何歳のタイミングで事業を承継させるのか考える 46
- 後継者が40代の間に事業承継をするのがベスト!? 46
- 事業承継をさせたい年齢の5年〜10年前から徐々に準備 47

10 事業承継はどうやって進めればいいの？ 48

- 何年あれば事業承継できるの？ 48
- 事業承継の式次第 49
- 事業承継の5ステップ 49

11 事業承継について相談する先は？ 51

- 地元のためにも事業承継 51
- 相談相手のヒント 52
- 4つの支援機関 52

12 事業承継についての国の支援機関は？ 53

- 国の支援ってどんなもの？ 53
- 国の支援機関のご利用を 53
- 国による支援機関のあれこれ 54

13 事業承継についての地域の支援機関は？ 56
- まずは地元密着型の支援機関へ相談 56
- 身近な相談相手のいる地域の支援機関 57
- 地域の支援機関のあれこれ 57

14 事業承継についての専門家の支援機関は？ 59
- やっぱり頼りになるサムライ達 59
- 専門家にも得手不得手 59
- 専門家団体の窓口は？ 60

15 事業承継で、弁護士・司法書士に相談・依頼するのはどんなこと？ 61
- 弁護士、司法書士とは 61
- 事業承継で、弁護士に依頼するメリットや費用 62
- 一人で悩むのではなく、事業承継の計画書の作成等を早期に相談しよう！ ...63

16 事業承継で、公認会計士に相談・依頼するのはどんなこと？ 64
- 公認会計士って、普段は接点がないけど、何が得意なの？ 64
- 公認会計士？　税理士？　肩書きではなく経験で選ぶ 65
- 積極的に取り組んでいる専門家を選ぼう 65

17 事業承継で、税理士に相談・依頼するのはどんなこと？ 66
- 顧問税理士に相談して大丈夫？ 66
- 信頼できる税理士に相談 66
- 積極的に取り組んでいる専門家を選ぼう 67

18 事業承継におけるＭ＆Ａ関係者は？ 68
- 第三者承継とM&Aの関係 68
- 承継候補の妥協も必要？ 69
- 承継候補を集めてから選ぶ 69

19 金融機関との関係はどうしたらいいの？ 71
- 金融機関との関係はどうなる 71
- 金融機関からの既存借入が引き上げられるか心配 71
- 金融機関は心強い味方 71

第2章　事業承継の準備をしよう

1 まず最初に何をすればいいの？ 74
- 事業承継の準備は大きく分けて2つ 74

- ●遠い先の問題と考えないことが重要 75
- ●経営者には定年がない！　だから準備に着手を 75

2　事業承継の課題を洗い出すには、どうしたら良いの？ 76
- ●「事業承継診断」や「事業承継診断クイズ」というものがある 76
- ●「診断」や「診断クイズ」で事業承継について考えを深めよう 76
- ●中小企業庁の事業承継診断票（相対用・自己診断用）を活用しよう 77

3　見える化ってどういうことをするの？ 79
- ●見える化のゴール＝ビジネスモデルとしての分解 79
- ●会社のステージにより異なる打ち手 79
- ●市場ステージ別の戦略 80

4　事業の不動産を見える化するとは？ 82
- ●目的は「現状を把握」をすること 82
- ●事業用不動産の所有者と承継対策 83
- ●不要な不動産を処分する際の留意点 83

5　適正な決算処理が行われているか見える化するとは？ 84
- ●税務と会計の経理状況の差 84
- ●管理会計とは 84
- ●初代社長だけが持てる噂の「勘ピューター」 85

6　事業承継を見据えたBSの見える化って何をするの？ 86
- ●貸借対照表（BS）ってなんですか？ 86
- ●貸借対照表（BS）の見るべきポイント 87
- ●前代表者との「貸し借り」に注目する 87

7　事業承継を見据えたPLの見える化って何するの？ 89
- ●損益計算書（PL）の分解図 89
- ●損益計算書を組み替えた「変動損益計算書」 89
- ●変動損益計算書と利益を出す方法 91

8　事業承継を見据えた自社株式を見える化って？ 92
- ●株主名簿への記載事項 92
- ●安定した株主構成 93
- ●株主が不明な場合 93

9　書類の見える化とは？ 94
- ●事業運営を行う上で重要な書類 94

- 経理・人事・総務業務の「書類の引継ぎ」...95
- 将来的に事業の譲渡を考えた場合にも必要...95

10 契約関係の見える化とは？...96
- 年を追うごとに契約内容は曖昧になりやすい...96
- 契約関係の見える化とは？...97
- 優先度の高いものから着手して、法務リスクを逓減させる！................................97

11 事業承継に関連した労務の見える化とは？...98
- 事業承継の上での現状の把握...98
- 見直しは、将来のことを見据えて行う...99
- 人事制度の「見直し」は、承継後しばらく経ってからがおススメ...........................99

12 事業承継を見据えた事業の見える化とは？..100
- 企業のXX年史を作ってみる..100
- 事業内容を可視化する...101
- 現状整理の後は、「活用」する視点で考える...101

13 事業承継を見据えた上での保証関係は？...102
- 銀行借入の一覧を作成する...102
- 経営者保証に関するガイドラインの活用..102
- 経営者保証を外すポイント..103

14 経営改善に先立つ作戦とは？..104
- 自社の特徴を見える化する...104
- 自社のプラス要因とマイナス要因をSWOT分析で整理.....................................104
- 内部環境と外部環境の2軸で整理しよう..105

15 プラス要因の経営改善はどうすればいい？..106
- ウリになる部分を探そう！...106
- どんな環境要因があるのか..107
- プラス要因を経営改善に活かす..107

16 マイナス要因の経営改善はどうすればいい？.......................................108
- 致命的なマイナス要因とは？...108
- 事業再生や廃業を検討も〜マイナス要因〜...109
- どうにもならない致命的なマイナス要因とは...109

17 事業再生型の事業承継って？..110
- 事業再生という言葉が持つイメージの誤解...110

- 債務で苦しむ会社のために 110
- 法的整理と私的整理とは... 111

18 財務体質の改善とは？ 112
- 事業価値ってなんのこと？ 112
- 会社を他人に見せる前に... 113
- 現金化できるものは現金化でスッキリ 113

19 経営管理体制の改善はどうすれば？ 115
- 外部承継を考えるなら管理体制の見直しを！ 115
- 経営管理体制の見直しは社内関係管理と社外関係管理 116
- 社内も社外も状況把握をする 116

20 中小企業等経営強化法って？ 118
- 自社で対応するのはなかなかにしんどいが… 118
- 法律の中身は 119
- 経営力向上計画の策定について士業に相談するという有力な方法も ... 119

21 経営改善に役立つ専門家とは？ 120
- 専門家は敷居が高い？ 120
- 実質無料で専門家に相談する～専門家のハードル.............................. 121
- 士業と連携して解決策を検討 121

22 内部承継のための段取りは？ 122
- 事業承継計画の利用... 122
- 事業承継計画の項目を知ろう 122
- 事業への思いのバトンタッチ 123

23 事業承継計画の作り方は？ 124
- 計画策定の2ステップ 124
- やり残しの最終点検～下準備 125
- 未整理部分の計画への落とし込み 125

24 後継者候補はどこにいる？ 127
- 廃業を検討している経営者の悩み... 127
- 事業承継が完了するまではあくまでも後継者候補 127
- 後継者のための内部教育と外部教育.. 128

25 第三者承継の候補は赤の他人なのか？ 129
- 事業継続のための外部承継 129

- 面食らう社内・取引先～外部者からの社内への接近 130
- 取引先や地元の可能性 131

26 第三者承継に軍師は必要か？ 132
- 主導権を誰がとるか 132
- 外部承継先とのチームバランス 133
- 軍師役をつけて冷静に合理的に対応しよう 133

27 事業承継の計画修正はできるのか？ 135
- 事業承継の約束事 135
- スケジュールを変えたくなったとき～計画修正 136
- 予定通りかどうかを考えよう 136

28 バトンタッチ後は関与しなくなるの？ 137
- スムーズな承継には前経営者の関与も大事 137
- 必要な範囲で関与しよう～承継後の関与 138
- 何も関与しないという方法もある 138

第3章 基礎知識を整理しよう 法務編

1 事業を承継するって法的にはどういうこと？ 相続法（民法）の基本 140
- 事業を承継するとは 140
- 株式の仕組みを理解しよう 141
- 分散してしまっている株式については事業承継に伴い、
  分散を解消する措置を講じよう！ 142

2 相続の基本的な仕組みを教えて？ 144
- 遺言が無い場合の相続の流れ 144
- 相続の基本的な仕組みを理解しよう 145
- 原則通りにいくと承継がうまくいかない場合には早期に対策を！ 147

3 法定相続では困る場合にはどうしたらいいの？ 149
- 「遺言」とは 149
- 遺言の基本を理解しよう 150
- 自筆でも書けるが、一定の条件を満たさないといけないため、
  公正証書が望ましい 152

11

4 遺言で万事解決とはいかないの？ 154
- 遺留分とは？ 154
- 遺留分減殺請求の仕組みを理解しよう 155
- 遺留分がどの程度あるかを考慮して、遺言を組み立てよう！ 156

5 遺留分対策の基本がある？ 158
- 遺留分の基本的な対策とは 158
- 基本的な対策を理解しよう 159
- 基本的な対策と合わせて活用しよう！ 161

6 遺留分の生前放棄ってなに？ 163
- 遺留分とは 163
- 遺留分の生前放棄の方法を理解しよう 163
- 他の相続人に理解があるのであれば、
  遺留分の生前放棄をしておくのは有用！ 165

7 負債や連帯保証は相続でどうなるの？ 相続法（民法）の基本 166
- 相続とマイナス財産 166
- 連帯保証人としての地位が相続でどうなるのか理解しよう 167
- 早期に金融機関と交渉を！ 168

8 遺留分に関する民法の特例ってなに？ 169
- 遺留分が事業承継の障害になる 169
- 経営承継円滑化法の特例を確認しよう！ 170
- 経営承継円滑化法上の特例を活用しよう！ 172

9 なぜ後継者以外の人が株式を持たないほうがいいの？ 173
- 株式の分散リスクとは 173
- 株主が増えることのデメリット〜話し合いコスト 175
- 株式が分散しないように対策を 176

10 個人事業と会社では違いがあるの？ 会社と個人の財産の基本 177
- そもそも株式会社とはなんなのか？　法人格とは？ 177
- 法人格があると何ができるのか 178
- 法人化するときには注意が必要！ 179

11 会社の経営権は誰が握る？ 180
- 会社は社長のものか？ 180
- あなたの会社に取締役会はありますか 181
- 最終的には株主総会で 182

12 代表取締役はどうやって決める？ 184
- 代表取締役とは何をする人か 184
- 代表取締役はどうやって選ばれるか 185
- 代表取締役を誰にするかによって何が変わるか 185

13 株式はどうすれば譲渡できる？ 187
- 「株券」ってありますか？ 187
- 株式には譲渡制限がかかっていることが一般的 188
- 事業承継における株式譲渡の手続 189

14 株式を相続させるときに気をつけることってあるの？ 191
- 相続の効果〜包括承継 191
- 相続された株式はどうなるか 192
- 気をつけるべきポイント 193

15 種類株式ってなに？ 195
- 種類株式とは 195
- 事業承継にどのように活用するか 195
- 種類株式の発行を検討するには 197

第4章　基礎知識を整理しよう　税務編

1 事業承継にはどんな税金がかかるの？ 200
- 事業承継にかかる税金とは 200
- 事業承継のスキームごとの税金を整理する 201
- 事業の引継ぎ方で税負担は変わる！ 202

2 売買の税金はどうやって計算するの？ 203
- 株式売却にどんな税金がかかるの？ 203
- 株式を売却したときの税金の計算方法 204
- 売買の税金の注意ポイント 205

3 贈与の税金はどうやって計算するの？ 206
- 贈与にどんな税金がかかるの？ 206
- 贈与を受けたときの税金の計算方法 207
- 節税重視で贈与するか、スピーディに贈与するか 208

4 相続の税金はどうやって計算するの？ 210
- 遺産相続にどんな税金がかかるの？ 210

13

- ●相続で財産を取得したときの税金の計算方法 211
- ●生前のシミュレーションが重要 213

5 売買と贈与と相続、税金面からみてどれが一番得なの？ 214
- ●遺産相続にどんな税金がかかるの？ 214
- ●売買、贈与、相続の比較 215
- ●単に税金面からだけではなく、総合的な判断が必要 216

6 自社株式の税務上の株価の算出方法 財産評価基本通達 217
- ●財産評価基本通達の役割 217
- ●財産評価基本通達における税務上の
  株価の計算方法（原則的評価方式） 218
- ●例外的な評価方式を使う場合も 220

7 事業承継をし易くするには？　自社株の相続税評価額を下げる！？ ... 222
- ●自社株の相続税評価額を下げることで事業譲渡が容易になる！ 222
- ●自社株の相続税評価額を下げる具体的方法！ 223
- ●相続税評価額を下げる際に注意すべき事項 224

8 事業承継の時にお得な制度があるって聞いたんだけど、どんな制度？ 225
- ●事業承継を円滑に行うための税務上の優遇制度がある！ 225
- ●事業承継時の税務上の主な優遇制度 225
- ●事業承継時の税務上の主な優遇制度を受ける際の注意点................. 228

9 相続税の納税資金ってどうやって捻出するの？ 230
- ●相続で納税資金に困る場合は多い.. 230
- ●相続税の納税資金対策... 230
- ●納税資金対策実施時の注意事項... 232

10 事業承継の時に自社株以外に注意することは？ 233
- ●不動産について考えてみよう 233
- ●不動産の所有者と事業承継との関係は？ 233
- ●事業承継に向けての対策は？ 234

11 退職金の税金計算って給料と違うの？ 237
- ●退職金での受け取りについて 237
- ●退職金の税金についての考え方 237
- ●退職金を支払う場合の税金計算において注意すべき事項.................. 240

第5章　親族承継の具体的なやり方

1 子どもに事業を承継させたい、親族内承継のメリットと
デメリットを教えて 242
- 親族内承継のメリットとデメリット 242
- 親族内承継のメリットを確認しよう 243
- 親族内承継のデメリット部分への対策も重要 244

2 子どもに事業を承継させたい、親族内承継の具体的な方法を教えて ...245
- 親族内承継の方法とは 245
- 親族内承継の方法を把握しよう 246
- 各々のデメリット部分及び税務的な対策を検討した上で選択しよう！...247

3 自社株式の売買による事業承継って！？
どんなことがメリットになるの？ 249
- 売買による事業承継 249
- 売買による事業承継のメリット 249
- 売買による事業承継で注意すべきポイント 250

4 資金不足のために事業承継ができないケースとは？ 251
- 相続財産が換金しにくい資産で占められている場合には特に注意 251
- 相続財産と遺留分 251
- ポイントは、相続財産の内容と早めの相続対策 252

5 自社株の売買価格ってどう決まるの？ 253
- 自社株の税務上株価の算出方法は株主が決めてはいけない？.............253
- 自社株の売買価格にはルールがある 253
- 自社株の売買価格の考え方 255

6 自社株の売買価格のルールに従わなかったら？ 258
- 自社株の売却による税金 258
- 特別（経済的）な利益って？ 258
- 自社株の売買時に注意すべき特別な利益とは？ 259

7 自社株を親族以外へ売却することもできるの？ 261
- 自社株の発行会社による買い取り（自己株式の購入）を考えよう 261
- 後継者への売却と発行会社への売却、それぞれ税金負担との関係は？...262
- 後継者への売却？ 発行会社への売却？ どちらが有利？？ 263

15

8 生前贈与による事業承継って！？
どんなことがメリットになるの？ 265
- 生前贈与による事業承継 265
- 生前贈与による事業承継の特色 265
- 生前贈与による事業承継で注意すべき点 266

9 生前贈与の手続きはどうしたらいいの？ 268
- 贈与とは 268
- 生前贈与の方法を把握しよう 268
- 贈与契約書を作成しよう！ 270

10 自社株の贈与税を少なくするためにはどうすれば良いの？ 272
- 贈与税を少なくするためには？ 272
- 贈与税を少なくする工夫 273
- 贈与税を少なくする対策実施において注意すべき点 274

11 相続するはずの自社株を生前にもらう方法ってあるの？ 275
- 生前贈与のもう一つの納税方法 275
- 相続時精算課税とは？ 275
- 相続時精算課税を利用するシーンと利用時の注意事項 277

12 株式を特定の相続人に集めて相続させるには？ 279
- もし遺言書がなかったら 279
- 遺言書の必要性を理解しよう 279
- 遺言上は、遺留分への配慮を忘れずに！
また、遺言執行者を決めておこう！ 281

13 兄弟間の争いを未然に防ぐためには？ 283
- 兄弟間の紛争を防ぐためには 283
- 遺言書の記載の工夫等や特例の活用 284
- 特例の活用も遺留分の生前放棄も、専門家への相談がスムーズ！ 286

14 自社株の贈与や相続にかかる税金を待ってもらうことって！？ 287
- 自社株の相続、贈与の税金を待ってもらう方法があります 287
- 非上場株式の納税猶予の概要 288
- 非上場株式の納税猶予を利用するシーンと利用時の注意事項 291

コラム 平成30年度税制改正について 293

15 自社株を贈与した場合に
贈与税を待ってもらう方法を詳しく知りたい..................294
- 自社株の贈与の税金を待ってもらう方法 294
- 非上場株式の贈与税の納税猶予 294
- 非上場株式の贈与税の納税猶予を利用時の注意事項 297

16 自社株を相続した場合に
相続税を待ってもらう方法を詳しく知りたい..................299
- 自社株の相続の税金を待ってもらう方法 299
- 非上場株式の相続税の納税猶予 299
- 非上場株式の相続税の納税猶予を利用時の注意事項 302

17 信託ってなに？　事業承継に役立つの？..................303
- 信託とは？ 303
- 遺言と信託はどう異なるのか 304
- 信託にはどのような手続があるか 304

18 信託の活用方法を具体的におしえて..................306
- 事業承継を利用した株式の承継の標準的な方法は？ 306
- 後継ぎ遺贈型受益者連続信託とは？ 307
- 法務・税務面の専門家のアドバイスを 308

19 従業員持ち株会を使った事業承継ってどんなの？..................309
- 従業員持ち株会を使って事業承継の税金負担を少なくする 309
- 従業員持ち株会を利用した事業承継の概要 309
- 従業員持ち株会を利用した事業承継の応用的活用と注意事項 310

20 持ち株会社を使った事業承継ってどんなの？..................311
- 持ち株会社を使って事業承継の税金負担を少なくする 311
- 持ち株会社とはなにか、そして、どのように作るのか？ 311
- 持ち株会社を利用した事業承継の応用的活用 313

21 個人事業主の場合の承継の方法って？..................314
- 個人事業主の承継に向けての注意点を把握しよう！ 314
- 個人事業主の事業を承継していく方法とは？ 315
- 承継者が親族等の身近にいないのであれば、
「後継者人材バンク」等も活用を！ 317

第6章　従業員に会社を引き継がせたい

1　誰を後継者にするべきか 320
- 身内ではない後継者の場合、後継者の正当性を確保するのが大変 320
- 事業承継は、関係者との心の溝を埋めないと失敗する 320
- 後継者としての教育をしなければ、経営は任せられない 321

2　各利害関係者の理解を得るためには？ 322
- 従業員承継の場合には、特に関係者に配慮が必要 322
- 継ぐ気がないと思っていた親族が、
  突然事業を継ぎたいと言いだすケースも 323
- 従業員や取引先、金融機関への正当性アピールも忘れずに 323

3　個人保証や担保の処理は？ 324
- 代表者の個人保証や担保の問題は解決のハードルが高い！ 324
- 個人保証の取扱いは難しい 324
- 代表者の個人資産は、後継者に承継されないことが多いので、
  利害調整が難しい 325

4　社長の保有株式を購入する資金の調達方法は？ 326
- 株式の買取資金を調達できるかが、
  従業員承継を成功させる重要なポイント 326
- 会社の収益性を担保にして資金調達を行う手法が一般的 326
- 後継者本人だけではなく、経営陣全体や従業員組織で
  事業承継する場合も 327

5　従業員承継の税務って？ 328
- 贈与税の納税が猶予される 328
- 旧代表者においても税金が発生する 328
- 株式購入代金の資金調達との絡みでジレンマが発生する 329

第7章　第三者企業への承継にはM&A

1　M＆Aを進めるには、どこに相談したらいいの？ 332
- M＆Aの相談窓口になる公的な機関ってあるの？ 332
- メインバンクに相談するのってあり？ 332
- お見合いと同じで、新たな後継者を探すためのマッチング力が重要 333

2 Ｍ＆Ａってなに？　中小企業にも関係あるの？ 334
- Ｍ＆Ａとは何か 334
- Ｍ＆Ａの手法にはどのようなものがあるか 335
- Ｍ＆Ａでどのような手法を選ぶか 337

3 Ｍ＆Ａで事業譲渡したら、会社が悪くならないかな？ 338
- 親族や従業員に後継者がいない場合に、事業を継続する有効な手段....338
- Ｍ＆Ａの相手方に何を求めるか優先順位を決めるのが大事...............339
- 専門家を活用して、自社を冷静に分析し
  最適なＭ＆Ａ相手を見つけ出そう 339

4 Ｍ＆Ａの基本的なプロセスって？ 340
- Ｍ＆Ａの基本プロセスとは？ 340
- Ｍ＆Ａの具体的な手順を押さえよう 341
- 手順の意味を理解しよう 342

5 事業の価値って、一つじゃないの？ 343
- 非上場中小企業のＭ＆Ａで一般的な評価手法は？ 343
- 売却する事業が、成熟事業か、成長事業なのかによって、
  評価が違う？ 344
- 自社の価値を上げるには、純資産と経常利益を意識しよう.................345

6 候補先をしぼるときのポイントは？ 346
- 大事なのは、買手候補者が信頼できる相手かどうか 346
- 候補先を絞れなくなってしまう、よくあるパターン..........................346
- Ｍ＆Ａにあたって決めるべき条件 347

7 デューデリジェンスって何？ 348
- デューデリジェンスは何のために行われるのか 348
- デューデリジェンスでは何を調査するのか 349
- 買収される側もデューデリジェンスの重要性を理解しよう 350

8 秘密保持契約ってどういう契約なの？ 351
- なぜ秘密保持契約が必要なのか 351
- 秘密保持契約ではどのようなことを定めるか 351
- 形式だけで済ませず、実際に保護してほしい秘密を念頭に置くこと 353

9 基本合意書ってなに？　そのポイントは？ 354
- 基本合意書とはどういうことを取り決めるものか...........................354

- ●なぜ基本合意書を作成するのか 354
- ●基本合意書のポイントは 355

10 Ｍ＆Ａを進める際の注意点は？ 357
- ●中小企業のＭ＆Ａでありがちな失敗談...357
- ●Ｍ＆Ａに関する重要情報の守り方 357
- ●従業員の退職リスクにどう備えるか 358

11 事業譲渡契約書のポイントは？ 359
- ●事業譲渡契約の基本構成 359
- ●事業譲渡契約書のポイント 359
- ●合併よりは簡単だが… 361

12 事業譲渡によるM&Aの際の税金は誰が負担するの？ 362
- ●事業譲渡の利益に対する税金は会社が負担 362
- ●固定資産の売却と同じように法人税、住民税が課税される.................362
- ●法人税以外の税金にも注意！ 363

13 株式譲渡契約書のポイントは？ 364
- ●株式譲渡契約の会社法上の注意点...364
- ●株式譲渡における典型的なトラブル...364
- ●株式譲渡の方法に注意...365

14 株式譲渡によるM&Aの時にも税金には注意が必要？ 366
- ●株式譲渡によるＭ＆Ａと税金 366
- ●経営者（役員）への退職金の株式譲渡による
  Ｍ＆Ａその他への効果を考えよう 367
- ●事業承継のさまざまな方法の中で正解となる方法は？ 368

索引 369

第1章 事業承継を考える前に

事業承継ってどういうこと？

事業承継って漢字ばかりで難しいんだけど

要するに、後継者に事業をバトンタッチすることですよ

そもそも事業承継とは？

　本書を手に取った方の中にはおそらく、ご自身の会社について事業承継の必要性を感じていて、まずはその概要を把握したいという方が多いのではないでしょうか。さっそく本題に入りたいところですが、まずは「そもそも事業承継とは何なのか」という議論の出発点について検討しましょう。

そもそも事業承継って…

人生をかけて育ててきた「事業」のバトンタッチ

　事業承継とは文字通り、「事業」を「承継」させるプロジェクトを指しますが、そもそも「事業」とはなんでしょうか？　抽象的な概念ですが、ひとまず「工場・機械設備など有形資産や、株式・特許権など無形資産、さらには取引先との信頼関係やさまざまなノウハウ・情報など財産的な評価が困難なものを会社の役員や従業員が有機的に組み合わせて、社会に新しい価値を提供する一連の活動」と考えればいいでしょう。

　多くの創業経営者は、自己資金や親族から借りたお金を資本金として会社を設立するところからスタートして、「事業」に必要な資産を一つずつ調達しながら、取引先や従業員との間の信頼関係を深め、技術力を高め、新たなノウハウを開発して、社会に価値を提供し続けてきたことだと思います。まさに、「事業」は現経営者の人生をかけて育て上げた子供のように大切なものです。その「事業」を現経営者の手から後継者にバトンタッチして、さらなる成長を促すことが事業承継というプロジェクトです。

　経営学の第一人者であるピーター・ドラッカー博士が「事業承継は偉大なる経営者が受けなければならない最後のテストである」という言葉を残している通り、事業承継というプロジェクトは、これまで立ち上げ成功を重ねてきたさまざまなプロジェクトよりも重要性が高く、失敗の許されないプロジェクトだということができます。

事業承継を契機として新しい成長局面に入る！

　そもそも事業承継をしなくてはいけない理由は「人間とビジネスモデルの寿命にある」とも言われています。残念ながら、最新の医学をもってしても日本人の平均寿命は90歳に至りません。現経営者がどんなに優れた経営手腕を持っていたとしても永遠に経営を続けて社会に価値を提供し続けることはできません。

　孫正義氏が率いるソフトバンクグループが創業30年を迎えた2010年に『ソフトバンク　新30年ビジョン』というものを発表しましたが、昔から「ビジネスモデルの寿命は30年」などと言われています。30年という数字に経済環境の変化や技術革新のスピードなどさまざまな要素を勘案した答えだと思いますが、奇しくも一人の経営者が心技体整って働ける期間とも重なります。

　現経営者が生み出し、苦労を重ねて育て上げてきたビジネスモデルではありますが、ありのままの現状維持では経済環境の変化や技術革新についていけずに陳腐化してしまいます。事業承継を契機として、若い後継者の柔軟な発想とバイタリティにより経営革新を果たし新しい成長局面に入ることが、事業承継の真の目的と言えるかもしれません。

2 承継すべき経営資源とは？

要するに、株式を渡せばいいんでしょ？

それだけじゃ済まないよ

後継者に承継すべき経営資源は株式だけではない

　事業承継といえば、まずは後継者に株式を贈与して社長を交代するということが頭に浮かびますが、実際にはそれだけでは会社は回りません。後継者を一人前の経営者に育成し、目に見えない会社の強みを承継することで、はじめて次世代に事業を引き継がせることができるのです。株式の譲渡は3-13節も参照してください。

▼後継者に株式を持たせればいい？

株式だけじゃだめ？
目に見えない会社の強みを承継しなければ…

後継者に承継すべき経営資源は「人（経営権）」、「資産」、「知的資産」の3つ

● 人（経営権）の承継

　人（経営権）の承継とは、後継者への経営権の承継のことをいいます。**中小企業は社長で決まる**と言われますが、経営権を誰に承継させるのかというのは事業承継の中でも核となるテーマです。経営権を承継するためには、まず後継者を選定し、選定した後継者を育成し、その後継者に後述する**資産**や**知的資産**を引き継がせるというステップを踏む必要があります。**一般的に5年から10年以上**はかかります。

● 資産の承継

　資産の承継とは、**事業資金**や**設備**、**不動産**など事業運営に必要不可欠な資産を後継者に承継させることをいいます。個人事業主の場合は個別の資産ごとに贈与や譲渡により承継させることになりますが、法人形態の場合は**自社株式**を承継させることで、会社の資産として包括的にこれらの承継ができます。

　資産の承継には**所得税（譲渡所得税）**や**相続税**、**贈与税**などの税負担が伴いますので、税理士の専門家に相談して税負担を軽減するスキームを検討することで承継がスムーズに運びます。

● 知的資産の承継

　知的資産とは、**取引先とのコネクション**、**組織力**、**会社のブランド**、**特殊技術**や**経営ノウハウ**といった、**競争力の根源となっている会社の強み**です。厳しい企業競争の中で生き残っている会社には、必ずその会社特有の知的資産がありますが、目に見えない経営資源であるため、承継すべき経営資源として見落とされがちです。

　まずは、現経営者自身が「自分の会社の強みは何なのか」、「成功の秘訣は何だったのか」を見極め、その知的資産を後継者に伝承して、さらに磨きをかけてもらうのです。

知的資産の「見える化」が事業承継の成功の鍵になる！

　見込みのある後継者が見つかり自社株式を承継させても、知的資産の承継に失敗すれば「仏作って魂入れず」になってしまいます。

　知的資産は目に見えず決算書にも表示されていません。現経営者自身もうまく言葉で表現できていないということも珍しくありません。まずは知的資産を**見える化**して、次にそれを後継者に伝承するというステップを踏む必要があります。

　知的資産の見える化にあたっては、**「事業価値を高める経営レポート」**（用語の解説参照）等のフレームワーク（枠組み）を活用したり、外部の専門家の支援を受けたりすることで、自分自身でも気が付いていなかった意外な強みを再認識できることもあります。

用語の解説

所得税（譲渡所得税）：資産を有償で売却したときに、売却した人が負担する税金をいいます（4-2節参照）。
贈与税：資産を無償で譲り受けたときに、譲り受けた人が負担する税金をいいます（4-3節参照）。
相続税：相続により遺産を取得したときに、遺産を取得した人が負担する税金をいいます（4-4節参照）。
事業価値を高める経営レポート：知的資産を見える化するための様式。経済産業省ホームページ「知的資産経営ポータル」参照（http://www.meti.go.jp/policy/intellectual_assets/）。

3 事業承継の現状はどうなっているの？

よその会社ではうまく事業承継できているのかな？

統計データをチェックしよう！

中小企業の事業承継は社会の熱い視線を浴びている

　中小企業は日本の社会基盤を支えるとても重要な役割を果たしており、日本社会にとっては、現経営者が引退した後も事業は継続してもらわなければ困ります。その一方で、経営者の高齢化や核家族化など、社会環境は変化し続けており、事業承継は以前に比べて困難になってきています。

▼中小企業の事業承継は大切！

中小企業が日本を支えるんだね
ちゃんと事業承継をしないと

事業承継のタイミングは年々遅くなってきている

　中小企業庁が平成28年12月に公表した「事業承継ガイドライン」には中小企業の事業承継に係るさまざまな統計データが提示されています。いずれのデータからも中小企業の経営者が高齢化しており、次世代への事業承継が遅れているということがわかります。

　たとえば、次のグラフは経営者の平均引退年齢の推移ですが、30年以上前にさかのぼると、平均して61～62歳で引退していましたが、最近になるほど平均引退年齢は高齢化しており、直近では70歳を超えてから引退することも珍しくなくなったことがわかります。

　引退年齢が高齢化している背景には、社会全体の高齢化や後継者不足の他、健康でアクティブな高齢者の増加など、さまざまな事情があり一概に悪いことだとは言えませんが、事業承継に関して言えば手放しに喜べる状況ではありません。というのも、事業承継には5年から10年以上の期間が必要と言われており、事業承継の活動をスタートさせるのが遅れれば遅れるほど、承継完了が後ろ倒しになり、現経営者の健康上のリスクも高まるためです。

▼経営者の平均引退年齢の推移

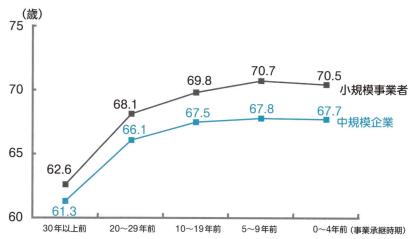

出典：中小企業庁委託「中小企業の事業承継に関するアンケート調査」（2012年11月、(株)野村総合研究所

国も事業承継を応援している！

　総務省の調べ（平成26年経済センサス・基礎調査）によると、中小企業は日本の企業の約99％以上を占めており、労働者の70％以上は中小企業に勤務しています。正に、中小企業は日本社会を支えている存在であり、中小企業の事業が承継されず廃業が増えてしまうと日本社会の基盤に大きなダメージがあります。

　そこで、中小企業庁をはじめとする国の各機関は中小企業の事業承継を後押しするために、さまざまな支援をしています。また、このような背景のもと、事業承継に社会の注目が集まっていることもあり、弁護士や公認会計士・税理士、中小企業診断士などの各専門家の中にも事業承継支援に注力している専門家が増えてきています。

4 後継者候補は親族だけではない

一人息子に事業の引継ぎを断られちゃった…

最近は親族以外の後継者への事業承継も増えているよ

事業承継にはさまざまな選択肢がある

　中小企業の事業承継というと親から子へ、子から孫へといった親族内での承継が多数派ですが、事業の引継ぎ先は必ずしも親族だけではありません。自社の役員や従業員のほか、外部の第三者に事業を引継いでもらうケースも多くなってきています。

▼事業承継は親族内での承継が多数派だが…

やだよ…

誰か他にいないかな…

承継先は「親族」、「従業員」、「第三者」の3パターンに分けられる

　家業という言葉に象徴されるように、事業承継といえば親族（特に子ども）への承継がもっともポピュラーです。その親族後継者に経営者としての資質が備わっていれば利害関係者の共感も得られやすいでしょう。その反面、後継者以外の親族とのバランスや、**相続税**、**贈与税**の納税資金の面で課題があるケースがあります。また、親族内に適任者がいないというケースもあります（次節を参照）。

　親族内に適任者がいない場合に、自社の役員や従業員の中から後継者にふさわしい人材を探すこともあります。自社の事業内容に精通しており、取引先との人間関係もできているため実務面での活躍は期待できるでしょう。経営権を完全に移譲するためには自社株式の大部分を後継者に保有させる必要がありますが、**自社株式の買取り資金の調達**が課題になるケースがあります。また、経営者が銀行からの借入に**個人保証**（連帯保証）をしている場合には、一般的にはその個人保証も引き継ぐことになりますので、そこまでのリスクを負う覚悟があるのかという点も課題になります（3-6節参照）。

　事業譲渡や**自社株式の譲渡**により、取引先や同業他社等に事業を承継してもらうケースもあります。既存の第三者と合流する形式になりますので、単に事業が継続されるだけではなく、買主側の企業との**シナジー効果**が見込まれ、従前にはなかった新たな企業価値が生まれる可能性もあります。また、現経営者にとっては引退後の生活資金を現金で早期に手に入れることができます。相談窓口には、国の運営する「**事業引継ぎ支援センター**」の他、民間の**M&A仲介会社**等も多くあるため、自社の状況に合わせた相談・依頼先を選定しましょう。また、引継ぎ先の候補が見つかった場合には、具体的にいくらで事業（または自社株式）を売買するのかを決める必要がありますが、その際は**公認会計士**等の専門家に**企業価値の評価**を依頼することになります（3-7節参照）。

従業員や第三者への承継が増加している！

　後継者不足を背景に、近年では親族内での事業承継の割合が減少してきており、反対に従業員や第三者への承継が増加してきています。みずほ総合研究所㈱が2015年に行った調査によると、経営者の在任期間が短くなるほど親族以外の役員・従業員や社外の第三者への承継する割合が多くなっており、在任期間が10年未満の企業では半数以上の会社で親族外の後継者への事業承継が行われています。

▼経営者の在任期間別の現経営者と先代経営者との関係

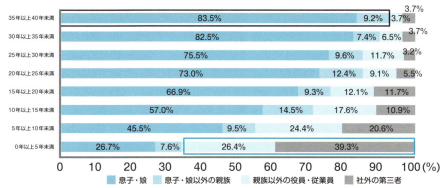

出典：中小企業庁「事業承継に関する現状と課題について」（平成28年11月28日）
出典：中小企業庁委託「中小企業の資金調達に関する調査」（2015年12月、みずほ総合研究所（株）
　　　（再編・加工）
　　　http://www.meti.go.jp/committee/chuki/kihon_mondai/pdf/008_03_00.pdf

用語の解説

相続税：相続により遺産を取得したときに、遺産を取得した人が負担する税金をいいます（4-4節参照）。
贈与税：資産を無償で譲り受けたときに、譲り受けた人が負担する税金をいいます（4-3節参照）。
個人保証：金融機関からの融資について、経営者やその家族などの個人が返済を保証することをいいます。本書では、連帯保証と同趣旨で用いています。
事業譲渡：法人や個人事業主がその事業を他者に譲渡することをいいます（7-2節参照）。
事業引継ぎ支援センター：国が運営する中小企業のためのM＆A支援機関であり、東京、大阪、名古屋をはじめ全国47都道府県に開設されています。
M＆A：Merger and Acquisition（合併と買収）の略であり、企業の合併や買収の総称です（7-2節参照）。

5 息子に事業を承継してほしいのだけど、どう進めたらいいの？

息子がいるんだけど、今はサラリーマンをやっている。継ぐ気はあるみたいだけど、ウチの会社のことも未だよくわかっていないんだ。どう進めていったらいいのかな

親族内承継には相続による方法と、生前に行う方法と2種類あるよ。方法をきちんと知った上で、ベストなタイミングで承継をしないとね

親族内承継とは

　親族内承継とは、「親族」という言葉とおり、現在の経営者の子ども、娘婿、といった親族に事業をバトンタッチすることです。

　「**親族**」という言葉は、法律用語で、正確には、「6親等内の血族，配偶者，3親等内の姻族」（民法725条）を指します。「親等」というのは、いわば親族関係の距離を表す単位で、「姻族」とは配偶者の血族のことです。上記の「親族」の範囲には、子や孫、兄弟姉妹、子や孫の配偶者、兄弟姉妹の配偶者等も含まれます。

　しかし、事業承継の場面で使われる「親族」は、上記のように、厳密な意味ではなく「子どもや身内」くらいの意味で使われているのが一般的です。これは、事業承継の場面で、厳密に「親族性」を区別することには余り意味はなく、むしろ、後述第3章及び第5章のように、「相続人である親族」と「相続人でない親族」、あるいは相続人の中でも相続分に違いがある場合の区別の方が問題になってくるためです。

　そして、1-4節で説明したとおり「親族内承継」は、減少傾向にありますが、やはり日本ではもっとも馴染みの深い方法と言えるでしょう。

　なお、ここでの経営とは、株式会社の経営を前提としてお話させていただきます。

▼親族内承継って？

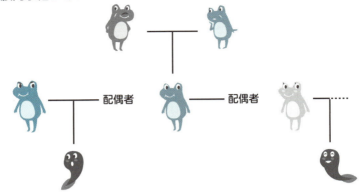

親族内継承といっても、「"6親等内の血族とか、配偶者とか、3親等内の姻族とか…"」という民法での範囲内のような厳格な区別を言っているわけではないんだね…

親族内承継の方法と特徴を理解しよう

●「親族内承継」の特徴って？

　親族内承継のメリットやデメリットについて簡単に説明します。
　親族内承継のメリットは、現在の経営者に近しい者が引き継ぐことになりますので、**社内外の関係者から、後継者として理解を得やすい方法**と言えます。また、経営者、すなわち代表取締役社長という地位とともに、自社の株式を引き継がせることもできますので、所有と経営が分離しにくい方法と言えます。
　他方、デメリットとして、

　①親族内に、後継者となる意思、その資質を有する人物がいない場合があること
　②後継者一人に経営を集中させるにあたり、親族間の対立を招きやすい

という側面があります。

●親族内承継の方法にはどのようなものがあるの？

　親族へ承継させるには、①**相続による承継**、②**生前贈与による承継**、②**その他の承継**が考えられます。具体的な方法については、各章に詳述してありますので、そちら

を参照してください。ここでは、簡単に説明するにとどめます。

①**「相続による承継」**とは、現経営者の死亡のときに、相続として、後継者への承継が行われる方法です（第5章参照）。現経営者における遺言書の作成等の対策が必要になりますが、売買等による承継等の場合に比較して、株式の取得または、事業用資産の取得のための資金の準備が少なく済むという利点があります。

②**「生前贈与による承継」**とは、現経営者の生前に、後継者に株式等を贈与することで、後継者への承継が行われる方法です（第5章参照）。生前贈与の場合は、後継者が早期の段階で経営判断に加わることができるようになりますし、作成者が自由に撤回することができてしまう遺言と比べて、後継者の地位が安定するという点に利点があります。

現状、長男などに後継者が定まれば、生前の段階で、株式を贈与していく経営者が多く見られます。

方法を知った上で家族での話し合いをしよう！ 承継のタイミングも大事！

親族内承継には、上記のような方法がありますが、どの方法によるにしてもいきなり後継者になることは望ましくありません。もちろん業種によりけりではありますが、どのような業種でも経営者になるためには、一般的には5年程度は修行が必要と言われています。古参の従業員との人間関係も構築する必要があります。

相続や生前贈与といった方法を踏まえ、準備期間も必要な点を前提に、親族と協議してください。特に親族への生前贈与の方法が合わせて取られることが多いですが、もし親族が十分に自社の経営について引き継ぐ意思が感じられないのであれば、従業員承継等も考えていかざるを得ません。長男に代表取締役としての地位（経営）と株式の一部を譲った途端、その会社の事業の一つ（生産性が上がっていた、その会社にとって重要な事業）を、やる気がなくなって止めてしまい、長男と、株主である前社長（父親）・他の子どもとの間で法的紛争になった事例もあります。誰に経営を譲渡するかは、充分に見極める必要があります。特に、生前贈与を行う場合には、遺言のように自由な撤回ができるわけではありません。ですので、後継者のやる気・適性を見極めて、どのタイミングでどの程度の株式を譲渡するのかという点も話す必要があります。

用語の解説

親族：6親等内の血族、配偶者、3親等内の姻族を「親族」といいます（民法第725条）。

6 子どもが継がない、従業員に事業を承継してほしい。どう進めたらいいの？

誰かには継いでほしいと思っているんだけど…。番頭役の人いるんだけど、俺の2歳下なんだよね

従業員承継という方法もあるよ。番頭さんは有力な承継先ですけど、年が近すぎると意味がないですよね

従業員承継とは

親族に後継者候補がいない場合には、親族以外への承継を検討することになります。親族以外に、事業を承継させるには、①**従業員や役員に承継する場合**と、②**M&A**を利用して、第三者に承継する場合とが考えられます。特に、事業を熟知した番頭格の役員、優秀な若手従業員等がいる場合には、①の方法が有用な選択肢となるでしょう。そこで、ここでは、①の方法を説明します。

「**従業員承継**」とは、文字通り、従業員に事業を承継することを言います。一般的には、会社の役員に承継する場合も含めて言うことが多く、「**会社内承継**」ということもあります。日本では、親族内承継に次いで、頻繁に利用されている形態です。

なお、ここでの経営とは、株式会社の経営を前提としてお話させていただきます。

▼従業員承継って？

従業員承継の方法と特徴を理解しよう

●「従業員承継」の特徴って？

従業員承継のメリットやデメリットについてまず簡単に説明します。メリットとしては次の点があげられます。

①子ども等の親族に適任者がいない場合であっても、従業員や役員の中から、最も資質のある者を選ぶことができるので、後継者の選択肢が広がること。

②会社のことをよく知った者がバトンを受け取ることになるので、親族内承継と同様に、他の従業員や取引先の理解を得やすいこと。

③会社の事業内容については充分把握しており、後継者教育の時間が短縮できること。

他方、デメリットとして、

①資金力がないことが多いこと。

②会社の借入金について、個人保証（連帯保証）をしなければならないこと。

といった側面があります。

簡単に説明すると、従業員や役員が後継者となる場合、社長という「地位」を受け継ぐことで「経営」を受け継ぎますが、株式を取得しなければ、会社に対する所有を取得することはできません（3-10節参照）。多くの場合、後継者となるにあたっては、株式を現在の経営者から買い取ることになりますが、そのための資金が問題になります。また、中小企業の社長の多くは、銀行等の金融機関から借入をしていますが、その借入について、金融機関から、新社長が「**連帯保証人**」になることが求められます。

●従業員承継の方法にはどのようなものがあるの？

①従業員が株式を全て取得する場合

従業員が株式を取得することにより、所有と経営のバランスを図ることができます。最も一般的な方法は、株式を購入することで、特に従業員がこの方法をとる場合を、「**EBO**（Employee Buyout）」と言います。

しかし、従業員や役員は、資金が不足していることが多いため、資金的なケアが問

題になってきます。例えば、役員を後継者とした場合には、役員報酬の金額を増額して将来の株式取得のための資金を貯めさせるといった方法も考えられますし、株式買取資金について、新経営者の能力や事業の将来性を鑑み、金融機関、あるいは投資会社等の出資等を受けることができる場合もあります。

あるいは、資金がないことから、対価を生じさせないで株式を移す、つまり、株式を「贈与」または「遺贈する」という方法もあります。

②現経営者が株式を保有する場合

株式を購入する資金がないのであれば、現経営者が株主であり続けるという方法です。しかし、これでは、現経営者がバトンタッチ後も、いつでも「大株主」として会社の重要な業務の決定や、あるいは新しい経営者を株主総会で解任できることになってしまいます。その結果、従業員が不安感から、承継を断ってしまうということもあり得るでしょう。

そこで「**種類株式**」を活用することが有用です。種類株式とは、端的には、「権利の内容が異なる株式」を言います。ここでは詳細は省きますが（3-15節参照）、一例として、「**議決権制限株式**」（議決権がない株式や議決権に制限が付された株式）の大量発行と「議決権のある普通株式」とを組み合わせるといった方法が考えられます。つまり現経営者には、議決権に制限のある株式を保有させ、承継後も、配当や会社に対する所有を残しつつも、事業の承継者である従業員には、議決権のある株式を保有させることにより、会社の経営の決定権を付与させ、また、地位の安定化を図るという方法です。

適正な承継者を選ぶだけではなく、株式の譲渡方法をよく考える必要がある！

従業員承継の場合、経営に熟知している者であるという利点はある一方、承継者の年齢等も考慮する必要があります。あまり年齢が近い者であっては承継の意味がないからです。年齢的にも資質的にも適正な承継者が見つかったとして、従業員承継では、「どのような方法で、株式を取得させるのか」という点が非常に重要になってきます。株式を従業員に遺贈したとしても、現経営者が死亡した際に、子どもたちが遺留分を侵害されたとして、承継者に対し、**遺留分減殺請求**（3-4節参照）をし、結果、承継者が会社の経営を手放さざるを得なくなることも考えられます。現経営者に子ども等、遺産を相続させるべき者がいない場合には有用な方法と言えますが、そうではない場合、遺留分減殺請求との兼ね合いも考えておかなければなりません。

他方、無議決権株式と普通株式の併用による場合でも、議決権が承継者にあると
すると、承継した途端、新経営者が、新株式を次々と発行して、旧経営者の保有する
株式を薄めてしまい、無議決権株式を残して配当等を得ようとした意味が無くなっ
てしまうことも考えられます。ですので、すべての普通株式を手放すのではなく、新
株発行等の特別決議に対しては拒否ができるよう、議決権全体の3分の1を超える
数は保有するようにしておく、といったこと等も考えておかなければなりません。

用語の解説

連帯保証人：主債務者（借入等をした本人）の債務を保証する者を保証人と言い
ます。連帯保証人は、債権者から請求があった場合、「まずは、本人に請求して」
「本人はお金があるのだから本人の財産から何とかして」等という主張ができず、
債権者に対して支払いの義務を負うことに特徴があります。

EBO：「Employee Buyout」。株式会社の従業員がその会社の株式を取得し、
経営権を手に入れること。

種類株式：権利の内容が異なる株式。

議決権制限株式：株主総会で議決に参加できる権利（議決権）が一定事項に限ら
れている又は全く議決に参加できないという種類の株式。

遺留分減殺請求：兄弟姉妹を除く、法定相続人（子ども等）には，遺言によって
も取り上げることのできない、最低限度の、遺産に対する取り分が、法律によっ
て確保されており、これを遺留分と言います。この遺留分を請求することを言い
ます。

特別決議：株主総会での決議の方法の一つ。会社にとり重要な決議において用
いられます。（定款の定めにもよるものの、一般的には）決議の成立のため、議決
権をもつ株主の過半数が出席し、その3分の2以上の賛成を要する方法を言い
います。

7 社内でも身内でも事業承継できない、取引先に、事業承継してもらう方法もあるの！？

子どもは継がないって言っているだけど、ウチの下請けや発注会社さんたちが、ウチがなくなっちゃうと困るって言ってくれているんだよね。部品を作るノウハウはウチじゃないと持っていない技術だし、事業を残していきたいという気持ちもある。今度、皆で相談しようと言われているんだけど、どういう風に話せばいいのかな

上流と下流の取引先は、事業承継の有力な候補ですよ。ただ、事業内容を詳しく話すのは、他の人に漏らさないという約束をきちんとした上ではないとリスクがありますね

取引先に事業を承継してもらう方法等

　親族にも、社内にも事業のバトンを受け継いでくれる者がいない場合には、社外に承継先を探すことになります。

　日本では、取引のある金融機関から後継者となる人材の紹介を受ける、あるいは、取引先から人材を招き入れるなどの方法も考えられます。古くからの付き合いのある取引先の役員を、自社の役員（後継者候補）として招聘し、事業を承継してもらうということも、中小企業では、行われることがあります。

　上記のように紹介を受けるという方法のほか、取引先に対し「**M&A**」という方法で、自社の事業を承継させる（事業を売却することによる引き継ぎ）、という方法もあります。なお、以下は株式会社を前提として説明します。

▼承継先をどう選ぶ？

・取引のある金融機関から後継者となる人材の紹介
・取引先から人材を招き入れる、取引先の役員、自社の役員（後継者候補）

承継してくれる人をどう選ぶか…

取引先に承継してもらう場合の特徴を理解しよう！

　金融機関や取引先から人材を招聘する場合のメリットとしては、代表取締役社長が交代しても、当該金融機関や取引先との信頼関係は維持することができることです。

　しかし、社内に基盤の無い人物を招聘するということは、もともとの社内の役員や従業員からの反発が予想されます。感情的にも複雑になってしまうことが多く、中堅社員が辞めてしまうこと等もあり、招聘する人物の人柄、適性等も十分に考慮して推し進める必要があります。

　加えて、招聘者は、社内事情に精通しているわけではないので、後継者として育成するために、相応の時間をかけないといけません。新社長になった途端、企業の雰囲気が変わってしまうという事態にもなりかねないためです。

　また、代表取締役としての「地位」を承継することで「経営」は引き継ぐことができますが、株式を移転しないと、所有と経営が完全に分離してしまいます。株式を引き継がせる方法として一般的な方法は、株式を買い取ってもらうことですが、取引先からの招聘者に充分な資金があるかという問題もあります（この点は、前節で説明した従業員が会社を承継する場合のデメリットと同様の問題が生じます）。

　他方、後継者を紹介して貰うという方法ではなく、M&Aの方法によって、自社の事業を取引先に承継してもらうということも考えられます。M&Aとは、次節で説明しますが、「**Mergers and Acquisitions**」の略で、「**合併と買収**」という意味になります。株式を買い取ったり、合併したり、事業譲渡を受けたりといった手法によって、「別の会社の事業を取得すること」を指しています。取引先による場合でも自社以外の会社による買収であることは同じですので、その特徴等は次節を参照してください。

　M&Aの方法は複数考えられますが、いずれにしても最終的には、事業の価値を調

査・評価した結果をもとに、交渉によって事業の売却価格を決めていくことになります。

取引先とのM&Aについては、情報が漏れないように慎重に！

　取引先からの招聘者に事業を承継させる場合には、前節の、従業員への承継と同じように、株式の譲渡方法をよく考える必要があります。この点は、前節の「適正な承継者を選ぶだけではなく、株式の譲渡方法をよく考える必要がある！」を参照してください。

　取引先とのM&Aは、当該取引先が、自社の技術力の高さを十分に知っていてくれるという点でメリットがあります。他方、日ごろから付き合いがあるため、売却交渉が強気に望みにくいというデメリットがあります。また、本来、事業の詳細な内容は「**秘密保持契約**」等を締結（第7章参照）して外部に漏らさないように約束を交わした上で開示し、売却への手続きを進めるべきところ、仲間意識だけで話を進め、他の取引先や金融機関等に会社の売却を進めているという話が漏れて不安感や混乱を煽ってしまう状況がしばしば起こります。仮に古くからの取引先との交渉の場合であっても（古くからの取引先であるからこそ）、交渉には専門家を入れたり、少なくとも、秘密保持契約は締結して、重要な情報を開示することが必要です。

用語の解説

M&A：「Mergers and Acquisitions」の略で、「合併と買収」という意味になります。株式を買い取ったり、合併したり、事業譲渡を受けたりといった手法によって、「別の会社の事業を取得すること」を指しています。
秘密保持契約書：開示する情報の秘密を保持する旨を約束する契約書（特にM&Aにおいて、売主側企業は、決算書や、各社との契約書等秘密性の高い情報を開示するすることになるため、当該契約を締結した上で進めることが必要）。

8 社内も身内も事業を承継できない！ 同業他社に、事業を承継してもらう方法もある！？

うちは千葉の会社なんだけど、東京の方の同業の会社から、そういえば去年、「今後どうするのですか」って言われたなぁ。うちの会社の事業に興味があるみたいだったけど、ライバル会社だし、今までのことを考えると、なんとなく嫌だなあ…

地域補完につながる同業他社は有力な候補ですよ。ライバル会社だからといって嫌がらずに、引き継ぎ先の候補の一つとして検討したほうがいいと思いますよ

同業他社に事業を承継してもらう方法

　社内に事業のバトンを受け継いでくれる者がいない場合には、社外に承継先を探すことになります。ここで用いられる方法が、「**M&A**」になりますが、M&Aという言葉は聞いたことがあるけれど、よくわからないという声をよく聞きます。

　M&Aとは、「**Mergers and Acquisitions**」の略で、「合併と買収」という意味になります。株式を買い取ったり、合併したり、事業譲渡を受けたりといった手法によって、「別の会社の事業を取得すること」を指します。

　M&Aによって自社の事業を別会社に取得、要するに買い取ってもらう場合、有力な同業他社（いわばライバル企業）は、それは最適な「候補」となり得ます。候補先企業にしてみれば、特に主たるエリアが異なるのであれば、新たな地域における市場を獲得することになり、しかも、新しい市場を開拓するためのコストも削減することができるからです。

　なお、以下は、株式会社を前提としてお話させていただきます。

M&Aの方法と特徴を理解しよう

● M&Aの特徴って？

　M&Aによる承継のメリット・デメリットについて簡単に説明します。まず、メリットとしては次の点があげられます。

①「親族」といった狭い範囲ではなく、広い範囲から、実績や意欲のある第三者を選ぶこともできるため、適切な買い手を選べば、後継者教育も不要であるし、事業の更なる発展・継続性が強く期待できること。

②事業の承継を巡る、相続人間の紛争が生じにくいこと。
事業を買い取ってもらった対価を遺産として相続人に残すことになりますので、相続人間での分配が比較的しやすくなります（親族内承継では、株式を長男に引き継がせた場合、遺留分減殺請求等が生じてしまうことになりかねません）。

③事業を売却したことにより金銭的対価を取得し、現経営者の負債を完済することも可能であること。

デメリットは、大きく言って、次のとおりです。

①買い手にとり魅力ある会社ではないと、買い手を見つけることが困難であること。
②（M&Aの形態にもよるが）現経営者にとって、リタイアによる喪失感が大きいこと。

● M&Aの方法には、どのようなものがあるの？

M&Aには大別して、以下があります。詳細は第7章にて説明します。

①**株式の売却**：現経営者の保有している株式を、他社に売却する方法。

②**株式の交換**：自社の株式を、他社に取得させ、自社を当該会社の完全子会社とし、対価としてその他社の株式等を取得する方法（ただし、現金で受け取ることも可能）。

③**会社の分割、合併**：この方法は少し複雑になりますので、第7章をご覧ください。

④**事業譲渡**：会社の事業を売却（譲渡）する方法。会社の一部の事業だけを譲渡することが可能であり、あるいは、債務を譲渡の範囲から切り離す等、契約で譲渡の範囲を定めて行います。

事業承継におけるM&Aでは、会社の一部を譲渡することよりも、「全部」を譲渡することが理想です。従って、方法としては株式譲渡、合併といった方法が有用になりますが、中でも一般的に用いられているのは**株式譲渡**です。これは、手続が比較的単純で用いやすいこと、株式を売る現経営者には、「売却代金」として、まとまった金員が入るというメリットによります。他方、M&Aの買主において、「会社全体の譲渡で

は負債が多く受けられない、業績の良い事業部門だけであれば欲しい」という場合においては事業譲渡といった方法を検討することになります。

M&Aの具体的な流れは7-4節に、プロセスをまとめてありますので、参照してください。

会社の価値を上げて、早期に買収企業を探していこう！

第三者に事業を承継（売却）すると決めたのであれば、早期に仲介業者等に相談をし、売却先を探していくことになります。もちろん、既に自社に対して関心を示している企業があるのであれば、売却先の有力な候補になります。

しかし、結局、売却価格は、専門家による対象企業の価値の調査及び評価（「**デューデリジェンス**」と言います）を踏まえ、交渉によって価格を決定することになります。ですので、M&Aの方針を決定したのであれば、会社の価値を高めることが価格を上げるためにも有用であり、経営改善が一層必要になってきます（これを「**磨き上げ**」と言います）。

具体的には、業績の改善や、優良な顧客の開拓に一層努めること、優秀な人材を育てること、経営・営業上のノウハウの更なる構築、従業員の労働環境や、コンプライアンス（法令遵守）体制の構築を図っていくことが必要になってきます。公認会計士や弁護士等の専門家を交え、より良いM&Aに向けた体制作りが必要です。

用語の解説

M&A：「Mergers and Acquisitions」の略で、「合併と買収」を意味する。株式を買い取ったり、合併したり、事業譲渡を受けたりといった手法を用いて、別の会社の事業を取得すること。
株式の交換：自社の株式を、他社に取得させ、自社を当該会社の完全子会社とし、対価としてその他社の株式等を取得すること。
事業譲渡：会社の事業の全部または一部を売却（譲渡）すること。
株式譲渡：株式すなわち株主としての権利を契約に基づき譲り渡すこと。
デューデリジェンス：M＆A等の際に行われる、買収対象の会社の資産価値を適正に評価する手続きのこと。

9 事業承継は何歳から準備すればいいの？

事業承継の準備は何歳くらいから始めればいいのかな？

後継者の年齢に着目しよう！

後継者が何歳のタイミングで事業を承継させるのか考える

　事業承継のタイミングは現経営者にとっては「引退のタイミング」ですが、後継者にとっては「新たな挑戦を開始するタイミング」です。後継者にとって最適なタイミングで事業を承継させるという視点で考えてみましょう。

後継者

現経営者

何歳で承継させればいい？

後継者が40代の間に事業承継をするのがベスト!?

　株式会社野村総合研究所が2012年にまとめた調査によると、40歳〜49歳の間に事業を承継した経営者は、他の年齢層で事業を承継した経営者に比べ「ちょうどいい時期に事業を承継した」と考えている割合が多いことがわかっています。そして、

事業を承継した年齢が遅くなるにつれて「もっと早い時期に事業を承継したかった」と考えている割合が多くなっています。

企業の生き残りのためには、リーダーの経験値も必要ですが、時代の変化に合わせて柔軟に事業を変革させていく若いエネルギーも不可欠です。一つの事業の賞味期限は30年などといわれることもありますが、先代経営者と全く同じことをしていて通用するような業種はないでしょう。ニーズや法規制、競争環境などの変化に対応するためには過去の経験以上に情報に対する敏感さや創造力、チャレンジ精神が必要です。

もちろん、「若ければいい」という単純な話ではなく、リーダーシップを発揮するためには失敗を含めた実績も重要です。ビジネスパーソンとしての経験値とエネルギーがバランスよく整う年齢層として40代で事業を承継した経営者が「ちょうどいい時期に事業を承継した」と考えているのには納得感があります。

▼事業承継時の現経営者年齢別の事業承継のタイミング

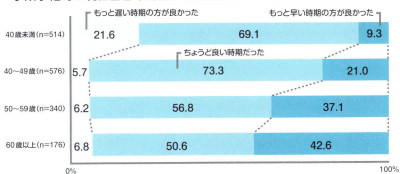

出典：中小企業庁　中小企業白書（平成25年版）
資料：中小企業庁委託「中小企業の事業承継に関するアンケート調査」（2012年11月、（株）野村総合研究所）

事業承継をさせたい年齢の5年～10年前から徐々に準備

事業承継には5年～10年の準備期間が必要だと言われています。仮に後継者が40代の時期に事業を承継させようとするならば、その5年～10年前には準備を始めるのが望ましいということになります。その5年～10年の間にどのような準備をするのか、という点は1-10節にて解説します。

10 事業承継はどうやって進めればいいの？

お隣さん突然お父さんが亡くなって、すぐに息子さんが後を継いだんだけど、事前に事業承継の用意って必要なの？

備えあれば患いなしということわざもありますし、前々から備えておくに越したことはないんですよ

何年あれば事業承継できるの？

　事業承継の準備に必要とされる期間は、5年から10年といわれています。確かに、突然の事業承継であっても生き残っている会社はありますが、失敗してしまっていることが多いのも事実です。手塩にかけた事業ですから、イチかバチかに賭けることなく、慎重に安全に引き継いでいきたいものです。

▼後継者の育成に必要な期間

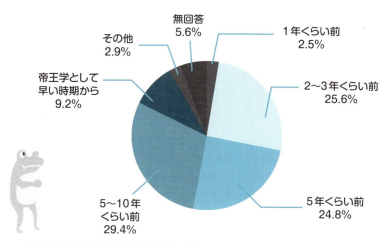

出典：中小企業基盤整備機構「事業承継実態調査 報告書」（2011年3月）より

事業承継の式次第

早くからの事業承継準備の必要性は理解したとしても、実行しなければ意味がありません。具体的に何をしていくのかという話ですが、幸いなことにこれまでの事例の蓄積から、「事業承継ガイドライン」（中小企業庁）の中で、基本的なステップが提示されています。

もっとも、これに当てはめれば必ずうまくいくという話ではありませんので、各社に合わせてカスタマイズすることになりますが、基本形は理解しておきたいところです。

事業承継の5ステップ

「事業承継ガイドライン」（中小企業庁）には事業承継に向けたステップとして、次のような図が提示されています。

各項目については、この後で詳しく解説していきます。いくつか見慣れない言葉もあると思いますが、ここでは、そんな言葉があるんだなぁ、ぐらいに思っておいてください。

▼事業承継に向けたステップ

ステップ1	事業承継に向けた準備の必要性の認識
ステップ2	経営状況・経営課題等の把握（見える化）
ステップ3	事業承継に向けた経営改善（磨き上げ）

プレ承継

	親族内・従業員承継	社外への引継ぎ
ステップ4	事業承継計画策定	マッチングの実施
ステップ5	事業承継の実行	M&A等の実行

ポスト事業承継（成長・発展）

出典：中小企業庁「事業承継ガイドライン」（P20）をもとに作成

用語の解説

見える化：可視化や文書化することです。ノウハウの書き出しや、取引先を一覧化してみたり、業務フローを作成してみたりします。

磨き上げ：事業を更に光り輝かせるために、手入れをすることです。ダイヤの原石を磨き上げるイメージです。

事業承継計画：事業承継をするにあたって、誰がいつ何をするかを決め、計画に落とし込んだものです。

11 事業承継について相談する先は？

跡継ぎの話って誰にでも話せないよね。一人で悩んで結論出さないといけないのかな？

一社だけでの話ではなくて、日本全体の問題になっていますから、国も含めた各種団体が支援体制を整えてますよ

地元のためにも事業承継

　事業承継がこれだけ騒がれているということは、事業承継がうまくいっていないことの裏返しです。地域経済を支える存在として、中小企業の存在は大きいのですが、これら中小企業の経営者は高齢化しています。持続的な地域経済の発展のためには、中小企業の事業承継がうまく進むことは、大事なことなのです。

▼経営者の平均年齢と交代率

経営者の交代が進まなくなっているんだね

出典：事業承継ガイドライン（中小企業庁）、P6の図表3　帝国データバンク「全国社長分析」（2012年）
備考　「全国社長分析」では2011年調査までは個人経営の代表を含んだ調査、2012年調査からは株式会社、有限会社に限定した調査となっており、株式会社、有限会社に限定した場合、2012年の経営者の交代率は3.61％、経営者平均年齢は58.7歳。

相談相手のヒント

「周りに相談できる人がいない。相談しようとしても誰に相談したらいいのか…」よく聞く悩みですが、相談したくてもできないという悩みを解決するためにはどうしたらいいのでしょうか。先の「事業承継ガイドライン」（中小企業庁）では、支援体制についてまとめ図が提示されています。

4つの支援機関

大きくは、**①国の支援**、**②地域の支援**、**③専門家の支援**、**④民間の支援**に分かれます。

各支援機関ごとの特色もありますし、相談できる内容や関与期間の違いもありますので、ウチの会社はどこの扉を叩くべきかという話はあります。それをこれから眺めていきましょう。

▼支援体制のイメージ

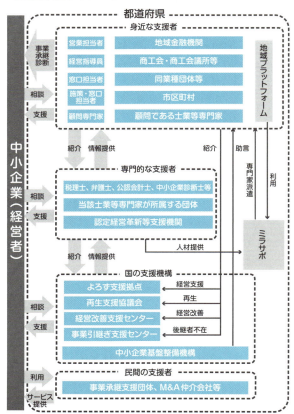

出典：中小企業庁「事業承継ガイドライン」、P79の図表28をもとに作成

12 事業承継についての国の支援機関は？

国が支援してくれてるというけれど、身近じゃないからわからないんだよね

国の支援メニューとしては、大きな枠組みを用意してくれることが多いです

国の支援ってどんなもの？

　国による事業承継の支援としては、制度的な支援や、国の公的な支援機関を通じての支援になります。制度的な支援については、税制改正や補助金・助成金の設定、民法や会社法といった法改正になります。影響が大きいところですので、最新の情報を入手しておきたいところです。また、国の設置する支援機関の支援については、直接相談することもありえますが、地域の支援機関からの紹介等で相談に行くことも多いのではないでしょうか。

制度的支援　　　　　　　機関的支援

直接的な支援を受けているという印象は薄いかもしれないいね

インフラ的な支援なんだね

国の支援機関のご利用を

　事業承継の問題は国レベルの問題として捉えられていますので、各種施策が行われています。直接的な印象はありませんので、どのような支援がなされているのかは

見えにくいところですが、せっかくの支援制度を利用しない手はありません。情報収集に努めて、自社にメリットのある制度にアプローチしたいところです。

国による支援機関のあれこれ

国による支援機関としては、次の機関が挙げられます。

①よろず支援拠点

http://www.smrj.go.jp/yorozu/

「中小企業・小規模事業者のための経営相談所」が謳い文句の支援機関です。全国47か所によろず支援拠点を設けており、専門スタッフによる相談のみならず、必要に応じて専門家の紹介等も行っています。

②再生支援協議会

http://www.chusho.meti.go.jp/keiei/saisei/index.html

中小企業の事業再生をメインとする支援機関です。全国47か所に中小企業再生支援協議会を設置しています。財務上の問題がある場合等、事業再生が必要な事業承継のケースでは有力な相談先です。

③経営改善支援センター

http://www.chusho.meti.go.jp/keiei/kakushin/2017/170510kaizen09.pdf

経営改善の取組みを必要とする中小企業・小規模事業者を対象とした、認定支援機関との経営改善計画策定支援事業を行っている支援機関です。財務上の問題解決や経営改善の必要がある会社のケースでは有力な相談先となります。

④事業引継ぎ支援センター

http://shoukei.smrj.go.jp/address.html

後継者不在の事業について、後継候補をマッチングするための支援機関で、全国47か所に引継ぎ支援センターが置かれています。後継者不在による廃業選択という実態があることから、未来ある事業の後継者不足を解消させるために役立っています。

⑤中小企業基盤整備機構

http://www.smrj.go.jp/index.html

　略称は中小機構、正式には独立行政法人中小企業基盤整備機構です。中小企業を幅広く支援している支援機関で、先述した支援機関の全国本部を設置しており、国の中小企業支援における要になっています。

---

①**よろず支援拠点**
http://www.smrj.go.jp/yorozu/

②**再生支援協議会**
http://www.chusho.meti.go.jp/keiei/saisei/index.html

③**経営改善支援センター**
http://www.chusho.meti.go.jp/keiei/kakushin/2017/170510kaizen09.pdf

④**事業引継ぎ支援センター**
http://shoukei.smrj.go.jp/address.html

⑤**中小企業基盤整備機構**
http://www.smrj.go.jp/index.html

13 事業承継についての地域の支援機関は？

 身近な団体はないかな？

 それなら地元でも受けられる支援から手始めにどうですか？

 まずは気軽に方言で話せる相手がいいね

まずは地元密着型の支援機関へ相談

地域の事業承継の支援は、地元密着型の機関が担っています。普段から顔なじみである方が窓口だったりしますので、ハードルが低く、ある程度気心が知れているという点で、親身に相談しやすいです。

 信金の担当者

 商工会議所の担当者　 いつも会っている人ばかりだね

 顧問税理士

身近な相談相手のいる地域の支援機関

事業承継について問題意識があり、頼れる相談者がいる方々であれば、問題解決に向けて動いていることでしょう。問題なのは、問題意識が醸成されていない場合や、問題意識があっても相談者がいない場合ですが、このような場合に頼りになるのが、地域の支援機関になります。

地域の支援機関担当者側としても、普段の接触の中で話題として振ることで、事業承継を考えてもらうきっかけになるかもしれません。

地域の支援機関のあれこれ

地域における支援機関としては、次の機関が挙げられます。

①地域金融機関

融資などで普段からお世話になっている地域金融機関の担当者であれば、訪問の際に色々な相談を受けているものです。取引先のお役に立てる機会として、色々な相談を受けることも積極的に行っています。数年のローテーションで交代してしまうのが寂しいところですが、相性が良い担当者であれば、気軽に相談してみてはいかがでしょうか。

②商工会・商工会議所

地元の商工会や商工会議所に加盟している会社は少なくありません。商工会は商工会法に基づいた、経済産業省中小企業庁が管轄する団体で、商工会議所は商工会議所法に基づいた、経済産業省経済産業政策局が管轄する団体です。

いずれも、地域の中小企業や小規模事業者に対して支援事業を行っており、地域経済を支えるために、地元に根差した振興策を実施しています。距離感も近く、気軽に相談することができる先です。

③地方公共団体

いわゆる都道府県と市町村になります。東京都については、23区もこれに当たります。地域経済の活性化は地域振興において避けて通れない部分ですので、各地方公共団体においても、地方版総合戦略などの中で、意識しているところです。

地域経済を支えている会社の円滑な事業承継は、当然に望まれるところですので、これを支援する担当部署が設置されていることが多いです。地元の役所に関係があ

る会社であれば、何かのついでに相談してみることも可能でしょう。

④顧問士業

　まっさきに浮かぶのか顧問税理士の先生でしょう。場合によっては、顧問弁護士のいる会社もあるかもしれません。

　長く付き合いがある士業の先生であれば、会社の実情にあった助言がもらえます。何かの機会に、跡継ぎ問題等、相談してみるといいでしょう。

用語の解説

地域金融機関：地銀や信用金庫、信用組合等のことです。

14 事業承継についての専門家の支援機関は？

事業承継って専門的な知識が必要なんじゃないの？

色々な士業が、事業承継支援を始めていますよ。個々人の先生方だけでなく、士業団体としての支援窓口も用意されています

やっぱり頼りになるサムライ達

　事業承継の形は各社各様です。他の会社の事例がそのまま使えるわけではなく、制度の変更もあり、その時々のベストの形を模索することになります。ですので、専門家による支援は必要不可欠といえます。法律面なら弁護士、税制面なら税理士、経営改善や事業計画なら公認会計士といった、各士業の強みが生きてきます。

弁護士

税理士

公認会計士

その道のプロばかりだね

専門家にも得手不得手

　顧問税理士や顧問弁護士といった既存の関係の中で、頼れる専門家に事業承継を相談できる機会があります。ただ、各士業の中でも特色があり、既存の専門家ネットワークだけでは、事業承継に対して十分ではないことがあります。そんなときは、どうやって必要な事業承継の専門家に接触すればよいのでしょうか。

専門家団体の窓口は？

①専門家との接触方法

付き合いのある専門家がいるならば、その専門家に事業承継に詳しい専門家を紹介してもらうのが一つの方法です。もしくは、顔の広そうな取引先や株主がいれば、そのネットワークに打診してみることも可能でしょう。また、先述したような、地域の支援機関に話を持っていき、然るべき専門家を紹介してもらうことも可能です。その一方で、各士業団体が用意している、中小企業支援の窓口を利用するのも一案です。

②弁護士

事業承継の局面において、株主関係や取引関係、債権債務や資産の帰属等、法的な支援が必要になる場面があります。そのときに頼りになるのが弁護士の先生です。

日本弁護士連合会のみならず、各弁護士会を介しての支援も充実しており、「ひまわりほっとダイヤル」へ相談してみることも可能ですので、相談のハードルは思ったより低いです。

③公認会計士

組織再編やＭ＆Ａの実施、事業価値算定やデューデリジェンス等、公認会計士が事業承継の場面で登場することは多いです。日本公認会計士協会でも、中小企業施策調査会を中心として、事業承継支援専門部会を立ち上げて研究しており、各地域会や地区会において、きめ細かい支援体制を整えています。

④税理士

多くの会社に顧問税理士がおり、一番身近な専門家といえるでしょう。何か相談がある場合に、とりあえず税理士の先生へということも多いのではないでしょうか。日本税理士連合会においても、中小企業と接点をもつ税理士という位置づけから、積極的な支援を行っています。

⑤中小企業診断士

その名のとおり、中小企業支援のためにあるような士業です。得意分野は各人で分かれており、財務やシステムが得意な先生もいらっしゃいますが、事業承継を専門にされている先生もいらっしゃいます。中小企業診断協会へ連絡すれば、適宜適切な専門家を紹介してくれます。

15 事業承継で、弁護士・司法書士に相談・依頼するのはどんなこと？

事業承継ってどの専門家に依頼したらいいのか、あるいは、そもそも専門家に依頼した方がいいのかがわかりにくい。弁護士と司法書士の違いもよくわからないし、困ってしまうなあ

事業承継の手順や道筋等は専門家に相談することで明確になることが多いです。特に相続対策や会社法上の対策が必要な場合なら弁護士に、不動産の譲渡、種類株式の発行等、登記が絡む場合は司法書士に依頼するのが良いでしょう。税理士に既にご相談済みなら、税理士から適切な士業を紹介して貰って、チームを組んで貰うのが良いでしょうね

弁護士、司法書士とは

　弁護士とは、法律業務を「すべて」（契約書の作成、事案に対する解決スキームの提案、紛争になった場合の交渉や裁判を含む）取り扱うことのできる資格です。これに対し、司法書士は、法律業務の「すべて」ではなく、法律で定められた分野・範囲に限り取扱いが認められており、主に、登記・供託に関する手続きについての代理、法務局・裁判所等に提出する書類の作成等を専門としています（認定司法書士や裁判業務の制限については、ここでは説明しません）。

　なお、紛争になった場合に依頼するのが弁護士であり、紛争になることを予防する業務は司法書士の仕事と記載しているサイト等もありますが、これは誤りです。弁護士は、法律業務の「すべて」を行うことのできる資格でありますので、当然ながら、紛争を予防するための施策を講じることにも精通しています。

　他方、事業承継の対策の一環として**種類株式**の発行をした場合には種類株式は登記事項ですし、後継者候補を役員として新規で入れる場合等、役員もまた登記事項です。こうした点については、司法書士が専門と言えます。

事業承継で、弁護士に依頼するメリットや費用

　事業承継は、1-4節で説明したように、幾つかの方法があり、各々に注意点やデメリットがあります。しかしながら、現経営者が、自分自身で、自社にとり一番よい方法を選び、かつ、デメリットに対する施策を講じる等していくことは困難です。特に、事業承継は、後継者の育成等にも鑑み、5年程度を要すると言われている分野であって、「長丁場」です。他方、その間も、現経営者は経営を続けていかなければならず、事業承継対策と現経営を同時並行で行っていかなければなりません。

　弁護士に依頼するメリットは、次のとおりです。

①法律家としての第三者的視点から、会社の現状を分析し、最適な事業承継の計画を立て、方法を提案していくことができること

　もちろん、上記には税務的な側面からの検討も必要ですので、会計士・税理士とチームを組んで、事業承継の計画書を作成していくことになります。

②将来における紛争を予防する施策を講じることができること

　特に親族内承継の場合、例えば長男に株式を集中させると、他の相続人から遺留分減殺請求をされたり、将来において紛争を残すことになります。予め、遺留分についても念頭に置いて、事業承継の対策をすることが必要になってきます。

③交渉が必要になった場合には、代理人として交渉を依頼できること

　例えばM&Aを選択した場合等には、買い手と交渉をすることが必要になってきますが、経営者がこれを行うことは難しいことは多々あるでしょう。弁護士は代理人として交渉を行うことできますので、こうした交渉を委任することができます。

　費用の請求の仕方については、①着手金・報酬方式（依頼された仕事を着手するにあたり費用を頂戴し、事業承継が成功したら報酬という形で費用を頂く方式）、②手数料方式（依頼された仕事に対して費用を頂戴する形式）、③タイムチャージ方式（依頼された仕事に対してかかった時間と時間当たりの単価を掛け算して費用を算出する方式）、④顧問方式（顧問契約を締結し、顧問弁護士として、月々の顧問料を頂く方式）等、何通りか考えられます。更に、各々の方式に対し、法律事務所ごとに基準があります。

　上記のように数種の方法・基準がある上に、事業承継自体の方法や会社の規模に

よっても費用感が異なるため、事業承継に要する弁護士費用は、一概にいうことはできません。もっとも、法律相談については、30分5000円で行っている事務所が多い（初回は無料という事務所もあります）ため、法律相談の中で、会社の実情を話した上で、見積もりを提示してもらうのが良いでしょう。

一人で悩むのではなく、事業承継の計画書の作成等を早期に相談しよう！

経営者が個人で悩んで、挙句に誤った方法での対策を講じてしまうと、後から取返しのつかない事態になりかねませんし、悩んでいると時間ばかり過ぎていくことになります。

進め方に悩みがあるのであれば、「どのように事業承継を進めていくのがよいか」という点、つまり「事業承継の計画書」の作成・提案を早期に専門家に依頼するのが良いでしょう。これにより計画書上、自分で行うのは難しい箇所については専門家に依頼する等、自身で行うところと専門家に実際に依頼する部分とを振り分けることもでき、効率化に繋がります。

用語の解説

M&A：「Mergers and Acquisitions」の略で、「合併と買収」を意味する。株式を買い取ったり、合併したり、事業譲渡を受けたりといった手法を用いて、別の会社の事業を取得すること。
遺留分減殺請求：兄弟姉妹を除く、法定相続人（子ども等）には，遺言によっても取り上げることのできない、最低限度の、遺産に対する取り分が、法律によって確保されており、これを遺留分と言います。この遺留分を請求することを言います。
種類株式：権利の内容が異なる株式。

16 事業承継で、公認会計士に相談・依頼するのはどんなこと？

事業承継の相談を公認会計士にする必要ってあるのかな？ うちの顧問税理士は、公認会計士の資格も持っているみたいだけど、公認会計士と税理士の違いも、よくわからない…

通常、公認会計士はM&Aの場面で登場することが多く、事業の価値算定を行う専門家ですね。M&Aの前に相談しておけば、事業がどれくらいで売却できるか試算してもらえますよ

公認会計士って、普段は接点がないけど、何が得意なの？

　公認会計士は、企業監査や会計の専門家として、財務に関する調査や経営相談に日常的に応じています。したがって、事業承継の数値面を切り口にして、全体を俯瞰した支援や助言を期待できます。

　特に、経営状況や課題の見える化や、経営改善といった事業承継の準備段階でアドバイスを受けることで、事業の価値向上の手助けをしてもらう役割が期待できます。

　事業承継が具体的に進んだ際にも、非上場株式の評価やM&Aにおける売却価格の試算等といった公正な価値評価を行うプレーヤーになります。また、銀行に対して、経営者の個人保証の解除を進めていく際にも助言が期待できます。

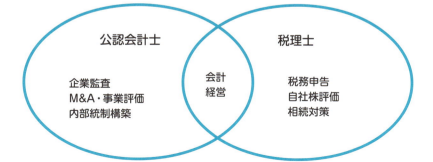

公認会計士？ 税理士？ 肩書きではなく経験で選ぶ

事業承継のサポートを行う専門家の中でも、公認会計士と税理士の役割については、特に線引きが難しいところです。公認会計士と税理士の業務が重なっている部分が多いからなのですが、よく、税理士は町医者（診療所）で、公認会計士は大学病院といった説明がされることがあります。これは、公認会計士が大企業の監査の経験から、複雑なM&Aや企業価値評価を日常的に行っているからです。

会計税務面の専門家に相談する際には、公認会計士か税理士かといった肩書きだけではなく、その専門家がどのような経験を積んでいるかを確認すると、後々安心です。

積極的に取り組んでいる専門家を選ぼう

全国の公認会計士から構成される**日本公認会計士協会**では、事業承継支援専門部会が設置され、中小企業の事業承継支援に積極的に取り組んでいます。公認会計士が、事業承継のアドバイスやコンサルティングを行う際の検討項目・計画の立案・実施について取りまとめた事業承継支援マニュアルも公表しており、中小企業の事業承継を全面的にバックアップしています。

一般的に、公認会計士には上場会社の監査経験が豊富にありますので、売上高が数十億円の規模の事業承継において、複雑なM&Aや企業価値評価で力を発揮すると言えます。

用語の解説

日本公認会計士協会：公認会計士及び監査法人の登録会員に対して指導、連絡及び監督に関する事務を行い、また、公認会計士の登録に関する事務を行うことを目的として、公認会計士法に基づいて設立された法人をいいます。

17 事業承継で、税理士に相談・依頼するのはどんなこと？

> いろんな専門家の先生がいるのだけど、顧問税理士の先生が一番身近なんだよね。事業承継の相談をしても大丈夫かな？

> うちの税理士先生は、会社にほとんど来てくれなくて、職員の方としか普段は接していないなぁ。ちょっと相談しづらいかも…

顧問税理士に相談して大丈夫？

　顧問税理士は、税務業務を通じて、日常的に中小企業の経営者とのかかわりが深く、決算支援等の切り口で経営にも関与する立場にあります。税務顧問を通じて会社の実情をよく理解していますので、経営者にとって最も身近な相談役となります。

　事業承継ニーズの掘り起こしや、相続税に関する助言や自社株式の評価から事業売却時の税金対策まで、幅広い税務・経営の領域にわたって支援が期待できます。

信頼できる税理士に相談

　会計監査で公認会計士のお世話になることは少なくても、ほとんどの社長は、税務申告や会計業務の支援で税理士に業務を依頼していると思います。経営者にとっての最も身近な相談役として、会社や社長個人の税金面の状況を熟知している税理士は、事業承継を相談する際に、頼れるパートナーになります。

　税理士の中には、事業承継に非常に積極的な人と、「適切な税務申告をすれば終わり」という人がいて、かなり温度差が生じている実情もあります。日頃から信頼している税理士に一度相談してみてはいかがでしょうか。

積極的に取り組んでいる専門家を選ぼう

　日本税理士会連合会も、顧問税理士が事業承継に積極的に関与するように、さまざまな後方支援を税理士に対して行っています。もし、顧問税理士に相談できない場合には、**税理士会**や金融機関等から事業承継に積極的に関与している税理士を紹介してもらうのも一つです。

　例えば、日本税理士会連合会の地区組織である北陸税理士会では、所属する税理士会員専用のウェブサイト「担い手探しナビ」を立ち会上げ、事業を譲渡したい会社と譲り受けたい会社とのマッチングの場を提供しています。サイトに事業規模や売上高、社員数等を掲載し、所属する税理士同士でやり取りを進めるような仕組みを取っています。

用語の解説

日本税理士会連合会（略称、日税連）：税理士会及びその登録会員に対する指導、連絡及び監督に関する事務を行い、また、税理士の登録に関する事務を行うことを目的として、税理士法で設立が義務付けられている法人をいいます。
税理士会：日本税理士会連合会の下部機関で、各地域に事務所を設けて活動している税理士及び税理士法人から構成される特別法人をいいます。国税局の地域ごとに全国で15の税理士会が設立されています。

18 事業承継における M&A 関係者は？

第三者承継といえばM&Aだよね

これまで紹介した士業だけでなく、民間の仲介会社やアドバイザーも関係しますね

そういえば、ウチにも東京の仲介会社から電話がかかってきたことがあったなぁ

第三者承継とM&Aの関係

　事業承継の方法の一つ、第三者承継とM&Aは切っても切れない関係にあり、M&Aの支援者が必要不可欠です。第三者承継の最大の悩みどころは、誰に承継させるかなのですが、取引先等の気心が知れたところが手を挙げてくれればよいものの、なかなか難しいのが現状です。また、いざ候補者が出てきたとしても、それを実行するためには、M&Aの手続きを適切に行うための専門家が必要になってきます。

M&A仲介会社

弁護士　　会計士

お見合い段階での仲介会社、結婚するまでの士業かな

承継候補の妥協も必要？

自分が知っているコネクション以外にも、M＆A候補がいるかもしれず、ベストな事業承継先を探してみたい。

承継先を考えるにあたって、**自分の知っている範囲から選ぶ**ことも、**自分の知らない範囲から選ぶ**ことも、どちらもありえる選択肢です。しかし、選択肢は多いほうがいい、というのは必ずしも正しくはなく、限られた時間の中で、限られた選択肢から選んだほうが、実際のところはうまくいったりします。

メーテルリンクの「青い鳥」ではありませんが、ベストの選択肢を探し続けてしまい、時間切れにならないようにしたいところです。

承継候補を集めてから選ぶ

●①第三者承継の２フェーズ

第1フェーズは、承継先の選択肢を集めるところから始まります。このフェーズでは自分の伝手をたどるという方法もありますが、いわゆるM＆A仲介会社にお任せしてみるのも一案です。思ってもみなかった会社が候補として出てくるかもしれません。

第2フェーズでは、選択肢の中から、どこと交渉するかを決めることになります。相手方にもアドバイザーがついていると思いますが、こちら側にもアドバイザーがいたほうが望ましいです。相手には相手の言い分が、こちらにはこちらの言い分がありますから、交渉の中でその落としどころを見つけるために、先述した（1-14節参照）専門家がお役に立ちます。ここでケチってしまったがために、契約後数年してから、おかしなことになってしまうケースには事欠きません。

●②Ｍ＆Ａ仲介会社

上場会社で有名なM&A仲介会社がいくつかあります。

株式会社日本M&Aセンター
https://www.nihon-ma.co.jp/

M&Aキャピタルパートナーズ株式会社
http://www.ma-cp.com/

株式会社ストライク

http://www.strike.co.jp/

　これらの会社を利用する場合には、仲介手数料等がかかりますが、承継先の候補を探すにあたっては有力な方法です。自力では届かない候補に届きますので、よりよい選択肢を探したいという意向があるならば、一考の余地はあります。

　選ぶにあたって重要な点として、担当者の専門性もありますが、正直なところ、担当者との相性が一番ではないかと思います。自社の運命を託すに足る担当者かどうか、その一点だけはよくよく見極めてほしいと思います。

19 金融機関との関係はどうしたらいいの？

現在、借入をしている融資契約はどうなるのでしょうか？

既存の借入については条件を変更されることはありません。今後、より良い関係を築くためには、後継者が金融機関とコミュニケーションできる場を設けることが好ましいです

金融機関との関係はどうなる

　安定的に資金を調達する上で、中小企業は金融機関、特に地域の金融機関と良好な関係を築くことが重要です。金融機関と安定したコミュニケーションを取るために後継者が財務に対して適切な理解をしていることをアピールすることが必要になります。

金融機関からの既存借入が引き上げられるか心配

　事業承継のタイミングで、既存借入を突然引き上げられることはありません。これは銀行借入契約には、「**期限の利益**」というものもあり、契約期間中は、契約期限が到来するまで返済を強制させられることはありません。むしろ、金融機関にとっても、融資契約を継続できることの方が望ましいと言えます。

金融機関は心強い味方

　むしろ、金融機関にとっては、取引先企業の事業実態を理解し、そのニーズや課題を把握して、経営課題に対する支援を組織的・継続的に実施することは、金融機関自身の経営の安定にもつながるため、メリットがあります。

　また、金融庁は平成28年9月、金融機関が金融仲介機能の発揮状況を客観的に評価するための指標として「**金融仲介機能のベンチマーク**」(http://www.fsa.go.jp/benchmark/index.html) を公表しており、このベンチマークにおいても、「本業（企

業価値の向上）支援・企業のライフステージに応じたソリューションの提供」についての取組状況を評価するための選択ベンチマークの一つとして「事業承継支援先数」が掲げられています。ベンチマークを充たすことは金融機関にとってもメリットがあります。つまり、金融機関は味方になり得る立場にあるのです。

用語の解説

期限の利益：期限が定められていることによって債務者が受ける利益。例えば、借金の返済期限が設定されている場合、債務者は期限が到来するまでは返済する義務はなく、また返済を求められることもありません。

期限の利益喪失：例えば、返済日にお金を返さなかった、契約内容に違反した、契約内容が偽りだった、財産の差し押さえや担保物件の競売があったときに一括弁済を求められます。詳細は金銭消費貸借証書に条項が記載されています。

金融仲介機能のベンチマーク：金融機関が、取引先企業の成長や地域経済の活性化等に貢献していく方針を達成することを目的として、金融機関における金融仲介機能の発揮状況を客観的に評価できる多様な指標のことを言います。

第2章 事業承継の準備をしよう

1 まず最初に何をすればいいの？

中小企業庁の「事業承継ガイドライン」を読んでみたんだけど、ステップ１の「事業承継に向けた準備の必要性の認識」って、要するに何のこと？　最初から、よくわからないのだけど…

社長は、まだまだ元気だから「俺は、あと２０年現役でやる！」って思っていますよね？　事業承継の準備に着手するのが遅くなってしまった結果、専門家のもとを訪れた時には既に手遅れになってしまう社長がすごく多いんです。まずは、事業承継に向けた準備状況を点検し、次にやるべきことを専門家と相談することが大事ですよ！

事業承継の準備は大きく分けて２つ

　自らが大きくした事業を今後も成長・発展させていくため、大きく分けて**①事業承継の準備を行う局面（プレ承継）**と、**②親族・従業員や社外の第三者へ事業を承継する実行局面**の２つの承継準備が必要になります。

　まず最初の中小企業庁の「事業承継ガイドライン」[*1]のステップ１「事業承継に向けた準備」では、外部の専門家と承継準備の状況について相談を行うことで、今後の必要になってくる準備作業について具体的な道筋を引いていく第一歩を踏み出します。

＊１　事業承継ガイドライン：中小企業庁のホームページで確認することができます。
　　　http://www.chusho.meti.go.jp/zaimu/shoukei/2016/161205shoukei1.pdf

遠い先の問題と考えないことが重要

　毎日が多忙ですから、なかなか事業承継の準備にまで手が回らない経営者は多いと思います。特に中小企業の事業承継の場合、親族内の問題であるという意識が強く、金融機関や外部の専門家に相談をしづらかったり、今現在の事業への対応に日々追われている中で、事業承継まで顧みる余裕がない状況にも置かれています。

　人の寿命はいつかは来ますが、会社の寿命は準備次第で永続させることが可能です。そのためには、しっかりとした準備が必要となるのです。

経営者には定年がない！　だから準備に着手を

　事業承継は、従業員の生活や取引先との関係等、地域社会に対して大きな影響を及ぼしうる問題ですので、まずは自社の事業承継の準備状況について、しっかりと現状把握をすることが大事です。

　経営者には定年はありませんが、いつか必ず事業承継を迎える日が来ますので、早めに事業承継を検討しておけば、安心して事業を大きく成長させられます。

　「そろそろ事業承継の準備に着手しないと…」そう思ってもらえれば、事業承継問題は半分終わったも同然です。

事業承継の課題を洗い出すには、どうしたら良いの？

事業承継診断っていう言葉を聞いたんだけど

中小企業庁が平成28年12月に公表した「事業承継ガイドライン」にのっているアレですね！ 専門家と話しながら診断する「相対用」と、ご自身でコッソリやる「自己診断用」の2つから、事業承継の準備状況をチェックできますよ

「事業承継診断」や「事業承継診断クイズ」というものがある

　事業承継に本気になったら、事業承継診断を活用して自社で必要になってくる今後のステップを確認しましょう。事業承継や後継者問題について、外部の方に相談しづらいようでしたら、中小企業庁が公表した「事業承継ガイドライン」の事業承継診断（自己診断用）や、公益財団法人大阪市都市型産業振興センターが運営する「大阪産業創造館」が提供している事業承継診断クイズを利用して、自社のおかれている状況をコッソリ診断してみましょう。

「診断」や「診断クイズ」で事業承継について考えを深めよう

　経営者の高齢化に伴って、経営者に対して事業承継に向けた早期かつ計画的な承継準備を促して円滑な事業承継を実現することが、中小企業にとって重要な経営課題となっています。本来であれば、金融機関や専門家と事業承継や後継者問題について相談をしながら承継準備をしていくのが重要なのですが、多くの中小企業経営者が相談できていないのが現状です。事業承継の計画を立てていくには、現経営者のプライベートな領域にも踏み込む必要があるため、経営者が強い意志を持って、承継準備に取り組んでもらわなければいけません。

　事業承継診断は、そのような状況にある中小企業経営者にとって、事業承継について深く考えるきっかけを与えてくれますので、積極的に活用してください。

中小企業庁の事業承継診断票（相対用・自己診断用）を活用しよう

中小企業庁の「事業承継ガイドライン」（91ページ）の事業承継診断票は、外部の専門家と承継準備に関する相談をするための、きっかけとなる簡単な質問のリストです。病院の問診票のようなものと、イメージしてください。

専門家と「相対用」診断票を使いながら、事業承継に関する想いを伝えてもらうことで、経営者が次のステップ（見える化、磨き上げ、事業承継計画の策定、M&A等）に進むために必要な、最善の専門家や相談窓口、支援施策等を紹介してもらえます。

▼事業承継診断票（相対用）

＜事業承継診断票（相対用）＞

出典：中小企業庁「事業承継ガイドライン」（P91）
（http://www.chusho.meti.go.jp/zaimu/shoukei/2016/161205shoukei1.pdf）より

▼事業承継診断票（自己診断用）

＜事業承継診断票（自己診断用）＞

事業承継自己診断チェックシート

以下の設問について、「いいえ」という回答があった方は、次ページをご覧ください。

Q1	事業計画を策定し、中長期的な目標やビジョンを設定して経営を行っていますか。	はい	いいえ
Q2	経営上の悩みや課題について、身近に相談できる専門家はいますか。	はい	いいえ

【以下の中から、当てはまる設問へお進みください】
・私には後継者がいる【子ども、親族、従業員】　　　・・・☆へ
・私には後継者にしたい人材がいる【子ども、親族、従業員】　・・・Q6〜Q7へ
・私には後継者がいない　　　　　　　　　　　　　・・・Q8〜Q9へ

☆後継者に対し将来会社を託すことを明確に伝え、後継者として事業を引継ぐ意思を確認しましたか。
　※「はい」の方はQ3〜Q5を回答してください。
　　「いいえ」の方はQ6〜Q7を回答してください。

Q3	後継者に対する教育・育成、人脈や技術などの引継ぎ等の具体的な準備を進めていますか。	はい	いいえ
Q4	役員や従業員、取引先など社内外の関係者の理解や協力が得られるよう取組んでいますか。	はい	いいえ
Q5	法務面や税務面、資金面などについて将来の承継を見据えた対策を進めていますか。	はい	いいえ
Q6	後継者の正式決定や育成、ご自身の退任時期の決定など、計画的な事業承継を進めるために必要な準備期間は十分にありますか。	はい	いいえ
Q7	後継者候補に承継の意向について打診をする時期や、ご自身がまだ打診をしていない理由は明確ですか。（後継者候補が若く、打診するには早すぎる　等）	はい	いいえ
Q8	第三者に事業を引継ぐ（企業売却・事業譲渡等）場合の相手候補先はありますか。	はい	いいえ
Q9	企業売却・事業譲渡等の進め方についてご存知ですか。	はい	いいえ

※次ページには、支援機関の紹介等を掲載

出典：中小企業庁「事業承継ガイドライン」（P92）
（http://www.chusho.meti.go.jp/zaimu/shoukei/2016/161205shoukei1.pdf）より

3 見える化ってどういうことをするの？

見える化ってどういうこと？

後継者が会社経営のかじ取りをできるように、現状の整理をすることです

見える化のゴール＝ビジネスモデルとしての分解

　ビジネスモデルとして確立するということは、固定費と変動費を分解し、いくらの費用を投下したらいくらの収入が上がるかを数的感覚として把握できることを言います。

　事業継承ができるためには、①経営環境が変化しても世の中から御愛顧されている「事業」であるということと、②業務能力とリーダーとしての人間性という「後継者の素質」という2つの要素が必要です。

会社のステージにより異なる打ち手

　状況に応じてどういう施策を行うのか？　は会社の状況によります。

　そのためには、後継者として会社が「現状どういうステージにあるのか？」ということと、「これからどういうステージにもっていったらいいのか？」ということを理解しておくことが必要になります。

　大きく分けると、**市場環境**と**自社環境**を整理することが必要になります。1つの法人で複数の事業を行っている場合には、それぞれの事業ごとに整理をします。

▼市場環境と自社環境

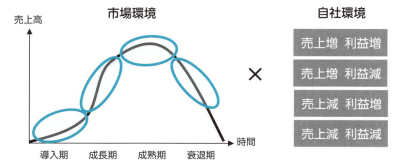

市場ステージ別の戦略

　市場環境は、時間を横軸、売上高を縦軸としたライフサイクルでは、一般的に「導入期」「成長期」「成熟期」「衰退期」の4段階を経ながら、S字型のカーブが描かれます。

(1)「導入期」：市場発達の初期段階
　導入期は、商品・サービスが一般的に知られていないため、マーケティング戦略では、製品の使用方法や現在使用中の製品に対する優位性を喚起することを主な目的とします。

(2)「成長期」：新製品が市場に浸透してくる段階
　成長期においては、買い手が商品やサービスの内容を知っています。この段階では、競合他社との違いを明確にすることを説明します。

(3)「成熟期」：製品が市場に普及し、市場の成長が鈍る段階
　成熟期では市場規模がほぼ一定であるため、企業は、自社のシェアの拡大を目指します。この段階になると、少数の企業が大部分の市場シェアを獲得しています。このようなリーダー企業にとっては、シェアの維持、もしくは拡大が目標となります。
　一方、小規模な下位企業にとっては、生き残ることが第一目標となります。戦略としては、ニッチなターゲットに絞り、集中する戦略が多くみられます。

(4)「衰退期」:市場発達の末期段階

　衰退期の段階に入ると、売上は減少傾向にあり、利益も減少します。過去のステージで顧客リストなどの無形資産を保有している会社は減少しながらも利益は出て生き延びますが、それ以外の企業は、撤退します。

　事業承継が行われる場合多くは、(3) 成熟期か (4) 衰退期であることが多いと思います。この段階で事業承継を受けた場合には、既存事業から得られる利益には期限があるため、既存事業の引き継いだ無形資産を毀損しないように利益を出しつつ、新規の事業に徐々にシフトすることが求められます。

4 事業の不動産を見える化するとは？

不動産の見える化ってどんなことをしたらいいの？

どんな不動産があって、何に使っているのか、担保設定の有無などを一覧にすることです

目的は「現状を把握」をすること

　事業のステージ感によっても異なりますが、後継者がやるべきことの第一歩は現状を知ることです。後継者が円滑に事業をできるようになるためには、グループ会社や社長保有の不動産も含めて、どんな資産があるのか？　担保に入っているのかいないのか（処分できるか否か）を一覧表にする必要があります。

　具体的には、名称／住所／面積／使用目的／所有者／担保状況有無などを記載します。

　この他、場合によっては、取得原価と現在の時価や、含み損益の状況の記載があった方が良い場合もあります。

▼一覧表のサンプル

名称	住所	面積	使用目的	所有者	担保状況	付記事項
A建物	東京都…	XX㎡	本社	A社	A銀行	
B工場	千葉県…	XX㎡	食品製造	X社長	B銀行	訴訟案件
C土地	東京都…	XX㎡	本社	X社長	A銀行	
D土地	沖縄県…	XX㎡	保養所	A社	なし	

事業用不動産の所有者と承継対策

事業用に使用している不動産の所有者が、前代表者であり、これを法人に事業用として貸し付けている場合、相続税の計算上「**特定同族会社事業用宅地等**」という区分に該当し、一定の制限面積まで相続税の減免を受けることができます。

前代表者以外の親族の場合、例えば社長の兄弟の場合には、これより下の世代に不動産が承継されると将来的に買取交渉が複雑になるため、早めの交渉が必要となります。

不要な不動産を処分する際の留意点

一度状況を整理した上で次に必要となるのは、現状の不動産のうち、不要な不動産はないか？ 整理できるものはないか？ 別の活用方法はないか？ という「整理」する視点です。

不要な資産があったにしても、処分するには注意が必要です。仮に現状不要だったとしても、銀行借入の担保に入っていると、自社の判断だけで直ちに処分することは難しく、交渉が必要になります。また、売却損が発生する場合には、決算書上に損失が明らかになりますし、売却益が発生する場合には課税対象となるため、何も対策をしない状況では税金が発生してしまいます。

このため、処分をする際には、税金までを含めて慎重に検討する必要があります。

用語の解説

特定同族会社事業用宅地等：相続開始の直前における不動産の使用目的が、「事業に活用すること」である場合、限度面積400㎡まで、80％の相続税評価額の減免措置を受けることができる制度です。

5 適正な決算処理が行われているか見える化するとは？

適正な決算処理っていうことは、不適正な決算処理もあるということ？

税務上の最低限の要請は「いくらの利益が出たのか？」ということですが、税務だけなく、会社運営を行うためには、管理会計の視点が必要になります

税務と会計の経理状況の差

　税金計算をするという視点では、最低限、いくら儲かったのか？　というだけで足りると言えます。これを税務基準での会計と言い、日本のほとんどの企業はこちらの「税務基準」での会計を導入しています。しかしながら、「法人を運営管理する」という視点では、必ずしも「税務基準」では足りず、月次や部門別などの基準で正確な**管理会計**を導入することが必要となります。

管理会計とは

　商品毎の月次の売上・費用（部門別損益）の分析を通じた自社の稼ぎ頭商品の把握や、製造工程毎の不良品の発生状況の調査を通じた製造ラインの課題の把握、在庫の売れ筋・不良の把握や鑑定評価の実施等を行い、適切な「事業運営」につなげられるようにする必要があります。

初代社長だけが持てる噂の「勘ピューター」

　税理士の視点から、経営者に管理会計を提案した場合、2代目の社長には求められることが多いのですが、初代の社長にはピンと来ないことが多いのです。じゃあ、それで困るか？　というと、初代は「感覚」で数字を把握できるのです。しかも、この数字感覚の精度は高いことも多いのです。

　しかしながら、この勘ピューターは、2代目には引き継ぐことができなかったり、金融機関などの外部者には伝えられないことも多いため、「見える化」が必要なのです。

　管理会計とは、次の表のように、事業のセグメントごとに管理を行い、未来に関する予測も含めて事業運営を行う方法のことを言います。

▼管理会計で使用する表（例）

	実績	実績	実績	予測	予測	〜	予測	H29/9
	10月	11月	12月	1月	2月	〜	9月	累計
売　　上　　A	5,451	5,670	5,566	5,813	5,984	…	5,800	102,847
売　　上　　B	1,260	1,075	670	820	850	…	2,515	21,570
売　　上　　C	435	453	488	509	474	…	407	11,062
売 上 高 合 計	7,145	7,198	6,724	7,141	7,308		8,722	135,479
役 員 報 酬	1,432	1,432	1,432	400	400	…	400	10,992
給 与 手 当	2,481	2,653	2,879	3,000	3,000	…	3,000	24,037
賞　　　　与			1,549			…	0	3,098
法 定 福 利 費	1,480	560	517	60	60	…	60	5,474
人 件 費 計	5,393	4,645	6,377	460	460		460	43,601
外 　注 　費	1,082	396	967	300	300	…	300	3,345
旅 費 交 通 費	289	255	284	250	250	…	250	1,578
減 価 償 却 費	402	427	500	500	500	…	500	2,829
賃 　借 　料	1,096	1,165	1,191	1,054	1,054	…	1,054	6,615
そ 　の 　他	500	500	500	500	500	…	500	6,000
販売費一般管理費計	8,762	7,388	9,818	3,064	3,064	…	3,064	63,968
営 業 損 益 金 額	-1,617	-191	-3,095	4,077	4,244		5,658	71,511

6 事業承継を見据えたBSの見える化って何をするの？

事業承継を見据えた場合のBSの注意事項ってなんですか？

BSとは、会社の一定の日時点の財産と債務の状況を表現したものです。事業承継を見据えた場合には、前代表者の資産や負債に注目する必要があります

貸借対照表（BS）ってなんですか？

　貸借対照表は、右側が資金の調達元、左側は調達した資金をどのように運用されているかを表しています。損益計算書が1年間のムービーだとすると、貸借対照表は決算日という1日のスナップショット（レントゲン写真）になります。

　貸借対照表は、凝視するのではなく、絵画のように少し離れた場所から、5つのパーツのバランスや推移を見て活用をします。

- **純資産**…株主の元手「資本金」と、創業以来蓄積してきた「利益剰余金」から構成されます。自己資本とも言います。会計上、現在解散したら、株主にいくら戻って来るか？　を意味しています。
- **負債**…いずれ返済が必要となるもので、「他人資本」とも呼ばれます。負債は、1年以内に返済が必要な「流動負債」と1年以上をかけて返済する「固定負債」に大きく分けて表示します。
- **資産**…調達した資金（自己資本＋他人資本）が、どのように運用されているかを表しています。換金性の高い「当座資産」と、換金性が高くない「その他資産」とに大きく分けて表示します。

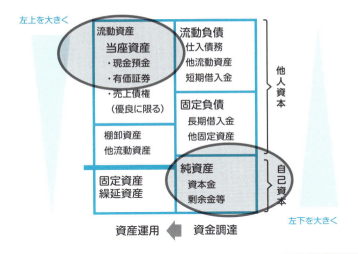

貸借対照表（BS）の見るべきポイント

　後継者としては、貸借対照表の項目それぞれを見るというよりも、適切なバランスになっているか？　現状の会社の状況を大まかに捉えるという視点が大切になります。

①安全かどうか…「左上を大きく」、「右下を大きく」
②不良債権や不良在庫、評価損がないか？
③負債はどの程度あるのか？
④負債のうち、特に銀行借入の返済状況はどうなっているのか？

前代表者との「貸し借り」に注目する

　法人の場合、法人に資金が不足している場合、社長が法人に資金を貸し付けることがあります（社長借入金（負債科目））、逆に、社長個人に資金が不足していた場合に法人が社長個人に貸し付けることがあります（社長貸付金（資産科目））。
　社長借入金（負債科目）は、相続財産に含まれるため、複数の相続人がいる場合には、相続人にも相続権が生じます。過大な社長借入金がある場合には、相続で問題になる可能性があるため、事前に**債権放棄**や**DES**などの会計処理を検討する必要があります。

一方、社長貸付金（資産科目）は、銀行との取引で資産流用が疑われるポイントであるため、科目がある場合には早期に解消する必要があります。

用語の解説

債権放棄：その名の通り、貸付を行っている債権の回収を放棄することを言います。法人は債権放棄を受けると、課税対象の利益が発生します。この点、過去の累積赤字がある場合には、過去の損失と課税利益が打ち消し合われ、税金は発生しません。

DES：デット・エクイティ・スワップ（DES）とは、Debt（債務）とEquity（株式）をSwap（交換）することをいいます。通常、経営不振や過剰債務などに苦しむ企業の再建支援策の一つとして用いられています。

7 事業承継を見据えたPLの見える化って何するの?

事業承継を見据えたPLの見える化って何をするの?

会社がどの事業でどのぐらい儲かっているのか? 毎月/毎年の固定費はどのくらいか? どこに問題があるのか? を把握することです

損益計算書(PL)の分解図

損益計算書は、一年間の利益をその発生要因別に分類したものです。注目するべき指標は、**①売上高**、**②経常利益**、**③当期利益の3つ**です。

▼損益計算書の区分と意味

損益計算書の主要区分	意味	
売上高	企業規模を表す指標	①
売上原価	売上と直接対応するコスト	
売上総利益	いわゆる粗利	
販売費及び一般管理費	法人運営コスト	
営業利益	本業の利益	
営業外損益	支払利息や財テク利得	
経常利益	平常時に法人が稼ぎ出す力	②
特別損益	例外/突発的なもの	
税引前利益		
法人税等		
当期利益	税金支払い後の手残り	③

損益計算書を組み替えた「変動損益計算書」

　制度会計が求めているのは、損益計算書ですが、事業の損益を把握するためには、費用のうち「固定費」を抽出して組み換えを行った「変動損益計算書」が必要になります。

法律の要件で定められている損益計算書は、売上原価や販売費及び一般管理費の中に、売上の増加とともに増加する「変動費」と売上の増減には関わらない一定の「固定費」が混在しているため、経営視点の目線からは「採算」を把握することが難しくなってしまっています。

　経営者が、経営状況を把握するうえでは、費用のうち、固定費と変動費を切り分けした「変動損益計算書」を作成してもらうと理解をしやすくなります。

▼変動損益計算書への組み換え

通常の損益計算書				変動損益計算書		
売上高		100,000	=	売上高		100,000
売上原価		75,000		変動費	60,000	
材料／外注費	VC	50,000		材料／外注費	VC	50,000
製造変動費	VC	5,000		製造変動費	VC	5,000
製造固定費	FC	20,000		販売変動費	VC	5,000
売上総利益		25,000		限界利益		40,000
販売費及び一般管理費		13,000		固定費		28,000
販売変動費	VC	5,000		製造固定費	FC	20,000
販売固定費	FC	8,000		販売固定費	FC	8,000
営業利益		12,000	=	営業利益		12,000
営業外損益		-3,000		営業外損益		-3,000
経常利益		9,000	=	経常利益		9,000

変動費：売上に比例して発生する原価・経費　Ex.荷造運賃費／代理店販売手数料
固定費：売上に関係なく掛かる原価・経費　　Ex.地代家賃／人件費

　さらに一歩踏み込むと、「固定費」も、①頑張ったら削減できる余地のある固定費（引っ越しをして家賃を下げるなど）と、②過去に行った意思決定の結果発生している固定費（設備投資を期間按分している減価償却費など）の2つに区分できます。さらに詳しく採算性を検討する際には、固定費も区分して検討します。

▼変動損益計算書により「採算ベース」を捉える

通常の損益計算書		変動損益計算書	
売上総利益率	25.0%	限界利益率	40.0%
売上総利益	25,000	限界利益	40,000
売上高	100,000	売上高	100,000

売上単価が変動費すらも回収できないと、「売ったら売っただけ赤字」になってしまいますが、少なくとも、売上が変動費を超えるような場合であれば、営業損益は赤字になるよりも、固定費の回収すらできないよりは**赤字幅は縮小**され、まだマシと言えます。

　最低限の「採算ベース」では、赤字幅を縮小させるため、最低限、変動費を回収できればOKと考えます。戦略的に単価をいくらに設定するのか？　は、「利益ベース」と「採算ベース」の2段構えで見ることができます。

変動損益計算書と利益を出す方法

　利益を増やす方法は、「固定費を下げる」、「販売数量を増やす（利益率一定）」、「販売単価を上げる」、「変動単価を下げる」の4つの方法しかありません。

▼変動損益計算書の活用方法

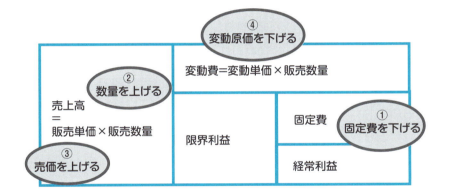

8 事業承継を見据えた自社株式を見える化って？

事業承継を見据えた株主整理ってどういうことをすればいいの？

株主整理のためには、株主名簿を整備する必要があります。株主名簿とは、株主が持っている株式数を管理するための管理簿になります。株主が不明確な場合には、後々争いになるため、前代表者が元気なうちに、明確にしておく必要があります

株主名簿への記載事項

株主名簿とは、各株主に関する基本情報を記載した帳簿です。株主名簿は、株主の人数や株券発行の有無に関わらず、全ての株式会社が設立時に作成しなければならない書類です。

株式の相続や譲渡などがあった場合には、株主名簿の記載情報も更新する必要があります。株主名簿の法定様式はありません。エクセルなど独自のフォーマットで作成することができます。

株主名簿を作成する際には、会社法第121条に基づき、基本的に次の3つの項目を記載する必要があります。

1. 株主の氏名・名称および住所
2. 各株主が所有する株式数と株式の種類
3. 各株主が株式を取得した日付

安定した株主構成

何代も相続が続くと、親族で所有していた株式が分散していってしまいます。会社の所有権である株式を法定相続の割合通りに分散をしてしまうと、将来的に事業を行う人と株主が分かれ、安定した経営がしにくくなってしまいます。将来のことを考えると、兄弟間でも、事業を承継することが予定されている人に「株式」、それ以外の人には「株式以外の財産」など株式の分散を防止することを検討する必要があります（株式の分散のリスクについては、3-9節等参照）。

株主が不明な場合

稀に株主が異動した際に、株主名簿に記載をしておらず、株主を把握しきれなくなってしまう場合があります。この場合には、不明になったタイミングで、今後争いがないように早めに解決を図る必要があります。

株主が不明になってしまった場合、過去の預金取引の履歴から取引を洗うなどして紛争の可能性を排除する必要があります。証拠が残っていない場合には、当事者同士の確認状を発行したりします（この点については、3-1節も参照してください）。

9 書類の見える化とは？

書類ってどこにあったっけ…

えーっと、、、そもそもどんな書類が必要なんだっけ…

事業運営を行う上で重要な書類

　事業運営の視点から見た重要な書類としては、次のものがあり、少なくともどこにあるか？　どのようなものか？　は把握しておく必要があります。

▼重要な書類

	タイトル	内容
1	登記簿謄本（現在事項証明書）	法務局に登録される会社基本情報
2	株主名簿	株主の氏名／住所／株数を記録した資料
3	株主総会議事録	少なくとも年に1回行われる
4	取締役会議事録	会社法では最低3ヶ月に1度行われる
5	組織図	会社の部門を整理した資料
6	経営会議資料	経営判断をする上で必要な資料
7	就業規則等の規定類	備え付け等労働者への周知が必要な場合の書類もある
8	決算書	1年間の会社の経営資料
9	税務申告書	年に一度税務署等に提出する
10	税務署への届け出書類（控）	税務署に届け出をした資料
11	契約書	

　こちらを前任者が元気なうちに、あるかないかの整理ができないと運営が難しくなってしまいます。

経理・人事・総務業務の「書類の引継ぎ」

　事業承継のタイミングでは、総務や経理の担当者の引き継ぎも後継者同様に行う必要があり、書類関係の資料は整理できていなかったとしても、まずは、「場所を探す」ということが第一歩になります。

　そもそも「書類がない」という場合には、現状を把握して、今後、作成を行い、元の場所にしまうということを心掛けてください。

将来的に事業の譲渡を考えた場合にも必要

　業務を進めるという視点だけでなく、将来的に一部事業や会社全体を第三者に譲渡することを考えた場合には、書類を整理して「見える化」することが必要になります。

　これは、事業の譲渡を行う際には、基本的には、買い手が事業の中身を精査し、買い手側が引き受けても良いか、引き受けた時のリスク、リターン、買収価格を検討します。この検討をデューデリジェンスと言いますが（7-7節参照）、デューデリジェンスをするための基礎情報として会社の書類が整備されていなければ、売るに売れない、という状況になってしまいます。また、会社の書類がきれいに整備されていると、買い手側にも「しっかり管理しているな」という良い印象を与えることができます。

10 契約関係の見える化とは？

メダカ産業との契約書を確認したいな

あれ…。見つかりません

年を追うごとに契約内容は曖昧になりやすい

「そういえば、あの得意先に対する納品単価を3年前に改定したけど、基本契約書は当初の契約のままだった」などという話をしばしば耳にします。何十年と事業を営んでいると、取引先との間で人的な信頼関係が強くなる一方で、書面ベースでの契約関係が相対的に重視されなくなることがあります。

このような関係性は、お互いに十分な信頼関係を構築しつくした社長同士だからこそのものですので、事業承継に伴い双方の担当者が変わったときに混乱を招く可能性があります。事業承継後のトラブルを未然に防ぐために**契約関係の見える化**を進めましょう。

メダカ産業との契約書は？

困った。見つからない…

契約関係の見える化とは?

契約書管理台帳を作る

まずは契約管理台帳を作成し、契約情報を一元管理できるようにしましょう。**契約管理台帳**とは、契約書の内容や日付、保管場所などを管理するリストです。どのような契約を契約書管理台帳に記載するかは会社の考え方によりますが、一般的には売上関係の契約書についてはすべて対象とし、費用や設備投資関係の契約書については重要性の高いものを対象とすることが多いです。

契約管理台帳を作成する際には、「**契約管理台帳**」「**契約書原本**」「**契約書のPDFデータ**」を三位一体にして、「契約番号」でそれぞれを関連付けておくと必要なときに必要な契約書をすぐに参照することができるようになります。また、契約書原本の物量が大量であったり、営業拠点ごとに分散されてしまっていたりする場合には、原本保存は**外部倉庫サービス**を利用し、社内ではPDF化したファイルで共有することも検討しましょう。

必要に応じて契約書の再締結をする

次に、契約管理台帳を作成する中で、契約期限が満了してしまっている契約書や、取引条件が実態と異なってしまっている契約書がある場合は、将来のトラブルを防止するために、現在の実態に合わせて契約書の再締結をしましょう。なお、事業承継に伴い法人の代表者が変更したり、法人名を変更したりする場合は、**法人格**が維持されているため、契約書の再締結の必要性はありません(法人格については、3-10節参照)。

優先度の高いものから着手して、法務リスクを逓減させる!

業種、業態によっては再締結が必要と判断される契約書が想像以上に多く出てしまう場合もあります。初めから完璧な状態を目指し過ぎてしまっても日常業務に支障が出てしまいますので、取引内容、規模、頻度などから優先順位をつけて、優先度の高い契約から順次取り組むなど、柔軟な対応でリスクを逓減させていきましょう。

用語の解説

外部倉庫サービス:契約書や会計帳簿など保管が義務付けられている書類の保管を受託するサービス。依頼主の求めに応じて、集荷や配送の他、書類の電子化などの付加サービスを提供している業者もあります。
法人格:権利・義務の主体となることのできる法律上の資格をいいます(3-10節参照)。

11 事業承継に関連した労務の見える化とは？

労務の見える化って何をやるの？

役員・従業員・出向者などを属性/場所/事業別に整理することです。また「人事制度の見直し」は、不満要因になる可能性を含んでいるため、承継後しばらく経ってからの方が良いと思います

事業承継の上での現状の把握

現状を把握するためには、役員・従業員・出向者などを属性/場所/事業別にどのような人が何人いて、現状、どのようになっているのか？を把握する必要があります。

具体的には、次の事項を整理します。

(1) 役員/従業員内訳：支店・店舗・事業内容別、雇用形態、年齢、勤続年数別
(2) 所属別在籍人数表
(3) 人員の増減（新卒、中途採用、自己都合退職、定年などの理由別、月次・年次）
(4) 出向者の有無、人数、契約の内容
(5) 解雇／余剰人員／早期退職契約などに関する直近の事例
(6) 退職給付引当金残高および退職給付債務金額

整理をした上で、メンバーと面談し、人となりを把握する必要があります。

部門	氏名	入社年月	勤続年数	給与（年間）	メモ
部門A	Aさん				
部門A	Bさん				
部門B	Cさん				
部門B	Dさん				
部門B	Eさん				

見直しは、将来のことを見据えて行う

　労務の問題は、特に人件費が金額の多くを占める業種では、特に会社経営に大きな影響を与える可能性が高く、昇給や制度変更の際には、長期的に見た場合、どういう影響を与えるのか？　ということまでもを視野に入れる必要があります。

人事制度の「見直し」は、承継後しばらく経ってからがおススメ

　後継者の方から「人事制度」を見直したいという御相談を受けることがありますが、承継後、すぐに「人事制度」を見直しすると、既存従業員の離反を招くことが多いように思います。これは、人事制度は、従業員の評価を含み、公平に評価されていないと「感じる」と不満を持つ要因になってしまうからです。

　このため、「人事制度」の見直しは、すぐに手を付けるのではなく、事業を承継してから3年程度経って、従業員の人となりがわかってからの方が良いと思います。

12 事業承継を見据えた事業の見える化とは？

ウチは、事業が大きく二つあるんだよね。それで取引先とか担当者が全然違うの…

市場の位置も、候補者も違うでしょうから、一回まとめてみましょう

企業のXX年史を作ってみる

　地道ではありますが、事業内容を理解するには、過去の決算書を入手できるだけ入手し、これをエクセルに打ち込み、推移表を作成します。

　売上や利益、資産、負債などの決算書項目や人数推移を入力していきます。この推移表は、税理士に委託するのではなく、承継者自らが手で入力していくことで、決算書への理解が深まっていくと思います。

　その上で、売上の増減や、人員数の増減グラフを見て、大きく変動している年度の理由を考えていきます。先代が存命中であれば、大きな増減があるところにどのような苦労があったのか？　などを聞いてみると、将来、自分が同じ立場に立った時の事前の対策ができると思います。

　いわば会社の歴史を紐とくことです。

事業内容を可視化する

事業承継後に、事業を円滑に運用していくためには、事業のそれぞれにどのような内容があり、どのような目に見えない資産があり、どのように収益を上げているのか（又は上げていないのか）を明確にする必要があります。

オススメは、「ビジネスモデル・ジェネレーション ビジネスモデル設計書」（アレックス・オスターワルダー（著）、イヴ・ピニュール（著）、小山龍介（翻訳）、翔泳社刊）という書籍で紹介されているビジネスモデルキャンバスに落とし込みをして整理するとよいでしょう。

複数の事業を営んでいる場合には、それぞれの事業ごとにビジネスモデルキャンバスを作成します。

現状整理の後は、「活用」する視点で考える

過去の事業を詳細に見た後は、過去の資産をどのように活かして、自分の代の事業にどう活かしていくかを考えていきます。これはゴールがありませんが、多くの経営者の方は過去を振り返り、ここに新しいものを追加して、変化をし続けています。

13 事業承継を見据えた上での保証関係は？

そういえば家を担保に入れていたような気がする

経営者保証とかありますし、保証・担保とかはまとめておきますか

銀行借入の一覧を作成する

　銀行借入の一覧を次のように一覧表に整理することで、状況を整理することができます。

借入先	借入額	契約日	返済期間	返済条件	利率	債務保証	担保
A銀行	1億円	17年4月	60カ月	毎月返済	2%/固定	有り	自宅
B銀行	5千万円	17年7月	1年間	年次更新	2%/固定	有り	土地A
Cリース	7千万円	16年4月	60カ月	毎月返済	3%/固定	有り	-

　保証や担保が入っている契約は、自由に処分することができないものになります。また、次世代に承継する際にも後継者の足かせになる可能性があります。一度整理しておくことをおススメします。

経営者保証に関するガイドラインの活用

　従来は、事業運営に必要とはいえ、借入に対して経営者が個人保証することが求められていました。個人保証をするということは、会社の運命と経営者個人の運命を共にすることを意味しており、事業承継の担い手が躊躇してしまうなどの問題がありました。そこで、平成25年12月に金融庁から、経営者保証を外すガイドラインが公表されました。

　経営者保証に関するガイドラインは、経営者の個人保証について、中小企業庁の

ホームページ (http://www.chusho.meti.go.jp/kinyu/keieihosyou/index.htm) で次のように示しています。

---

(1) 法人と個人が明確に分離されている場合などに、経営者の個人保証を求めないこと
(2) 多額の個人保証を行っていても、早期に事業再生や廃業を決断した際に一定の生活費等（従来の自由財産99万円に加え、年齢等に応じて100万円～360万円）を残すことや、「華美でない」自宅に住み続けられることなどを検討すること
(3) 保証債務の履行時に返済しきれない債務残額は原則として免除すること

などを定めることにより、経営者保証の弊害を解消し、経営者による思い切った事業展開や、早期事業再生等を応援します。

出典：中小企業庁のホームページより

当初は、なかなか保証を外すという動きが鈍いように思われましたが、公表から数年が経過し、保証契約解除件数も平成27年度31,701件から、平成28年度41,742件と徐々に増加傾向にあります。

経営者保証を外すポイント

保証を外せるかは、金融機関との交渉になりますが、前提として下記事項は必要となります。

・公私混同をしていないこと：経営者貸付や経費の流用がない
・財務基盤が健全であること：借入金の順調な返済が可能
・経営の透明性が確保されていること：月次試算表・資金繰り表を作成している

金融庁のホームページ (http://www.fsa.go.jp/policy/hoshou_jirei/) にて具体的な事例が載せられています。
相続との関係は3-7節を参照してください。

14 経営改善に先立つ作戦とは？

ウチの会社をいまのままで引き取ってもらえないかな？

そのままでもいいかもしれませんが、もっと見栄えをよくしてからのほうがよくありませんか？

このままだとすっぴんで出歩くようなものかな

自社の特徴を見える化する

　前節までのステップ（2-13節）で、会社を見える化しました。会社の財政状態や経営成績については、「中小企業の会計に関する指針」や「中小企業の会計に関する基本要領」に従って作成することで、外に出しても恥ずかしくないレベルになります。また、特徴的な知的財産や取引関係、業界内での立ち位置等が明らかにできていれば、会社の説明がしやすくなるでしょう。

　本節以下では、これら見える化の結果を踏まえ、問題点を解消し、得意な部分をより伸ばす、という方向での経営改善を図っていきます。

自社のプラス要因とマイナス要因をSWOT分析で整理

　事業承継の根本的な問題は、承継候補が出てこないことです。これは、承継対象事業が、承継候補にとって何らかの理由で魅力的には見えていないことが原因です。

　そこで魅力的に見えるようにする方法ですが、プラス要素があるならそれをさらに伸ばし、マイナス要素があればそれを解消するといった方向で、経営改善していくことです。

　まずは見える化の結果を踏まえて、マイナス要素とプラス要素を整理するとよいのですが、**SWOT分析**はその一助となります。ちなみに、この経営改善ですが、会社の価値を磨くことになりますので、「**磨き上げ**」といわれることがあります。

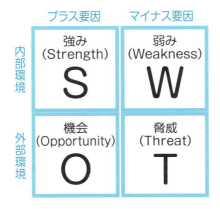

 内部ばかりでなく、外部にも目を向けないとね

内部環境と外部環境の2軸で整理しよう

　SWOT分析とは、プラス要因とマイナス要因、内部環境と外部環境を軸として、会社の現状を分析する方法です。**強み（Strength）**、**弱み（Weakness）**、**機会（Opportunity）**、**脅威（Threat）** が図のようにプロットされます。

　内部環境の軸で考えると、強みを更に伸ばして、弱みをなくしていく、そのような方向性になります。外部環境の軸ですと、機会を増やして、脅威を減らすということです。財政状態がピカピカで、安定的に収益を上げており、今話題の事業分野の種（AIやドローンのような目新しいものに限らず）があることに加え、ライバルが少なく、従業員ピラミッドがきれいな会社であれば、当然魅力的なわけです。

　とはいえ、そのような会社を目指すには、中小企業には時間も資金も足りません。ですので、色々な施策は検討しても、あれもこれもということではなく、効果的な施策を目標とする時間軸で、できうる限り実施するのが現実的です。早めに事業承継を考えるべきといわれるのも、この経営改善に費やせる時間が多くなるからでもあります。

15 プラス要因の経営改善はどうすればいい？

 ウチの会社のいいところをもっと伸ばしたいな

 いっぱいあるでしょうが、お客様に選ばれる理由から入っていくのがよさそうですね

ウリになる部分を探そう！

承継候補から見ると、本業の強みが明確な会社や、将来性のある事業を手掛けている会社は魅力的に映るものです。経営改善の際に間違えてはいけないのは、承継候補は、マイナスがない会社を求めているのではなく、**プラスがマイナスより多い会社や圧倒的なプラス要因がある会社を求めている**という事実です。その意味で、マイナス要因は少なくても、プラス要因がない会社は魅力的には映りません。

なかなか承継候補が見つからない、というお悩みの場合には、何かウリになる部分がないかどうかを考え、そこをアピールしてみるのも手です。

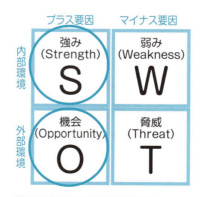

 内部ばかりでなく、外部にも目を向けないとね

どんな環境要因があるのか

　SWOT分析のプラス要因には内部環境と外部環境がありますが、それぞれの例としては次のようなものがあります。

内部環境
・長年の実績
・圧倒的なシェア
・きめ細かいサービス体制
・即納体制
・大手との取引関係

外部環境
・法改正による追い風
・国策による市場拡大
・利用者の拡大傾向

　外部環境については与件であることが多いですので、何らかの施策を打つならば内部環境の要素に目を向けて対策をすることになるでしょう。

プラス要因を経営改善に活かす

　経営改善で理解しておいていただきたいのは、必ずしも伸ばすことが正解とは限らないことです。ご承知のとおり、優れた部分については、維持するだけでも苦労が多いわけですから、現状維持するだけでも立派な経営改善といえます。
　現在の日本の中小企業は、下りエスカレーターを登ろうとしている状況に例えられることがあります。その位置に居続けることすら容易なことではないのです。
　ですので、経営改善を考えるに当たっては、

・プラス要因を伸ばすための施策
・プラス要因を維持するための施策

という観点から考えるといいでしょう。
　例えば、優良顧客を保持していることが強みであるならば、更に優良顧客を得るためのマーケティングのアクションプランを打つのか、現状の優良顧客を維持するための関係性構築に努めるのか、目的によって施策も異なります。
　同じように、優れた業務フローを有していることが強みならば、業務フローをより改善していくのか、現状の業務フローをマニュアルに落とし込んで浸透させるのか、目線によって異なります。

107

16 マイナス要因の経営改善はどうすればいい？

悪いところを直すのってしんどいんだよね

良い所を伸ばすのを基本に考えたいところですけれど、致命的にダメなところはなんとかしないと…

致命的にダメなものってどんなもの？

致命的なマイナス要因とは？

2-15節ではマイナスがない会社ではなく、プラスがマイナスより多い会社になるような経営改善の方向性を中小企業にはオススメしたところではありますが、このマイナス要因があまりにも致命的過ぎることがあります。承継候補にとっては、魅力的ではあるものの何やら怖い感じがする、という印象になってしまいますので、致命的なマイナス要因については排除しなければなりません。

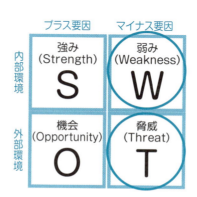

やっぱりやらなきゃダメですかね……

事業再生や廃業を検討も〜マイナス要因〜

　SWOT分析のマイナス要因には内部環境と外部環境がありますが、先述したプラス要因の裏返しで記載するとこんな感じです。

内部環境

・知名度が低い

・新規の事業

・上位シェアではない

・外部依存の運送体制

・特定の取引先への高い依存度

外部環境

・法改正による向かい風

・新規技術による市場衰退

・利用者の減少

　やはり外部環境については与件であることが多いため、ここに致命的な要素があるなら、そもそも事業再生や廃業を検討する必要が出てきます。

どうにもならない致命的なマイナス要因とは

　マイナス要因は可能ならば除去したいところですが、中小企業の事業承継にあたっては、致命的なマイナス要因でなければ、後回しにすることもあるでしょう。弱みとなっている原因が、中小企業であるがためのこともあるため、そもそもどうにもならないこともあるのです。承継先がシナジー効果等で何とかしてくれるものと、割り切って考えるのも一案です。

　とはいえ、こんなマイナス要因は致命的なものになることがあるのは事実です。

・薬品の調合割合についての文書化がされておらず、担当者１名の頭の中にしかないため、担当者が不在になると生産ができなくなる。

・生産過程の峻別プロセスで利用している技術について、特許として申請しておらず、ライバル社が狙っているという噂がある。

・当社の主力商品について商標登録がされていないが、海外の同業が似たような商標を用いて進出してきた。

・主要取引先との間で取引条件が明文化されておらず、承継後に取引終了や取引条件の変更といった先方との取引関係の見直しを迫られかねない。

　事業自体が破綻してしまいかねないマイナス要因については、最低限ケアしなければどうにもなりません。

17 事業再生型の事業承継って？

事業再生と事業承継は別物だよね？

基本的には別物ですが、事業再生スキームを利用した事業承継もありますね

それってどういうこと？

事業再生という言葉が持つイメージの誤解

　事業再生といえば、**倒産手続き**や**民事再生法**といった印象が強く、立ち行かなくなった会社が最後の手段として採る方法のように思われています。ですので、事業を引き継ごうとする事業承継とは対極にあるようにも見えますが、実際のところ、承継事業の魅力を高めるにあたって、事業再生のスキームを利用したほうがよいこともあるのです。

　承継事業が魅力的に見えないケースに、本業が弱含みであることに加えて、財務体質が極度に悪化していることがあります。後者の場合には特に、事業再生スキームを検討してみる価値があります。

債務で苦しむ会社のために

「プラスチック容器製造業で、売上5億円、営業利益は1000万円、支払利息が1500万円のため、経常利益は赤字」
「紙問屋で、売上20億円、経常利益は2000万円、ただ過去の事業の失敗による銀行借入が15億円あり、月々のキャッシュ・フローはマイナス100万円」

　承継対象となる事業は存在し、それだけならば利益体質であるものの、利息支払いや元本返済に耐えられない状況である場合、債務整理を検討することも一案で

しょう。過去の投資の失敗による過剰債務や、事業縮小に人員整理が追いついていないパターンなどです。本業や新規投資に関係しての窮境であればやむをえませんが、事業とは関係ない投資による失敗である場合には、それを原因としての廃業はもったいないの一言です。

法的整理と私的整理とは

事業再生スキームですが、裁判所の関与の有無によって「**法的整理**」と「**私的整理**」に分かれます。

法的整理		私的整理
・民事再生	・特定調停	・事業再生ADR
・会社更生		・中小企業再生支援協議会

中小企業であることを考えると、民事再生手続きによる法的整理が多いのではないでしょうか。まずは弁護士に相談するのが一般的で、その後、申立てにあたって公認会計士等の専門家も参画してきます。裁判所から選任される監督委員の弁護士も登場します。

私的整理はもともとルールがない世界でしたが、現在では私的整理ガイドラインが整備されており、さらに裁判外の手続きとして各種のADR手続が用意されています。中小企業が独力で進めることは難しく、やはり弁護士等の士業と連携して臨むことになります。

主に金融機関と交渉し、**債務の免除（デットカット）**や**弁済の繰り延べ（リスケ）**といった方法により、キャッシュ・フローが回るような形にした上で、スポンサーである承継相手に引き継いでもらうことになるでしょう。

目線としては、**キャッシュ・フローの黒字化**と**ニューマネーの確保**になりますので、単なる株式の譲渡のような形ではなく、**増資**や**負債の肩代わり**、**保証の差入れ**といった形になることもあります。**事業譲渡**や**第二会社方式（グットバッドスキーム）**、**会社分割**といった、複雑な形になることもありますので、やはり頼りになる専門家と連携することは必須でしょう。

用語の解説

民事再生法：倒産法の一つで、法的整理のため透明性は高い。経営陣が引き続き残ることができます。
事業再生ADR：ADRとは裁判外紛争解決手続のこと。事業再生ADRは、産業活力再生特別措置法に基づき、所定の方法に基づいて、経営困難な会社の債務の猶予や減免を行います。

18 財務体質の改善とは？

財務を見直したほうがいいといわれたんだけど、借金をどうするか考えればいいのかな

不良資産の処分や、事業に関係のない資産の処分といったことを通じて、資金を確保したりしますね

ちょっとピンとこないんだけれど…

事業価値ってなんのこと？

　事業価値は、負債価値と株式価値の2つから構成されます。事業価値が一定ならば、負債価値が減ると、株式価値が高まります。これを図で表したのが次の図です。ですので、不要資産の処分等による、負債の圧縮は有効な方法です。これは事業再生スキームを利用する際にも重要になってきます。

```
                    ┌─ 負債価値
        事業価値 ───┤
                    └─ 株式価値
```

負債価値が減れば株式価値が高まって、事業承継の際に手残りが生まれるんだね

というより、株式価値がプラスでないと、事業承継の承継候補が名乗り出てくれないかも

会社を他人に見せる前に

中小企業の貸借対照表は、承継側からすると、ツッコミたくなるものが色々とあったりします。

・この棚卸資産で計上されている製品はカタログにないんですが
・山奥の土地を保有されているんですね
・ゴルフ会員権をお持ちなんですか
・この4WDは社用車ですか

外部の承継候補である場合には特にですが、「事業」を引き継ぎたいのであって、「余計な何か」は引き継ぎたくはない、という考えが顕著です。ギリギリでやっている事業なのですから当たり前なのですが、余分なものはそちらでなんとかしておいてください、というのが正直な意見でしょう。

その意味では、承継候補に検討してもらう前に、会社の資産と負債をすっきりしておくほうがいいのです。お客さんに家に上がってもらう前には、家の中は掃除しておきますよね。

現金化できるものは現金化でスッキリ

考え方としては、有利子負債の圧縮という目線ではなく、まずは会社にお金を残すにはどうしたらいいか、という観点からアプローチしましょう。

●事業関連性のない資産や契約の整理

「役員への保険」「会社近くの接待用ゴルフ会員権」「自家消費分も含まれている社用車や駐車場土地の賃貸借契約」「先代から引き継いでいる内容不明の出資金」「山奥の使用目的のない固定資産税を支払っているだけの不動産」

承継する側からすると「不要」と判断されそうなものについては、外部へ売却してしまうか、自分で引き取るかといった形で整理をしておくほうが良いでしょう。第三者承継の場合に、これらの処理が承継の条件とされてしまうと、承継完了まで時間をかけるか、ディスカウントして処分するかといった選択を迫られることがあります。

うまくこれらを換金化することができれば、金融機関への返済の原資や、その他の外部借入金の整理に使うこともできますので、余力はあるに越したことがありません。

113

●不良資産の処理

「滞留している製品在庫」「実物が確認できない固定資産」「陳腐化してしまった商品在庫」「回収できない売掛金」

　これらについては本業に関連して発生したものではありますが、どこかで見切りをつけなければならないことを考えると、事業承継を検討するタイミングが一つのきっかけとなるでしょう。ポイントとしては、会計上の手当てがどうなっているかです。

　既に、商品評価損や貸倒引当金を手当てしている場合であれば、外部へ処理をすることで、税務上のメリットが発生しますので、税理士の先生と相談しながら実行していくことは有効な手段です。

　問題となるのは、これらの会計的な手当が未了で、処理しようとすると損失が会計上発生してしまい、一時的にではありますが「赤字になったり」「純資産が毀損したり」する場合です。とはいえ、資金繰りに与える影響としては納税額が減ることを通じてプラスに作用したりしますので、財務体質の改善の目線からは実行したいところです。

　心配になるのは、一時的とはいえ利益が減るため、どのように外部に見られるかですが、対金融機関にも対承継候補にも、通常であればどのぐらいの利益水準で、今回がいかに特殊な事情であるかについて説明することで、乗り切れない話ではないといわれます。むしろ、真摯に事業承継に取り組んでいるとなれば、プラスに評価されることになるのではないでしょうか。とはいえ、**経営事項審査**のようなものがある業種では、慎重に行う必要があることは言うまでもありません。

用語の解説

経営事項審査：建設業の入札業者を客観的指標で数値化して行う審査。経審とも略します。

19 経営管理体制の改善はどうすれば？

経営管理体制の問題点が色々と見えてきたんだけれど、今すぐ解決しておいたほうがいいのかな

正直なところ、内部承継ならばまだしも、外部承継の場合は、早いに越したことはないですよ

外部承継を考えるなら管理体制の見直しを！

　優れた内部管理体制を構築している中小企業もあるでしょうが、従業員の少ない会社が多いことから管理面は不足しがちで、しっかりした経営管理体制を構築していることは稀でしょう。

　仮に、外部承継の候補が、上場会社だったらどうでしょうか？

　上場会社の場合、**内部統制報告書制度**や**コーポレートガバナンス**といったルールも存在しており、非上場会社では問題にならないことでも、上場会社の子会社ともなると問題になってくることがあるのです。

　外部承継を考えた場合に、資金力のある上場会社は有力な候補先なのですが、そもそも交渉できるようになるための最低限の管理体制見直しは必要になります。不足部分があるのはやむをえませんが、事業価値という点で、値引きされてしまうこともあるでしょう。

```
┌─────────┐   ┌─────────┐
│ 社外関係管理 │   │ 社内関係管理 │
└─────────┘   └─────────┘
```

手を付けやすいのは社内関係管理の見直しなんだけどね

後々収益に響いてくるのは社外関係管理なんだよね

115

経営管理体制の見直しは社内関係管理と社外関係管理

経営管理体制の見直しといったときに、「**社内関係管理**」と「**社外関係管理**」があります。

社内関係管理としては、

・職務権限の明確化
・規定やマニュアルの見直し
・職制の整備
・社内システムの更新
・知財の登録

などがあります。

社外関係管理としては、

・契約関係の明確化
・取引条件の見直し

などがあります。

社内も社外も状況把握をする

社内関係管理については、これまでなかなか手を付けられなかった社内の状況把握を兼ねての、大規模な棚卸だと思ってください。

・外部発注の際の契約印を誰がどのように捺印するのか不明確なケース
・過去に規程が存在していたけれどもその後の更新が全くなされていないケース
・法制度の改正にマニュアルの内容が追いついていないケース
・職制上存在するはずの副社長が存在せず、存在しないはずの専務が存在するケース
・最新のOSに対応できていない基幹業務システム
・主力商品ながら商標権の登録が済んでいないケース

明確な事故は起きていないものの、なんとなくで進んでいる部分を、一旦立ち止

116

まって見直すことになります。

　社外関係管理については、相手がいることなので、こちらだけが問題意識をもっているだけはなかなか解決できないことがあるのですが、承継を実行するにあたっての不確実性があることから、承継候補にとっては心配な部分です。

・主力取引先との間の取引基本契約書がない
・仕入先への支払条件が明確に定まっておらず、その時々で決めている
・得意先からの入金はあるものの、どんな相手なのかの属性情報がまったくない

　得意先や仕入先との関係で、本業の利益が成り立っているのですから、これらについての関係を明確に示すことができる契約書や覚書がない場合には、事業を検討するにあたってマイナス要素になってしまいます。また、既存の取引先に問題先があるかどうかについての確認を取っていないときに、問題先が存在すると、案件自体がブレークしてしまうかもしれません。そうなる前に、一度可能な範囲で見直ししてみることが望まれます。

20 中小企業等経営強化法って？

中小企業等経営強化法という名前を新聞で目にしたんだけれど

本業を強化するための国の施策ですね

自社で対応するのはなかなかにしんどいが…

　前項2-19節で説明した事業価値を踏まえると、この法律は事業価値そのものを向上させようとするところにポイントがあります。とはいえ、国の施策ですので、申請にあたっての手続きが楽ではないことから、中小企業が自社で対応するのはなかなかに難しいのが現状です。

```
                    ┬── 負債価値
      事業価値 ─────┤
                    └── 株式価値
```

事業価値が増えてくれれば魅力は高まるよね

法律の中身は

国による支援に分類されるものですが、

「事業分野の特性に応じた支援」
「中小企業・小規模事業者等による経営力向上に係る取組の支援」

を柱とするものになっています。

　事業分野ごとの生産性向上のためのネタを国が公表しています。それを踏まえて、経営力向上計画を申請すると、認定された事業者にさまざまな支援措置が与えられるというものです。

　生産性向上を目的とした、人材育成や財務管理、設備投資といった取組を経営力向上計画では記載することになります。具体的な支援措置としては、税制面での支援、資金繰り面での支援、補助金における優先採択があります。

経営力向上計画の策定について士業に相談するという有力な方法も

事業分野別指針及び基本方針については、こちらをご覧ください。

http://www.chusho.meti.go.jp/keiei/kyoka/kihonhoushin.html

　いろいろな業種ごとに指針が公表されていますが、これらを踏まえて、経営力向上計画を策定することになります。

経営力向上計画については、こちらをご覧ください。

http://www.chusho.meti.go.jp/keiei/kyoka/2017/170315kyoka.htm

　制度自体が変遷しているところではありますので、最新の状況に照らしての申請が必要になります。

　正直なところ、これらに十分に対応できるような中小企業であれば、事業承継についても主体的に取り組めているのではないかと思える水準です。「自社だけではちょっと……」と思われる会社もあるかとは思いますが、幸いなことに士業が支援体制を整えているところでもありますので、相談できる先があるならば、一度検討してみてはいかがでしょうか。

21 経営改善に役立つ専門家とは？

経営改善の話はわかったけれど、ウチだけじゃできないよ

そのために専門家集団がいるんですよ

でも、お高いんでしょう？

専門家は敷居が高い？

　ステップ3（1-10節参照）の経営改善で行おうとすることについては、社内の人材リソースだけは足りないのが普通だと思います。そこで外部の専門家を利用したほうが良い、という流れになってくるのですが、心理面のみならず金銭面のハードルも高くて接触しにくいという意見をよく聞きます。

弁護士　　公認会計士　　税理士　　行政書士　　中小企業診断士

頼りになるのはわかってるんだけれど…

知り合いにいないし、高そうだし…

実質無料で専門家に相談する〜専門家のハードル

先述したように、事業承継を支援する機関はたくさん揃ってきているのが現状です。弁護士や公認会計士、税理士に限らず、士業団体のほうでも、支援体制を整えてきています。

金銭面での不安感から接触にハードルがあるといわれるところですが、まずは問題整理からですので、初回無料といった制度や外部機関の無料支援制度を利用して、現状の棚卸から始めてみるのも一案でしょう。

士業と連携して解決策を検討

専門家の意見が役に立つのは、専門性が高い助言をしてくれるからだけではなく外部の第三者としての意見を述べてくれるからでもあります。そのような頼りになる専門家への接触にあたっては、資金に余力があれば、相手へ直接アプローチしたいところですが、中小企業ではなかなか難しいのではないでしょうか。そんなときはまず、士業団体の無料相談を利用してみたり、専門家と連携した支援機関のサポートプログラムへ申し込んでみたりするのも手です。例えば東京信用保証協会では「企業サポート推進プロジェクト」という制度があり、費用負担なしで経営改善に専門家の協力を得ることができます。

経営改善といっても色々あることはこれまでみてきました。SWOT分析、財務体質改善、経営管理体制改善、事業再生スキームの利用、中小企業等経営強化法の利用などです。これらのどれをとっても、何らかの士業が頼りになる先として存在しています。

弁護士や公認会計士、税理士のみならず、行政書士や中小企業診断士、弁理士などなど、幅広に考えることができます。契約関係の整理や債権回収の相談であれば弁護士、内部管理体制の整備や中期経営計画の策定であれば公認会計士。税務上のメリットをとるための資産処分等の税務相談ならば税理士、補助金や助成金といった支援制度の利用の申請書作成ならば行政書士、特許や商標の相談ならば弁理士、といった形で、色々な士業との連携の中で、よりよい解決が図られます。

内部承継のための段取りは？

事業承継の必要性もわかったし、見える化も進めて、経営改善も色々やったけれど、もうバトンタッチできるかな？

えええぇ……心の準備が…

段取りってものがありますよね

事業承継計画の利用

　親族内承継や役員・従業員承継の場合、経営改善フェーズに入ると、承継候補へのバトンタッチを意識しながら経営を進めることになります。その際に必要になってくるのが、段取りであるところの計画です。「**事業承継計画**」と呼ばれるフレームワークがありますので、その概要を見てみましょう。

事業承継計画の項目を知ろう

　事業承継は、単に株式を委譲すれば完了するわけではなく、経営資源や経営ノウハウを引き継いでもらう必要があります。「**誰に**」「**何を**」「**いつ**」引き継いでいくかを可視化する作業を経て、事業承継計画が作られますが、まずは事業承継計画の項目（事業承継ガイドラインのP93[*1]の事業承継計画（様式）参照）を見てみましょう。

[*1] http://www.chusho.meti.go.jp/zaimu/shoukei/2016/161205shoukei1.pdf

・基本方針
　経営の基本方針ではなく、事業承継の基本方針を記載する箇所になります。

・事業の計画

　売上高と経常利益が記載されていますが、有利子負債の変遷予定について記載することも一案でしょう。

・会社

　「定款・株式・その他」という記載がありますが、年に一回の機会を利用した引継ぎ項目が考えられます。株主総会での決議が求められる場合の株式の移動や役員の異動、許認可の申請内容の変更等が考えられます。

・現経営者

　年齢の軸と、会社での役職をどう移していくかの計画になります。事業承継予定についての告知タイミングや、保有する株式や資産の移動についても考えることになります。

・後継者

　現経営者と同じく、年齢の軸と社内での立場、事業経営に必要な内容理解のための社内ローテーションや外部セミナーといった教育のタイミングが記載されます。株式の保有比率の変遷予定については、親族内か役員・従業員かによって、対応が変わってくるでしょう。

事業への思いのバトンタッチ

　事業承継計画については、計画そのものにも意味はあるのですが、作成する過程で、事業に対する理解が深まること、将来の方向に対する考えがまとまることが最大のメリットといわれます。また、現経営者と後継者の間で対話がなされることで、経営理念や歴史が共有されることにも意味があります。ステップ2（1-10節）で把握された課題を、中長期的な時間軸の中で解決していくことになりますので、ステップ3（1-10節）とのオーバーラップもありますが、新旧経営者の二人三脚が始まると思ってください。

事業承継計画の作り方は？

事業承継計画は私が作ればいいのかな？

でも、私がその計画を実行していくんですよね…

今の社長と、後継者さんの二人で作っていけばいいと思いますよ。会社のことを理解している社長さんと、実際にどうやっていくかにコミットしておくべき後継者さんですから

計画策定の2ステップ

　前項で、事業承継計画のフレームワークについては眺めましたが、実際に作っていくとなると、ただ相談すればいいものができるわけではありません。

　ステップ2（1-10節）で把握された課題について、ステップ3（1-10節）で即座に解決できるものは解決した上で、それでも残っている課題を中長期的に解決しつつ、事業承継の実行へという流れを計画に落とし込む必要があります。ですので策定は、「計画の下準備」と「計画への落とし込み」の2段階で考えましょう。

| 株主名簿 | 中期経営計画 | 決算書 | 申請書 |

計画策定のためには素材集めからなんだね

124

やり残しの最終点検～下準備

事業承継ガイドラインのステップ2（1-10節）とステップ3（1-10節）で行ってきたことは、事業承継の対象となる事業を理解して改善することにありました。これは、事業の魅力を高めることで、承継候補を集めやすくするためのものでありましたが、承継候補が見つかったならば、「未解決の課題の解決」をしつつ、「後継者への事業譲渡」を実施していくことになります。ですので、この段階では、これまでのステップでは整理されていない部分を整理したうえで、計画に落とし込む必要があるのですが、どういった部分が未整理になっているのでしょうか。

未整理部分の計画への落とし込み

●事業承継の概要

誰から誰へ、いつごろ何をどのように承継するのか、といった大きな事業承継の方針を、後継者の意向を踏まえながら決める必要があります。誰が後継者なのか、方法は株式譲渡なのか事業再生スキーム実行の上での増資なのか、いつごろ株式や役職を引き継いでもらうのか、などです。

●経営理念、事業の中長期目標

現経営者によるこれまでの経営理念について、見える形にして、共有することは重要です。また、ステップ3で行っているであろうSWOT分析の外部環境を踏まえ、向こう数年に向けての会社の業績予想を作ることで、おおよその地図ができあがります。

●事業承継施策の実行

「関係者の理解」「後継者育成」「株式・資産の分配」「税金対応」といった部分の検討は、円滑な事業承継のためには欠かせません。

会社関係者にとっては、寝耳に水の経営者交代ではなく、前々から聞かされていた既定路線での経営者交代のほうが安心感があります。ですので、いつごろ、どの範囲に向かって、後継者としてのお披露目を始めていくかについて、段取りが必要です。

また、内部からの後継者であるとしても、経営者ほどの深い理解が事業に対してあるとは限りませんので、後継者育成も必要になります。生産畑の従業員を後継者指名するならば、財務経理労務といった管理面での知識を習得してもらう必要があ

りますし、営業についても知らなければならなくなります。他社で働いていた子ども
を後継者とするならば、まずは入社してもらいつつ、各部署を回らせ、外部の後継者
育成塾を受講させるといった方法もあります。

　加えて、子どもである場合には、株式や個人資産の引継ぎについて、相続税や贈与
税の仕組みを理解した上で、事業への影響が少なく、本人にとっても負担にならな
い方法を用意することが必要になります。そのためには、事前の計画と、十分な時間
が必要になってくるわけです。

24 後継者候補はどこにいる？

後継者不足が事業承継では最大の問題になっていると聞くけど

お子さんがいらっしゃっても、後を継いでくれるとは限りませんしね。そもそも、若年層が減少している中では仕方ないかなと思います

廃業を検討している経営者の悩み

　廃業を検討している経営者の理由が、業績不振だけではなく、後継者不足であることは何度も話に出てきているとおりです。そして、親族内承継、役員・従業員承継といった内部事業承継にあたっては、比較的事業の連続性が維持されるとは言われていますが、問題となるのが「**後継者としての適格性**」なのです。

後継者　≠　後継者候補

イコールじゃないんだね

事業承継が完了するまではあくまでも後継者候補

「息子が後を継いでくれると言ってくれた！」
「子どもは継いでくれないけれど、20歳下の従業員が興味を示してくれている」
　内部者から後を継いでくれそうな存在が出てきたことで嬉しい気持ちはよくわかります。ただ、ちょっと待ってください、やる気だけではどうにもならない世界があ

るのは、経営者の皆様なら痛いほどご理解されていることでしょう。

　事業承継計画を作る段階で理解しておいてほしいことは、実際に事業承継を完了するまでは、あくまでも「**後継者候補**」に過ぎないということです。これは、後継者側にも理解しておいてもらいたいところです。

　事業に対する理解が及ばなかった、管理面での能力が不足している、社内の信頼を得られなかった、そのような理由で適格性がないと評価されてしまうことがあるのは、事実なのです。適格性がない者を後継者として強行した場合にはどうなるのか？　事業承継は事業を引き継いでもらって、更に長く発展させてもらうためのものですが、その目的が達成できない事態に陥ってしまいかねません。

後継者のための内部教育と外部教育

　後継者候補はそのままでは後継者に成長できません。後継者教育を経て、後継者に育っていくのです。

　では後継者教育とは何なのか？　**内部教育**と**外部教育**に分類されます。

・内部教育

　社内で行われる教育になります。

　現経営者から直接的に指導を受けることや、社内の主要部署をローテーションさせて社内理解及び人的ネットワークを構築することが考えられます。然るべき役職に就けて、責任と権限を与えてみることで、試してみるというのもよくあります。

・外部教育

　社外で行われる教育になります。

　早い段階から親族内承継が予定されている場合に、大学卒業とともに自社に入社させるケースもあれば、敢えて他社に入社させて、そこでの経験を持ち帰ってきてもらうことで改革につなげるという考え方の会社もあります。大企業や上場会社を経験させることで、経営管理体制モデルの体験や、幅広い人脈形成が期待されます。

　グループ会社がある場合には、本社ではなく、先に子会社の社長へ就任させることで、規模は小さいものの、経営者としての自覚を芽生えさせるという方法がとられることもあります。

　その他にも、二代目塾や後継者育成塾といった、外部団体のセミナーへ通わせるという方法もあります。

25 第三者承継の候補は赤の他人なのか？

ウチには子どもはいないし、従業員も高齢化が進んでしまって、内部に後継者候補がいないんだけれど……

そんなときには外にも目を向けてみましょうか

事業継続のための外部承継

　昔に比べて、内部の事業承継が減った原因として、親族内承継が減った影響は無視できません。そもそも子どもがいない、子どもがいたとしても後を継いでくれない、いても継がせたくないなどなど、その理由はさまざまです。職業選択の自由度が高まったことや、多様な価値観という背景もあるでしょう。役員・従業員に目を向けてみると、そもそも若手の採用ができておらず、高齢の経営者と年代があまり変わらない身内ばかりだったりもします。

　事業を継続させたいのであれば、内部承継に拘っている場合ではなく、外部承継の可能性についても検討したいところです。

面食らう社内・取引先〜外部者からの社内への接近

第三者承継の際に難しいのは、なんといっても**距離感**でしょう。現経営者との距離感もそうですが、社内の役員・従業員との距離感、取引先との距離感などなど、いざ引き継ぐにあたっては悩ましい問題が多いです。これは、関係性を築くための時間が不足しがちなためでもあり、時間が解決してくれることが多いのですが、M&Aの場合には短期決戦で決まっていくため、どこかで割り切らねばならないことがあります。

面倒なのは、経営者と候補者の間では話は進んでしまっている一方で、社内や取引先が突然すぎて戸惑ってしまうケースです。

▼経営者の在任期間別の現経営者と先代経営者との関係

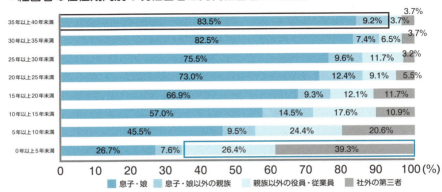

出典：中小企業庁「事業承継ガイドライン」(P11)(http://www.chusho.meti.go.jp/zaimu/shoukei/2016/161205shoukei1.pdf) より
出典：みずほ総合研究所(株)「中小企業の資金調達に関する調査」(2015年12月)

内部承継がすごく減っているね

取引先や地元の可能性

　社外の承継候補者を探すときのポイントは、社外ではあるけれども、どれだけ社内との関係を築くことができるかに尽きます。そう考えると、いきなりM&A仲介会社等へ依頼をかけてみるのも一案ですが、もう一つ有力な方法として、自社の取引先に目を向けてみる方法があります（1-7節、1-8節参照）。

　得意先と仕入先にとって、自社が重要な取引先であるならば、その動向は相手にとっても重要な経営問題となります。もし全く関係ない株主が入った結果、取引の大幅な見直しや契約打ち切りということになれば、死活問題になるわけです。垂直統合を進めているような会社が取引先にあれば、事業の引き取りについて相談してみることも一案です。外部承継の際に問題になる、社内との距離感についても、長年の取引関係があれば、既に関係性ができている者同士と考えることもできます。

　その他にも、地元の同業他社や、地元の有力企業が興味を示してくれることもあります。まったくの第三者が出てくるよりは、地元という共通項があるので、話しやすいともいわれます。この場合には、直接話を向けるよりは、地元の支援機関等を介して接触してみるほうがよいでしょう。

26 第三者承継に軍師は必要か？

ウチの事業に興味を示してくれるところが出てきたんだけど、東京の会社で、規模が100倍ぐらい違う上場会社なんだよね

悪いことは言いません、誰か軍師役を付けたほうがいいですよ

主導権を誰がとるか

　親族内承継や役員・従業員承継と、第三者承継の大きな違いとして、事業承継にあたっての、現経営者の主導権の有無があります。内部の承継候補である場合には、現経営者の影響力が大きいですから、主導的に進めることができるでしょう。

　その一方で、外部の承継候補となるとそうはいかないことがあります。例えば取引先が承継候補になってくれた場合には、遠慮がちになってしまうことがあります。ましてや、上場会社のような大企業が相手に出てきたときには、委縮してしまって、逆に主導権を取られてしまうことすらあるのです。

内部者　　外部の同規模　　外部の大手

誰が後継相手になるかで進め方が違うんだね

大企業がダメというわけではなくて、何もしなくても進めていってくれるという考え方もあるんですけれどね……

自分の事業のバトンタッチだから、まったくの人任せもね

外部承継先とのチームバランス

中小企業の事業承継ですから、色々な不足があるのが当たり前です。専門的な知識といったバックアップ体制が整っていることは稀なのです。しかしながら、外部に事業承継の候補を求めた場合には、自社に興味を持ってくれる先が、自社とは比べ物にならないような大企業だったりします。

そんなとき、委縮してしまったり、不合理な要求をしてしまったりして、話自体が壊れてしまうことがあります。契約の際に要望しておくべき支払条件を詰めなかったがために、後々の自身の税金の支払いに影響が出てしまうケース。契約書の最終ドラフトが出来上がった段階で、価格交渉をひっくり返して、案件自体が流れてしまうケース。

満足のいく事業承継のため、言うべき時に言うべきことを言う、そのために軍師役が必要とされます。

軍師役をつけて冷静に合理的に対応しよう

大企業側が交渉するにあたっては、買い手としてのチームを組成して臨んできます。フィナンシャルアドバイザー（FA）や、弁護士・公認会計士といったチームによって、案件検討を行ってきます。

それであれば、承継してもらう側の現経営者でも、同じようなチームを作ってみてはどうでしょうか。確かにコストがかかるという側面はありますが、ある意味、失敗しないための保険料のようなものとも考えられます。

相手からの提案内容について吟味し、現経営者の要望に沿った形になっているかどうかという点からの検討を専門家がしてくれると、安心感があります。株式譲渡契約の中の、現経営者にとっては税務上のメリットを考えると工夫したほうがいい条項について、提言してもらうことなどができます。

また、相手からの提案内容について、現経営者がしっくりこない条件であっても、第三者視点から合理的であればその旨を身内目線で説得してくれますので、納得感のある事業承継の実行につながります。事業価値についての冷静な相場観を提示してもらい、相手が合理的な値段を提示してくれている場合には、そのことを指摘してもらったほうがよいのです。現経営者は、不動産の含み益があるのだから5000万円の会社の価値として考えているとしても、工場の底地であって売却できないのだからその含み益を考慮から除外して事業価値としては4000万円が相当、といった意見を現経営者側の専門家から述べてくれる軍師役は頼りになります。これが、同じ

ことを相手方から言われてしまうと、納得できなかったりします。

　このような軍師役、承継候補である相手方からすると、「いると嫌なのではないか？」と懸念があるかもしれませんが、むしろ逆です。現経営者が合理的な判断をしてくれて交渉がスムーズになるとプラスに評価されることが多いのではないでしょうか。

事業承継の計画修正はできるのか？

いざ事業承継を実行するというけれど、何か一瞬で、ぱっと終わるのかな？

そういうこともありますけれど、普通は時間をかけますよね

事業承継の約束事

内部承継の場合は、**事業承継計画**に沿って粛々と実施していくことになります。

外部承継の場合は、先方と交渉の上で、契約書等で決められたスケジュールに沿って淡々と実施していくことになります。

事業承継計画は内部の承継候補との共同作業で作られるものですし、M&Aスケジュールについても外部の承継候補との共同作業で作られるものです。他者との約束ですので、時の経過とともに進めていくことになります。

Aがだめでも、Bがある！

うまくいかなかったらやり直しも仕方ないよね

時間との戦いだから、早めに検討したほうがいいといわれる所以だよね

スケジュールを変えたくなったとき～計画修正

「5年先の代表取締役退任を予定していたところ、健康状況が急激に悪化し、2年目の来年にでも退任を考えたい」

「事業譲渡対価の5億円の内5%である2500万円については、貸付の形での支払いとし、5年間に亘って経営指導料と相殺することを予定していたが、臨時収入があったことから借入金については弁済してしまい、指導料だけ将来受け取れる形としたい」

あらかじめ定めた事業承継のスケジュールではありますが、見直しは可能なのでしょうか？

予定通りかどうかを考えよう

スケジュールについては、相手のあることですから、こちらの都合だけで変更することはできません。当然に先方同意の上で、修正計画や覚書を用意することになるでしょう。

親族後継者候補の社内での実績と信頼感が上がり、経営者交代を前倒ししたいといった前向きな修正なら受け入れられやすいでしょうが、株式買取が予定通り進まないといった計画遅延による後ろ向きな修正ならばどうでしょうか。

予定通りに進みすぎているパターンと、予定通りに進んでいないパターン、いずれにしても、計画修正はしたほうがよいでしょう。特に後者のパターンについては、無理にそのまま進んでしまうと、事業承継自体が破綻してしまうことがあり、そもそもの事業継続という目的が達成できなくなってしまいます。

厄介なケースとして、内部承継の後継者候補と考えていた者が、なかなか成長せずに不適格になる場合や、何らかの事情で引き継げなくなってしまうような場合などがあります。その場合に無理強いするとお互いに不幸になりますから、一旦リセットして、再度検討することも手です。

子どもに承継しようと3年間やってみたけれど、なかなか難しいことがわかったことから、外部承継に切り替えたケースも、よくあることです。あくまでも、自分が手塩にかけた事業をどう後世に残すか、という点が目的であることを再認識して、その目的達成のためにベストな方向を目指してください。

28 バトンタッチ後は関与しなくなるの？

代表取締役を降りたら、もう会社のことはしなくてもよくなるのかな

なかなかそうはいかないことのほうが多いと思いますよ

スムーズな承継には前経営者の関与も大事

　内部承継の場合でも、外部承継の場合でも、前の経営者の存在感は大きいものです。承継後にあまり口出ししたくないという考えもわかりますが、出ていかなければならないときには、問題解決のために出馬してもらうほうが、スムーズな事業承継には役立つことが多いのです。

| 取締役 | 会長 | 顧問 | 相談役 | （肩書無） |

元社長とかいう肩書は……

それはダメなやつでしょ

名刺持たなくなったらボケるという意見もあったけれど

必要な範囲で関与しよう～承継後の関与

事業承継後の関与としては、取引先等への顔つなぎとしての説明に同行することや、社内の主要会議での新経営者の後ろ盾として、正当性を与える役割があります。加えて、何らかのトラブルが発生した際に、新経営者では手に負えないとき、旧経営者が出ていかねばならない場面というのがどうしてもあるものです。

何も関与しないという方法もある

事業承継後はきっぱりと関与をしない、というのも一つの考え方です。

しかしながら、内部承継の場合は、新経営者も心細いことも多いわけですから、相談役のような形でしばらく残るということも一案です。

外部承継の場合でも、社内や取引先の動揺を鎮めるために、新経営者との橋渡しをする役割として、しばらくの間は継続的に関与するということもあるでしょう。

そもそも、事業承継の対価について、株式譲渡や貸付金弁済といった形のみならず、承継後の役務提供を介しての支払いということもあり得ます。

くれぐれも注意していただきたいのは、旧経営者として一歩引いた位置に徹したほうが新経営者はやりやすいことは事実ですので、相談役や顧問ぐらいの役職のほうがよいでしょう。その他、例えば1-6節のケースのように株主として会社の経営に関与していくことも考えられます。

第3章 基礎知識を整理しよう 法務編

事業を承継するって法的にはどういうこと？
相続法（民法）の基本

うちの会社は私で2代目の社長で、3代目には息子をと思っている。何せ、古い会社だから、父の代からの株主もいるんだけど、亡くなったりもしていて誰が今の株主かわからなくなったりもしていて…息子が継ぐ前に何かしておいたほうがよいかな？

事業を承継するって、法人の場合には株式を掌握することです。株主が誰かを把握しておくことは必要ですよ

事業を承継するとは

「事業を承継する」ということは、会社の経営を後継者に引き継ぐことです。取引先・お客様との関係、その仕事のノウハウ・知識等、引き継がなければならないものは沢山あります。

法的な意味では、**①株式を引き継ぐこと**、**②法人の経営の代表者としての地位（代表取締役社長）を引き継ぐこと**、の二つが重要です。最も重要なのは①であり、株式を引き継ぐということは、会社の運営・経営に関する事項を決定するための議決権を掌握するためでもあります。

非上場会社においては、経営者が株式の多くの割合を保有しています。経営者＝（イコール）株主であること、つまり、経営（代表取締役社長）と会社に対する所有（株主）とが一致することで、経営の安定性を見込むことができるとも言えます。なお、以降の「会社の経営」というのは株式会社を指して説明します。

「株式を引き継ぐこと」
「法人の経営の代表者としての地位（代表取締役社長）を引き継ぐこと」
「株主が誰かを把握することは重要なんだね」

140

株式の仕組みを理解しよう

株式とは？

　株式とは、端的にいうと、株式会社の資本構成単位です。株式会社においては、会社に対して出資をし、会社の経営の参画者となった者には株式が付与され、株主となります。株主には、一般的には、**①株主自身の利益のために認められた権利**（配当請求権（（会社法105条1項1号、会社法453条））等）と、**②株主が会社の経営に参加することを目的とした権利**が付与されます（なお、株式には種類があり、付与される権利にもバリエーションがあります）。

　②の権利の中心になるのが、株主総会の議決権（会社法105条1項3号等）です。取締役会を設置しない会社では、会社に関する一切の事項、取締役会を設置している会社では、法律や定款で定められた事項（例えば取締役等の役員の選任や解任に関する事項等）について、株主総会で株主が決議をします。（会社法295条、329条,339条等）議決権とは、上記の「決議」に参加する権利です。

議決の種類（普通決議と特別決議って？）

①普通決議（会社法309条1項）

　議決権を行使することができる株主の議決権の過半数の出席（定足数）を必要とし、出席した株主の議決権の過半数をもって行う決議です。法律、定款で特別の要件の定めがない場合は、**普通決議**によります。

②特別決議（会社法309条2項）

　例えば会社の事業を譲渡する場合等（467条1項1号・2号、309条2項11号）には、「**特別決議**」が必要になります。「特別決議」は普通決議より要件が加重されており、議決権を行使することができる株主の議決権の過半数の出席（定足数）が必要、出席した株主の議決権の2/3以上をもって行う決議です。

③特殊決議（会社法309条3項・4項）

　例えば、全部の株式を「譲渡制限株式」とする定款の変更を行う場合（309条3項1号）、非公開会社において、配当、分配、議決権につき、「株主ごとに異なる取扱い」を行う旨、定款で定める場合（309条4項）等には、特別決議より要件が加重されます。詳細はここでは割愛します。

●譲渡制限とは

　議決権は、会社の経営の重要事項について決定していく権利ですから、中小企業における経営の安定という点からは後継者になるべく集中させることが望ましいものと言えます。その前提として、株式を外部、つまり経営者のあずかり知らない第三者に分散・流出させないことも必要になってきます。

　そのため、非公開会社では、定款にて「**譲渡制限**」がかかっている会社が大半です。つまり、株主が、誰かに株式を譲渡する場合、取締役会、代表取締役、株主総会等の許可を得なければ譲渡できないという制限が掛けられています（会社法2条17号）。登記上も、例えば、「当会社の株式を譲渡により取得するには、当会社の承認を得なければならない。」等と記載されていることが多いでしょう。

　なお、株式を分散させないための色々な方法については、3-9節にて説明します。

●既に分散している株式がある場合には？

　株主は上記のように会社のいわば所有者であり、形式的にいっても、株主総会の通知も送らなければならないわけですから、株主が誰かを把握していることは本来的に必要です。よって、仮にもし誰が株主かわからない、あるいは株主が所在不明になっているのであれば、まず株主が誰か等を調査しておかなければなりません。

　しかし、例えば、先代の経営者が友人にも株主になってもらっていて、その友人に相続が生じていたとします。譲渡制限を付していたとしても、相続によって相続人へ株式が移転する場合は、会社の承認が必要な「譲渡」ではなく、相続による相続人に対する当然の「承継」となります（民法896条）。そのため、株主が分散してしまうことになりかねません（このような場合に備えて、定款で相続人に対する「**売渡請求権**」を定めることもできます）。

　上記のように、何らかの理由で、分散した株式が生じてしまった場合には、分散先にもよりますが、対応をする必要があります。

分散してしまっている株式については事業承継に伴い、分散を解消する措置を講じよう！

①後継者が分散先から買い取る方法

　後継者になる者に終局的には株式を集約させることが望ましいわけですから、他の株主と交渉をして株式を買い取るということが考えられます。譲渡制限を付している会社の場合には、原則として承認の手続きが必要です（3-13節参照）。

142

②会社が分散先から買い取る方法

 その他、会社自体が、分散先の株主から株式を買い取るということも考えられます。会社自身が保有している株式（自己株式）は、議決権を行使することができません（会社法308条2項）から、会社が株式を保有しても、後継者の議決権をいわば「邪魔する」ことはないからです。ただし、会社が株式を買い取るためには**特別決議**が必要となるので要注意です。

 その他、会社が新株を発行して後継者に割当てることも考えられます。これは、分散した株主がいること自体は前提として、会社が新しく株式を発行し、後継者にのみ割当て（後継者に新しく株式を保有させて）、後継者の保有している株式数をアップさせる（持株比率を高める）ということです（ただし、当然ながら新株発行のための法律・定款の手続きを履践する必要があります）（3-9節参照）。

用語の解説

事業譲渡：会社の事業の全部または一部を売却（譲渡）すること。
株式譲渡：株式すなわち株主としての権利を契約に基づき譲り渡すこと。
相続人等に対する売渡請求：会社法174条。例えば、相続や合併などで、譲渡制限株式の移転があった場合、株主となった者に対し、その株式を会社に売渡すように請求できる旨を、定款で定めることが認められています。この場合の請求権をいいます。

相続の基本的な仕組みを教えて？

うちには妻と息子が二人いるのだけど、まだ特に遺言書等は用意していないんだ。この場合、株式やその他の財産はどのように分けられるの？

何もしないまま亡くなった人の財産は、法定相続割合を前提に、遺産分割協議という話し合いで、分け方を決めることになります

遺言が無い場合の相続の流れ

　何もしないまま（遺言書を書かないまま）、亡くなった場合には、法定相続人が被相続人（亡くなった人）の財産を引き継ぐことになります。流れとしては、まず①**誰が、法律上定められた相続人か（法定相続人か）を確定**させ、②**プラスの財産（預金や現金、株式、不動産等）とマイナスの財産（借金等）をすべてリストアップ**していきます。その上で、相続人で、誰にどのように相続財産を分けるかという話し合い、つまり「**遺産分割協議**」を行い、相続財産を分配します。

▼プラスの財産とマイナスの財産をすべてリストアップ

プラス	マイナス
［預金］ ［現金］ ［株式］ ［不動産］など	［借金］など

「プラスの財産とマイナスの財産を探して、リストアップするところから始まるんだね」

相続の基本的な仕組みを理解しよう

●相続が起きると、相続財産は、どうなる？

相続が発生した時に遺言が無い場合，相続財産は、遺産分割協議が完了するまでの間、原則として「**共有**」になります（民法898条）。例えば、一つの不動産がある場合、その一つの不動産（所有権）を相続人「全員」でいったん保有することになります。

所有権以外の権利を複数人で持ち合う場合を「**準共有**」（民法264条）といい、例えば「預貯金」は、債権（銀行に対し払い戻しを請求する権利）を持ち合うものとして、「株式」の場合は、「株主権」を複数人（相続人）で持ち合うものとして（5-1節）、この「準共有」になります（詳細は省きますが、預貯金については従前、相続開始と同時に当然に相続分に応じ分割されるという考え方があったものの、「最決平成28年12月19日」により遺産分割の対象となることが明示されました）。

実務上も、被相続人の口座は、被相続人の死亡の申告により凍結され、相続人全員の同意があるか、遺産分割協議書などに基づき預貯金を引き継ぐ者が確定した場合でないと解約しおろすことはできません。

他方、被相続人の借金等は当然に分けられるもの（分割債務。民法427条）として、遺産分割協議を待たずに、各相続人が承継します。もっとも、各相続人の同意があれば、遺産分割協議の対象にすることは可能です。実際も、例えば「不動産は長男が引き継ぐから住宅ローンも長男が引き継ぐ」等、ともに協議されることが多いでしょう（もっとも、このような処理については債権者である金融機関の同意が必要になることはいうまでもありません）。ですので、いずれにしても、法定相続人で、遺産分割について話し合いをすることになります。遺産分割の協議が確定すれば、相続開始時に遡って、各財産が、遺産分割協議の内容に沿って各相続人に帰属します。

●相続人の確定（法定相続人とは？）

それでは、遺言が無い場合、法律上相続人となる者（**法定相続人**）は誰でしょうか。誰が相続人になれるのかについては優先順位があります。そして、その順位に従い、相続財産に対して取得できる法律上の割合も異なります。この割合のことを**法定相続分**といいます。もちろん、遺産分割協議は「話し合い」ですので、この法定相続分より多く、あるいは少なく取得することも可能です。しかし、話し合いで決着がつかず、法律上の手続きを用いることになれば、法定相続分が重視されます。

また、相続が開始した時点で、すでに、法定相続人となるべき者が死亡していた場合に、その子ども等が代わりに相続できるか（これを「**代襲相続**」といいます）という問題もあります。この点についても概略を表に記載しておきます。

▼相続人の順位、法定相続分、代襲相続（配偶者がいる場合）

順位	相続人	相続割合	代襲相続 （子どもが死亡している場合に代わり に孫等が代わりに相続するか）
第1順位 （直系卑属）	配偶者と 直系卑属 （子ども）	配偶者が2分の1	
		子どもが2分の1	子が死亡していた場合、孫が、孫も いなければ曾孫等が代襲可能。
		（子どもがAB二人 の場合なら、AとB が4分の1ずつ）	子Aが死亡していた場合には4分 の1の分について、孫（Aの子）が、 孫もいなければ曾孫が代襲可能。
第2順位 （直系尊属）	配偶者と 直系尊属 （父母）	配偶者が3分の2	
		直系尊属が3分の1	できない（父が死亡していた場合 に祖父が代わりに相続することは できない）
第3順位 （兄弟姉妹）	配偶者と 兄弟姉妹	配偶者が4分の3	
		兄弟姉妹が4分の1	甥と姪まで（兄弟姉妹が死亡して いた場合、その子どもまでは代襲 できるが、孫以降は代襲不可。）

● 「遺産分割協議」とは？

　遺産分割協議とは、相続人全員での協議・合意で、被相続人の遺産の分け方を決めることを言います。遺産分割協議は話し合いですが、当事者同士の話し合いではなかなかまとまらないこともあり、いつまでも分割が未了になってしまうこともあり得ます。まとまらない場合は、裁判所による手続きを取ることになるでしょう。裁判所では、まず「**調停**」（調停委員を交えた話し合いの手続き）を行い、その調停がまとまらない、つまり「不成立」になった場合は「**審判手続**」に移行することになります。審判とは、家庭裁判所の裁判官が、遺産分割についての判断を決定する手続きで、その決定は強制力を持ちます。いわゆる、判決をイメージして頂ければと思います。

　審判による遺産分割は、法定相続割合を基準にして決定されます。

146

●法定相続割合とは？

協議をするにあたっても、あるいは、審判等においても、民法で定められた、各相続人の相続財産に対する持分が前提となります。この法定相続割合についても、表を参照ください。

ただし、この相続割合等に関連して、現在、民法の改正が検討されています（平成28年6月21日には法務省から、改正案の中間試案その後追加試案が発表されています）。仮に、改正された法律が施行されれば、新しい法律によることになります。

●特別受益・寄与分とは？

遺産分割協議は、法定相続割合を前提に進めていくことになるでしょう。もっとも、例えば、相続人の一人が、被相続人から生前に、まとまった金銭の贈与を受けていたり、あるいは事業承継として、株式の贈与を受けているということもあり得ます。ここで問題になってくるのが「**特別受益**」です。特別受益とは、特定の相続人が、被相続人から、遺贈や生計の資本としての生前贈与（生活の基礎として役立つような給付）といった、特別な利益を受けている場合をいいます。

前記のような生前贈与は、「特別受益」に該当してしまうことがあり、他の相続人から「持戻し」を求められる可能性があります。「**持戻し**」というのは、遺産分割において、相続開始時の財産に、既に生前贈与等されたものの評価額をも加えた（戻した）財産を「相続財産」とみなし、遺産分割の対象とすることです。例えば、相続人が子どもA・Bの二人、現在残っている相続財産は100万円とします。ここでBが生前に50万円を貰っていたといすると、相続財産は「100万円＋50万円」で150万円となります。そして、150万円を2で割ると75万円となるところ、Bは50万円を既に貰っているわけですので、75万円－50万円で25万円のみを、Bは今回相続で取得することになります（Aは75万円を取得することになり、100万円の相続財産をA75万円、B25万円で分割したことになります）。

他方、「**寄与分**」というのは、被相続人の財産（相続財産）を増やす又は減少することを防ぐことに協力した相続人がいる場合、その相続人について相続分を優遇する制度を言います（本書では言葉の説明に留めます）。

原則通りにいくと承継がうまくいかない場合には早期に対策を！

例えば相続人が一人しかいない場合（子どもが一人しかいない場合）には、法定相続人に対する相続が生じても特に問題はないと言えるでしょう。しかし、相続人が複

数いる場合 (子どもが複数いる場合で長男に承継させたい場合) には、法定相続が生じると株式は準共有状態になってしまい、特別受益等の争点も相まって、協議がいつまでもまとまらなければ、承継がうまくいかなくなってしまいます。まずは、遺言書を用意しておくことが必須です。

用語の解説

遺産分割協議：相続人全員による協議・合意で、被相続人の遺産の分け方を決めることです。
準共有：複数の人で、所有権以外の権利を持つことです。
代襲相続：相続の開始よりも前に、相続人になるべき人が死亡している場合等に、当該相続人の子供が代わって相続人となるという法律上の制度です。
審判：家庭に関連する一定の事項について、裁判官が、当事者から提出された書類や資料等に基づいて判断する手続のことです。

法定相続では困る場合にはどうしたらいいの？

長男に事業を継いでほしいから、会社関係の財産は長男に集中させたいんだ。法定相続通りだと困ってしまうのだけど、まずはどうしたらいいのかな？

やはり遺言書を書くことが最初の対策でしょう。自筆でもいいですが、法律の要件を満たさないと遺言として効力を認められないこともあるので公正証書遺言がおすすめです

「遺言」とは

一般的には「ゆいごん」と呼ばれますが、法律上は「いごん」と呼ばれます。法的な意味での「遺言」とは、被相続人（死亡した人）の最終の意思表示のことです。主に、自己の死亡後、自分の有していた財産を、誰にどのように分配・処分するか等についての最終的な意思を示したもの、ということができます。そして、法律上、「遺言」としての効力を生じるためには、一定の決まりがあります。まずは、その決まりを説明します。

長男　　被相続人

遺言をただ書いておけばいいってわけでもなさそうだね…

遺言の基本を理解しよう

●遺言の種類って？（各々のメリット・デメリット）

遺言には大きく分けて、二つの種類があります。「**普通方式遺言**」と「**特別方式遺言**」です。普通方式遺言が、一般的に行われる遺言です。最初に、普通方式遺言の、作成の仕方のパターンを説明します。

①**普通方式遺言**

・「自筆証書遺言」

本人が作成する遺言書です。民法968条に規定されています。

（自筆証書遺言）

第968条

1　自筆証書によって遺言をするには、遺言者が、その全文、日付及び氏名を自書し、これに印を押さなければならない。

2　（省略）

自筆証書遺言として有効になるためには、上記の条文に従わなくてはなりません。つまり、**㋐本人が全文を自筆すること（代筆や、パソコンで打つことは不可）、㋑遺言書を作成した日付を記載すること（日にちまで記載することが必要）、㋒氏名を自署し、押印（認印も、拇印でも可です。ただし、実印の方が、本人が書いたことが一層確かになり、良いでしょう）**することが必要です。内容は、具体的に記載し、曖昧な表現は避けるようにしましょう。

なお、自筆証書遺言の場合、封入・封印をしていなくても無効にはなりませんが、紛失や後から別の者に加筆修正されることを防ぐためにも、封筒に入れて封をし、遺言の押印に用いた実印で封印をすることが望ましいでしょう。

自筆証書遺言は、本人が書くため、相続財産の一部を見落としてしまうこと等があります。遺言に記載されていない財産は、結局遺産分割協議によってしまうため注意が必要です。

・「公正証書遺言」

公証役場にて公証人に作成してもらう遺言です。公証人（退官した裁判官等、専門的な知識を有する人が公証人になります）という専門家が作成に当たるため、法律上

の要件を満たした遺言が作られますし、公証役場に遺言が保管されるため、紛失の恐れも少ないといえます（民法969条）。作成の一般的な流れとしては次のとおりです。

(1) 遺言を作成しようとする者が、希望する遺言内容を書きだします。また、公正証書遺言の作成時には、立ち会う証人が2名人必要であるため、証人を決めておきます（相続人になる人は証人になれない等、証人になるには一定の条件があります）。そして、公証役場へ連絡し、担当の公証人が決まります。

(2) 公証人と面談や電話等で、(1)の案について打ち合わせを行います。

(3) 公証役場で指示された、必要な書類・資料を準備し、公証役場へ送付等します（遺言を作成する者と、相続人との続柄を表す戸籍謄本や、預金通帳の写し、財産に不動産がある場合には、登記簿謄本等を用意するように、といった指示があります）。

(4) 遺言者と証人、公証人で、公証役場にて遺言を作成する日程を調整します（高齢者の場合等、自宅に来てくれる場合もあります）。

(5) 公証役場にて、公正証書遺言を作成します（具体的には、作成時には、公証人が、本人と証人2名の前で遺言の内容を読み上げ、問題がなければ、本人と証人2名が、証書に署名・押印して、作業完了となります）。

(6) あらかじめ決められた手数料を公証役場にて現金で支払います。

・「秘密証書遺言」

　秘密証書遺言は、公証役場や証人二人を要することは公正証書遺言と同じですが、その遺言書の内容を一切秘密にできるという点に特徴があります（民法970条）。秘密証書遺言は、遺言を作成した本人が、自分が死亡するまで、内容を、「誰一人として知られたくない」という場合にだけに用いるもので、実際にはあまり用いられません。

　作成の流れは次のとおりです。

(1) 遺言書を作成し、署名・押印した上で、遺言書を封筒に封じ、遺言書に押印したのと同じ印で封印します。なお、秘密証書遺言は、自筆遺言と異なり、本文は、代筆やパソコンで打っても構いません。ただし、遺言書の署名と押印は作成者自身で行う必要があります。

(2) 公正証書遺言の時と同様に、証人二人（証人になるには一定の条件があることは

公正証書遺言と同じです）を用意します。そして、公証役場へ連絡し、日程調整等を行います。

(3) (1)で作成した遺言を公証役場へ持参し、公証人及び証人の前で、本人が、自分の遺言書であること、住所、氏名を述べます。遺言書の内容自体を述べる必要はありません。

そして、公証人が、遺言書が提出された日付と本人が述べた点を封紙に記入します。その封紙に本人と2人の証人が署名押印し、最後に手数料を支払います。

②特別方式遺言

特別な状況で、普通方式遺言の作成によることができない、やむをえない場合にのみ用いられる遺言です。例えば病気やその他の事情で死期が迫っている場合や船が遭難をしてしまった場合、その船の中で死期が差し迫った状況にある場合に行われる遺言をいいます。例外的なケースですので、本書では特別な方式があることの説明に留めます。

●遺言書作成全体にあたっての注意点

遺言書を作成するにあたっては、「**遺留分**」に注意する必要があります。遺留分というのは、相続人が相続財産から最低限取得することのできる取り分のことです。この遺留分については、次節以降で説明します。

●株式についての、自筆証書遺言の書き方とは？

5-12節にて説明します。

自筆でも書けるが、一定の条件を満たさないといけないため、公正証書が望ましい

遺言は公正証書によらなくても、自筆で作成することができます。公正証書遺言は、公証役場との打ち合わせ等、時間がかかりますし、費用もかかります。費用については、遺産の金額によってしまうため、公証役場のホームページ（http://www.koshonin.gr.jp/business/b10）をご覧いただくか、公証役場にお問合せください。

しかし、自筆証書遺言は、内容に専門家の目が入らないため不十分であるリスクや、紛失のおそれもあります。また、遺言をした者が実際に死亡した後、遺言書を保管又は発見した相続人は、速やかに、家庭裁判所に対し、「検認」を申立てなければなりません。「**検認**」とは、遺言の保管者・発見者が家庭裁判所に遺言書を提出し、相続

152

人の立ち合いの下、家庭裁判所において、遺言書の確認を行うことです。また、封印された遺言書の場合、相続人が勝手に開けるのではなく、家庭裁判所で相続人等の立会いの上、開封しなければなりません（勝手に遺言に沿って手続きを進めたり、あるいは開封してしまうと、罰則があり、5万円以下の過料に処せられます）。

公正証書遺言であれば、専門家の助言の下遺言が作成されますし、偽造や紛失のおそれもありません。また、上記の検認の手続きも不要です。

そのため、多忙の中では、いったん自筆証書遺言で作成しておくということも有用かもしれませんが、できるだけ速やかに公正証書遺言を作成しておくことをお勧めします。

用語の解説

遺言：被相続人（死亡した人）の最終の意思表示。
遺留分減殺請求：兄弟姉妹を除く、法定相続人（子ども等）には、遺言によっても取り上げることのできない、最低限度の、遺産に対する取り分が、法律によって確保されており、これを遺留分と言います。この遺留分を請求することを遺留分減殺請求と言います。
検認：遺言を保管または発見した相続人が、家庭裁判所において、相続人立ち合いの下、遺言書の開封や確認を行う手続き。

4 遺言で万事解決とはいかないの？

遺言書を書いておけば、大丈夫なのかな？

法定相続人には、法律上保証された最低限度の取り分（遺留分）があります。全財産を長男に渡すという遺言書があっても、次男等他の相続人は、この遺留分を主張することができます

遺留分とは？

兄弟姉妹を除く、**法定相続人**（配偶者、子ども、直系尊属つまり父母）には、遺言によっても取り上げることのできない、遺産に対する「最低限度の取り分」が、法律によって確保されています。これを**遺留分**と言います。被相続人は、原則として自由に、相続財産をどの相続人にどれだけ取得させるかを決めることができますが、他方、残された遺族の生活を保障する必要があります。そのため、このような制度が設けられたのです。

そして、この遺留分を請求することを「**遺留分減殺請求**」と言います。

▼相続人と遺留分

亡Aさん

遺言
Bに全財産（300万円）を与える

遺留分減殺請求で遺留分を請求だ！

Aさんの友人：B

相続人：C
（妻）

相続人：D
（子）

遺留分減殺請求の仕組みを理解しよう

「最低限度の取り分」ってどのくらい？

相続人に対する遺留分の割合（「**遺留分率**」と言います）は、生活保障の必要性に鑑み、次のように法律上、規定されています。

①直系尊属（父母等）のみが相続人である場合　被相続人の財産の3分の1
②①以外の場合　被相続人の財産の2分の1

例えば、Aさんが死亡し、相続財産である300万円は全て友人のBさんに贈与するという遺言書が見つかったとします。相続人が、①父のみの場合、Aさんの父は、300万円×「3分の1」である100万円について遺留分の権利を有します。他方、②妻と子一人（イラストのCが妻、Dが子）がいた場合ならば、300万円×「2分の1」＝150万円が、遺留分の対象となる財産になります（150万円×2分の1＝75万円が妻、残り75万円が子の取り分となります）。

遺留分減殺請求権の行使とは？

遺留分は、相続人の生活保障のための制度ですから、保障された分を求めるかどうかは、相続人の意思によることになります。ですので、遺留分の確保を望む相続人は、被相続人による生前贈与や遺贈が遺留分を侵害するものであった場合、「遺留分減殺請求権」を行使することで、その遺留分を回復することができます。

権利行使の方法は、裁判上の手続き（訴訟等）による必要はありません。口頭でもできますが、減殺請求をしたことの証拠になるように、書面で、遺贈や生前贈与を受けた者に対して、通知するのが一般です。

そして、遺留分減殺請求権が行使されると、侵害された遺留分の限度で、遺贈や生前贈与の効力が失われてしまいます。

例えば、Aさんが死亡し、相続財産として100万円があり相続人として子が二人いた場合、全て長男Dに相続させるという遺言書を残していたとします。次男Eが遺留分の減殺請求をすれば、遺言に関わらず、25万円は次男Eの取得分となります（100万円×2分の1×2分の1）。

なお、例えば不動産や株式に対し、遺留分の減殺請求権を行使された場合、遺贈を受けた者は、常に不動産等を共有にしたり、目的物を返還したりしなければならない、というわけではなく、金銭を支払うことによって返還や登記手続きを免れ得ることになります。これを「**価額弁償**」と言います（民法1041条）。

●遺留分減殺請求権の行使の期限

遺留分減殺請求権の行使期間は、相続が開始したこと、つまり被相続人が亡くなったことを知り、かつ遺留分を侵害する遺言や生前贈与があることを知ってから「1年」です。仮に、知らなかったとしても、「相続開始の時から十年を経過したとき」には、減殺請求権が消滅します（民法1042条）。

なお、「相続人への生前贈与の場合と相続人ではない（例えば娘婿）への生前贈与の場合では、遺留分減殺請求ができる期間に違いがありますか」というご質問を受けることがありますので、補足します。遺留分減殺請求権を行使できる期間自体は、上記のとおりで、これはケースによって変わりません。遺留分減殺請求権を行使できる期間に違いはありませんが、行使した場合に、「いつまでの生前贈与を問題にできるか」という点が違います。

贈与は、原則として、「相続開始前の1年以内になされた贈与」についてのみ遺留分の基礎の算定根拠にできます（民法1030条）。ただし、贈与の当事者が、その贈与によって、遺留分権利者に損害を与えることを知っていた場合には別です。

第三者への贈与については、上記の1030条に従い、原則として「1年」以内の贈与のみが問題になってきます。

他方、被相続人が、相続人のうちの特定の者に対し、生計の資本としての贈与を行っていた場合、その贈与は「**特別受益**」となります（3-2節。後述します）。そのため、被相続人による贈与が特別受益にあたる場合、その贈与は贈与された時期にかかわらず（相続開始前の1年以内になされた贈与ではなくても）、遺留分算定の基礎となる財産に算入されます（民法1044条、同903条）。

それでは、娘婿に贈与する場合、なるべく早く贈与すればよいのか、という点もご質問を受けます。早期であるに越したことはありませんが、被相続人と家族経営の会社を一緒に経営しているような「娘婿」は、被相続人の資産状況・相続人に関する情報も把握していることが多いと考えられます。そのため、争いになったとしたら、「他の相続人を害することを知っていた」ものとされ、1年を超えて遡られる可能性はあります。

遺留分がどの程度あるかを考慮して、遺言を組み立てよう！

遺留分減殺請求権は必ずしも行使されるとは限りません。ただ、行使される可能性は高いものです。ですので、遺言書を組み立てる時には、遺留分を侵害しないように、作っていくのがベストでしょう。例えば、長男に株式を渡す以上、次男には別の預金を与えるといった方法です。

あるいは、「娘には、嫁いだ時にお金をあげたり、十分な贈与を生前にしたが、息子には何もしていない。相続の時には財産をすべて息子に渡したい。遺留分の減殺請求をしないでほしいと娘に伝えたい」というケースもあります。

既に特定の法定相続人に十分なお金を渡したりしていたというのであれば、それは「特別受益」と見ることができる場合もあります。そして、特別受益に対しては「**持戻し**」という制度があり相続人間の公平が図れるようになっています（3-2節）。

ただし、生前にこのようなお金の援助があったことは、先の例で言うと息子の方は知らないことが多く、娘が自らその話をするとも限りません。この場合には、遺言で「**付言事項**」という形で「娘には生前○○という支援をしたので遺留分は請求しないで欲しい」ということを書いておくことも有用です。付言とは、相続人に対する感謝の気持ち等、法的効力を直接発生させることを目的としない文章を言います。

あるいは、公正証書遺言の場合には、遺言書とセットで、「**宣誓供述書**」というものを作成し、娘に生前に付与した分があることを文書に記載しておくのも良いでしょう。宣誓供述書とは、公証人から宣誓認証を受けた文書のことで、公証人が、私文書について、本人が作成したものであることを認証するとともに、制裁の裏付けのある宣誓により、当該文書の記載内容が真実・正確であることを文書の作成者である被相続人が表明した事実を公証するものです。あえて単純に言うと、「被相続人本人が、特定の相続人に○○という支援をしていると主張していますよ、そして、その主張は真実だ、間違いないと言っていますよ」という公証人の確認のついた文書ということです。

ただし、付言にしても、宣誓供述書にしても、被相続人が、特定の相続人に対し支援をしたと「主張していること」を示すに過ぎないため、実際に支援をしたかどうかについて客観的な証拠を残しておくことができればベストでしょう（例えば、特定の相続人に対する振込の履歴等）。付言については3-5節を参照してください。

用語の解説

遺留分減殺請求：兄弟姉妹を除く、法定相続人（子ども等）には，遺言によっても取り上げることのできない、最低限度の、遺産に対する取り分が、法律によって確保されており、これを遺留分と言います。この遺留分を請求することを言います。

特別受益：特定の相続人が、被相続人から、遺贈や、婚姻・生計の資本（生活の基礎として役立つような財産上の給付）等として生前贈与を受けるといったように、特別な利益を受けていること。

遺言：被相続人（死亡する人）の最終の意思表示。

付言：遺言書において、相続人に対するメッセージや感謝の気持ち等、法的効力を直接発生させることを目的としない文章。

5 遺留分対策の基本がある？

うちは娘婿に会社を承継させるつもりなのだけど、長男が納得してくれないかもしれない。娘婿は私の財産状況等は良く知っているし、遺贈するにしても、生前贈与するにしても、遺留分で問題になりそうで困ってしまう

遺留分についても何も対策ができないわけではありません。まずは、裁判所を使わなくてもできる、基本的な対策を確認しましょう

遺留分の基本的な対策とは

遺留分に対する対策としては、「遺留分の事前（生前）放棄」（3-6節）、「経営承継円滑化法による民法特例の活用」（3-8節）がありますが、いずれも裁判所等において一定の手続きを経ることが必要です。ですので、まずは、裁判所を通さなくてもできる、基本的な対策事項を確認しておきましょう。

基本的な対策とは、①**遺言書の書き方による対策**、②**生前贈与による対策**、③**娘婿の場合等には養子縁組制度を活用する**、④**種類株式の活用**、が上げられます。

> ①遺言書の書き方による対策
> ②生前贈与による対策
> ③娘婿の場合等には養子縁組制度を活用する
> ④種類株式の活用

裁判所を通さなくてもできるんだね

基本的な対策を理解しよう

①遺言書の書き方の工夫

・付言事項の活用

遺留分権利者が、遺留分減殺請求を行使する場合、相続財産が欲しいという希望だけではなく、感情的なもつれが根本にある場合が散見されます。「どうして兄にばかり、父は私のことは何も考えていないのだ」といった感情です。

そうした感情を和らげることは、相続全体にかかる紛争を防止することにも繋がります。そのためには、日ごろのコミュニケーションが大切なことなことは言うまでもありませんし、あるいは生前に遺産分割について趣旨を説明する場を設けるのも方法の一つです。その他、遺言書に**付言事項**を残すという方法もあります。付言事項とは、「相続人に対する感謝の気持ち等、法的効力を直接発生させることを目的としない文章」(3-4節) のことです。

例えば、今回の内容の遺言書を遺した趣旨を説明するとともに、遺留分減殺請求をしないで欲しい旨を付言事項 (メッセージ) として残しておきます。「長男はこれまで身を粉にして、一緒に会社を運営してきてくれたので、これからも会社を守ってほしいし、介護もしてくれたので、会社の株式その他、全ての財産を長男に残すとした。どうか遺留分減殺請求権を行使したり、紛争ごとにはしないで、兄弟仲良く暮らしてほしい」といった文章を記載しておきます。また、次男に**特別受益**等がある場合にはその旨を記載しておいてもいいでしょう (3-4節)。付言に拘束力はありませんが、いわば、最後のメッセージとして、感情を和らげる効果を得られる場合もあります。

・遺留分減殺をする財産の指定をする

仮に遺留分減殺請求権が行使された場合、「どの財産から減殺 (遺言の効力を否定) するべきか」、ということを遺言書で指定することができます。ただし、遺留分減殺は、原則として、「**遺贈→後にされた贈与** (相続発生から近い贈与) **→先にされた贈与** (相続発生から遠い贈与)」の順で行われることが法律上決められており (民法1033条・1035条)、遺言書でも、この順番を指定によって変更することはできません。そうだとすると、余り意味が無いようにも思えますが、例えば、不動産や預貯金等、複数の財産を遺贈する時には有用です。

例として、妻に生活の拠点である不動産、預貯金等一式を相続させる旨の遺言を遺したとします。折り合いの悪い息子がいたとして、その息子が遺留分減殺請求をしてきました。遺贈が複数のときは、目的物の価格の割合に応じて全ての対象物に

減殺していくことが原則になりますので、不動産についても、共有にしてほしいと言ってくることが考えられます。そして、やがては、自分たち夫婦もその家に住むから、等と乗り込んでくることも考えられるわけです。こうした場合には、まず不動産以外の財産から減殺をするようにと定めておくことで、不動産は妻の単独所有として守れる可能性があります。書き方のサンプルは下記のとおりです。

> 例：第○条　遺言者は、遺留分の減殺について、まず第○条記載の現金、預貯金からすべきものと定める。

このように、減殺をする財産の指定をしておくことで、特定の相続人に相続させたい財産にある程度の優先順位をつけることができます。

●②生前贈与

①のとおり、遺留分減殺の対象となる遺贈や贈与には，「遺贈→後にされた贈与（相続発生から近い贈与）→先にされた贈与（相続発生から遠い贈与）」と、減殺される順番が決まっています。　この順番で、遺留分が確保されるまで、効力が否定されていきますので、後継者に対しては、早期に株式等の重要な財産を贈与することで、遺留分減殺請求から守ることができる場合もあります。ただし、後継者が相続人である場合、特別受益の関係もありますので、贈与のタイミングや金額等は、いったん専門家に確認することをお勧めします。生前贈与の点は、第4章の税務も参照してください。

また逆に、他の相続人を納得させるという観点から、後継者以外の相続人に、生前贈与をしておくということも考えられます。

●③養子縁組

遺留分減殺請求権は、法定相続分に応じて算定されますので、相続人の数を増やせば、結果として遺留分減殺請求される割合を減らすことができます。そして、相続人を増やす方法として、**養子縁組**が考えられます。例えば、300万円の相続財産があり、相続人として娘と息子がいる場合、娘婿を養子にし、遺言で娘婿に全てを相続させるとしたとします。この場合、息子の遺留分は、相続人が一人増えたことから分母が3になるため、300万円×2分の1×「3分の1」＝50万円になります（計算方法は、3-4節参照）。

④種類株式の活用

遺留分減殺請求権を行使する可能性がある相続人に対して、**種類株式**（権利の内容が異なる株式）を取得させるということが考えられます。財産を付与するわけですので、遺留分減殺請求そのものを防止しつつ、後継者の経営の妨げとならないよう工夫された株式を付与するという方法です。例えば、自社の株式の一部を**無議決権株式**（種類株式の一つで、議決権のない株式）として付与するということが考えられます。種類株式の点は、3-15節を参照ください。

基本的な対策と合わせて活用しよう！

遺留分の対策として、生命保険を活用することが考えられます。予め預金がある場合には、後継者を受取人とする生命保険に加入するという方法です。

誤解されている方もいるのですが、生命保険は、原則として相続財産には含まれません。生命保険は、指定された受取人等（後継者等）に支払われるものですから、生命保険金請求権は，相続人ではなく、あくまで「受取人の固有の財産」と考えられるためです。ですので、生命保険を活用することで、遺留分の減殺請求の対象とならない金銭を後継者に付与することができるのです。

後継者は、遺留分の減殺請求をされた場合、この生命保険の受取金額から価額弁償（金銭を支払うことによって、自己が取得した相続財産を引き渡すのを防ぐこと）（3-4節）をすることができます。例えば、株式について減殺請求をされた場合、評価（4-6節）に対応する金銭を支払うことで、その株式を確保できるのです。また、生命保険に入ることで、減殺請求の対象となる預貯金を減らすこともできるので、対策としては有用です。

用語の解説

遺留分減殺請求：兄弟姉妹を除く、法定相続人（子ども等）には，遺言によっても取り上げることのできない、最低限度の、遺産に対する取り分が、法律によって確保されており、これを遺留分と言います。この遺留分を請求することを言います。

特別受益：特定の相続人が、被相続人から、遺贈や、婚姻・生計の資本（生活の基礎として役立つような財産上の給付）等として生前贈与を受けるといったように、特別な利益を受けていること。

遺言：被相続人（死亡する人）の最終の意思表示。

付言：遺言書において、相続人に対するメッセージや感謝の気持ち等、法的効力を直接発生させることを目的としない文章。

種類株式：権利の内容が異なる株式。

6 遺留分の生前放棄ってなに？

うちは、娘と息子がいて、息子に会社を継がせる予定だ。娘には嫁ぐ時にまとまったお金も渡しているし、息子に株式を相続させる内容の遺言書を用意してはあるのだけど、会社がうまく行っていて、株式も価値が上がってきているようだから、少し心配なんだ。実際に相続になった時に、遺留分等で揉めないかな

娘さんの理解があるならば、遺留分の生前放棄をしておくという方法もありますよ

遺留分とは

遺留分とは、兄弟姉妹を除く、法定相続人（子ども等）に対して法律上確保されている、遺言によっても取り上げることのできない、最低限度の、遺産に対する取り分を言います。遺留分は、相続人の生活保障の観点から認められてきた制度であり、遺遺留分減殺請求権の行使をもって遺留分を主張していくことになります。あくまで相続人の利益保護の点から認められた相続人の権利であるため、相続人に予め（被相続人が生きているうちに）**放棄**してもらうことも可能です。ただし、無制限に放棄を認めると被相続人が相続人に遺留分の放棄を強要する事態が生じかねないため、一定の条件及び手続を踏むことが必要です。

実際に相続が発生した場合にもめ事にならないよう、生前に遺留分の放棄の手続きをとっておくことは、事業承継における遺留分対策としても有用ですので、手続き等を確認していきます。

遺留分の生前放棄の方法を理解しよう

●遺留分の生前放棄の手続きとは？

被相続人（となる者）の生前に遺留分を放棄するためには、遺留分権利者となるべき者が, 被相続人の住所地を管轄する家庭裁判所に、「遺留分放棄許可審判の申立て」

163

をすることが必要です。すなわち、裁判所の許可を受ける必要があります（民法1043条1項）。また、あくまでも、申し立てるのは、遺留分権利者となるべき者、つまり相続人（となる者）自身です。被相続人が「長男のために遺留分を放棄してほしいから、私が手続きしておくよ」等と、相続人に代わって放棄の手続きをすることができるわけではありません。

　申立書の書式と、必要書類は下記のURLを参照してください。申立ては郵送で可能です。

　http://www.courts.go.jp/saiban/syurui_kazi/kazi_06_26/

　申立書が提出されると、裁判所は、許可を出すかを判断するにあたり、以下の点を勘案します。

①遺留分の放棄が本人の自由意志に基づくものであること
②遺留分放棄に合理的な理由と必要性があること

　例えば、既に被相続人となる者から多額の援助を受け取っており、自身も働いていて生活が安定していること、事業承継の観点から弟に相続財産を集中させる必要がある、あるいは被相続人とは疎遠であり関わりたくない等という場合には、遺留分を放棄する合理的な理由と必要性があることになります。

③遺留分放棄の代わりに「代償」（見返り）されているものがあるか
　（金銭を受け取っているか等）

　将来的に金銭を受け取る約束になっているからということではなく、既に見返りを受け取っているか、少なくとも遺留分放棄と同時に受け取ることになっているということが望ましいと言えます。

　なお、申立書を提出してから2週間程度で、本人の意思に基づくものであるかを確認するために、申立人に対し、裁判所から「照会書」（特に、本人の意思に基づくものであるかの確認書）が郵送されてきますので、回答を送り返すことになります。もし、この回答から、本人の意思である（①の要件）ことに疑義が生じた場合には、裁判所から呼び出しを受け、審問を受けることになります。書面上、②，③の要件について

疑義がある場合も同様です。

他方、上記①から③の点に照らし、書面による審理の結果、問題がなければ、許可の審判がなされます（ただし、裁判所によって手続きが異なりますので、事前にご確認ください）。

●遺留分の生前放棄の効果とは？

遺留分の生前放棄はあくまでも「遺留分」の放棄であって「相続分」の放棄ではありません。そのため、遺留分を生前放棄したとしても、遺留分放棄者は、相続人としての地位自体は失いません。遺言書が無ければ、法定相続分に則って、遺留分放棄者が相続することが可能になってしまいます。

ですので、被相続人としては、遺言書を作成しておくことが不可欠です。遺留分の放棄が認められているのならば，遺留分を侵害する遺言や贈与があったとしても遺留分減殺請求がされることはありません。

●あとから生前放棄が無効になるリスクもある？

遺留分の放棄を行うと、その撤回や取り消しは原則としてできないことになります。しかし、前提となる事情に変化があった場合等、合理的な理由がある場合には、改めて裁判所に申立てをし、その許可によって遺留分放棄の撤回・取り消しが認められることもあります。例えば、長男が家業を継ぐという前提で弟が放棄したが、その前提条件が変わった、あるいは、関係が非常に悪化した等の事情の変化です。

他の相続人に理解があるのであれば、遺留分の生前放棄をしておくのは有用！

遺留分の生前放棄の許可申立は、「遺留分放棄の手続きとは」の①から③の点を満たす必要がありますが、書式等は裁判所のホームページからダウンロードできますし、相続人本人でも可能な手続きです。

もし、既に相続人（になる者）に何らかの生前贈与等の措置を講じており、その方が事業承継に理解があるのならば、遺留分の生前放棄の手続きをとっておくのも有用でしょう。

負債や連帯保証は相続でどうなるの？

うちは妻が亡くなっていて、息子と娘がいる。会社は息子に継いでもらう予定。ただ、会社が借り入れをしていて、私が連帯保証人をしている。この場合、息子が会社を継ぐわけだし、連帯保証債務は息子が引き継ぐという遺言も用意しておけば、娘は連帯保証に巻き込まれないよね？

負債や連帯保証も、相続の対象になります。相続人が二人ならば、半分の額について連帯保証人としての地位を相続するのが原則ですよ。これは遺言があってもなくても同じです

相続とマイナス財産

　負債などのいわゆるマイナスの財産も、相続の対象となります。連帯保証債務も、同様に、相続の対象になります。

遺言で連帯保証を相続しなくてすむ？

遺言があってもなくても、連帯保証人の地位は相続するそうだよ…

連帯保証人としての地位が相続でどうなるのか理解しよう

●連帯保証人とは？

中小企業の多くが、金融機関から借入を起こし、その借入について、社長が個人で連帯保証をしています。

「**連帯保証**」とは何でしょうか。まず、借入等をした本人（ここでいうところの会社）を「**主債務者**」といいます。この主債務者の債務を保証する者が「**保証人**」です。通常の「保証人」であれば、債権者からいきなり請求があった場合には「まずは主債務者に請求をしてください」と主張したり、あるいは主債務者には財産があるにもかかわらず支払を拒んでいる場合には「主債務者には返済能力はあるのだから、まずは主債務者の財産に強制執行してください」等と主張することができます。

これに対して「連帯保証人」は、主債務者と「連帯」して支払の義務を負う者ですので、債権者から請求があった場合、上記のような主張ができず、支払いの義務を負うことに特徴があります。

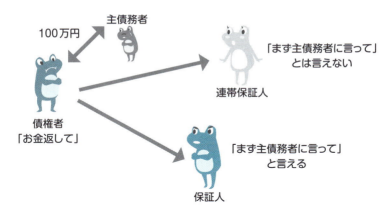

●相続により連帯保証はどうなるの？

本件の事例では、子ども二人が相続人ですので、法定相続分は、2分の1ずつになります。例えば、父が200万円の負債を負っていた場合、100万円ずつの返済の義務を負うことになります（3-1節参照）。

それでは、例えば会社が200万円の債務があり、父が連帯保証をしていたらどうなるのでしょうか。連帯保証人としての地位を相続することからすると、子どもたちも200万円ずつの連帯保証債務を負ってしまうのでしょうか、それとも100万円ずつでしょうか。

167

この点、連帯保証債務であっても、分割できる債務と考えられますので、子どもたちは、各々、100万円ずつ連帯保証債務を負うことになります。つまり、債務は分割して承継されます。

●遺言や遺産分割協議で、特定の相続人が、連帯保証人の地位を引き継ぐという指定はできるか

例えば、遺産分割協議で、息子（兄）が娘（妹）の分の、連帯保証債務を引き受けるということはできるでしょうか。このような遺産分割協議をすること自体は可能ですが、遺産分割協議は、あくまでも相続人間の取り決めになりますから、第三者（債権者）に対しては、連帯保証から完全に外れたという主張はできません。

同様に、「息子に連帯保証人の地位を承継させる」という遺言があったとしても、これは被相続人・相続人の内部の取り決めですから、兄と妹の間では兄のみが返済の義務を負うとしても、債権者までは拘束しません。ですので、債権者との関係では、妹も、連帯保証人としての地位を法定相続分で相続してしまいます。

つまり、債権者を無視して勝手に決めるということができないのです。

早期に金融機関と交渉を！

とはいえ、経営に全く関係ない娘が、連帯保証債務に巻き込まれるというのは父である経営者としても望むところではないでしょう。

このような場合には、息子が経営を承継することを早期に金融機関に伝え、連帯保証人は息子とする旨の協議・交渉をしておくのが望ましいことになります。また、会社の連帯保証額が余りに大きく、他に経営者に財産も見られない場合には、「相続放棄」をすることも考えられます。

用語の解説

連帯保証人：主債務者（借入等をした本人）の債務を保証する者を保証人と言います。連帯保証人は、債権者から請求があった場合、「まずは、本人に請求して」「本人はお金があるのだから本人の財産から何とかして」等という主張ができず、債権者に対して支払いの義務を負うことに特徴があります。
遺産分割協議：相続人全員での協議・合意で、被相続人の遺産の分け方を決めること。
相続放棄：相続人が、被相続人から受け継ぐ遺産の全てを放棄すること。被相続人に負債が多い場合や、特定の相続人に相続財産を集中させる場合などで行われています。

8 遺留分に関する民法の特例ってなに？

うちは、長男に会社を継がせるつもりなので、もう株式も贈与してあるんだ。だけど、株式以外主要な財産がないものだから、遺留分が心配。次男は、遺留分を放棄してもいいとは言ってくれているのだけど、とても忙しいこともあって、なかなか自分から手続きを取ってくれないのだよね。会社の株価評価も上がりそうだし、このままだととても心配だ

確かに「遺留分」の存在が事業承継の障害になっている現実があります。今は、遺留分の生前放棄の方法以外に、民法の特例として、経営承継円滑化法による方法もありますよ

遺留分が事業承継の障害になる

　遺留分とは、兄弟姉妹を除く、法定相続人（子ども等）に法律上保証された、遺言によっても取り上げることのできない、最低限度の遺産に対する取り分を言います。この遺留分を請求していくことを遺留分減殺請求と言います。

　そもそも事業承継には、後継者に対する株式の承継が不可欠です。しかし、被相続人が、後継者（例えば長男）に自社株式を全て贈与したとしても、相続の場面で、他の相続人が後継者に対して遺留分減殺請求をし、その結果、株式が分散してしまうこともあり得ます。つまり、遺留分が事業承継の障害になることがあるのです。

　そこで何等かの対策が必要です。対策の一つとして、遺留分の生前放棄の方法（3-6節）がありますが、**①相続人となる者（推定相続人）が各々自分で手続を行わなければならず負担が大きい**、又、**②家庭裁判所が遺留分の生前放棄を許可する判断基準が明確でないため、申立をした推定相続人ごとに判断がバラバラになるリスクがある**、といった問題点があります。

　そこで、中小企業の円滑な事業承継のために、遺留分に関する民法の特例が、「**中小企業における経営の承継の円滑化に関する法律（経営承継円滑化法）**」で定められています。

▼円滑な事業承継のために…

経営承継円滑化法の特例を確認しよう！

●経営承継円滑化法上の、民法の特例の内容とは？

　経営承継円滑化法では、被相続人となるべき者を「旧代表者」としておりますので、以下は「旧代表者」として記載します。「旧代表者」の趣旨については、要件の項目を参照ください。

　この特例では、後継者が「旧代表者」からの贈与等により取得した株式等について、旧代表者の相続人になる者（推定相続人）全員により、以下の２つの合意（及び付帯する合意）をすることができるという内容になっています（なお、法改正によって親族外承継の際にも適用が可能となっています）。

①除外合意

　後継者が贈与等を受けた株式の価額を、遺留分を算定するための財産の価額に算入しない、要は「除外」する合意です。この合意により、他の相続人は、後継者が取得した自社株式に対し遺留分の主張ができなくなりますので、株式の分散を防止することができます。

②固定合意

　後継者が贈与等を受けた株式について、遺留分を算定するための財産の価額に算入すべき価額を合意の時における価額に「固定」する合意です。後継者へ自社株式を贈与した後に自社の株式の価値が大きく上昇をしたとしても、遺留分の額に影響しなくなりますので、後継者が相続時に想定外の遺留分の主張を受けることがなくなります。

なお、除外合意と固定合意は併用可能です。

③附帯合意

除外合意又は固定合意に附帯させる必要があります（単独で合意はできない）が、株式以外の財産（事業用不動産等）等について、遺留分を算定するための財産の価値から除外する合意もできます。これを附帯合意と言います（2類型がありますが、ここでは省略します）。

●特例の適用を受けるための要件（条件）とは？

詳細は、経営承継円滑化法に規定されておりますが、ここでは概略を説明します。

①中小企業者であること

「中小企業」の定義は、経営承継円滑化法第2条に、業種ごとに資本金や従業員の数等が規定されています。例えば、サービス業では原則として、資本金「5000万円以下」、従業員は「100人以下」である必要があります（例外もあります）。

②3年以上継続して事業を行っている非上場会社であること

③「後継者」が、合意時点において会社の代表者であり、かつ、「旧経営者」（過去又は合意時点において会社の代表者であり、他の者に対して株式を贈与した者を言います）からの贈与等により株式を取得したことで、会社の議決権の過半数を保有していること

「旧経営者」は、既に株式を贈与している必要があります。そして、「後継者」も、この旧経営者から株式の贈与を実際に受けているか、あるいは、旧経営者から株式の贈与を受けた者からの相続等で実際に株式を取得している必要があります。

時々、誤解されている方がいるのですが、後継者が未だ実際に株式を取得していない場合には、この制度は使うことができませんので、注意をしてください。

●特例の適用を受けるための手続きとは？

①推定相続人全員と後継者の合意

遺留分のある経営者の推定相続人全員と後継者で、「除外合意」又は「固定合意」、併用する場合には両方の合意をし，合意書を作成します。合意するにあたり、後継者以外の推定相続人と後継者との間でのバランスを取るための代償、後継者が現経営者の生存中に代表者でなくなった場合等に、非後継者がとることができる措置についても取り決める必要があります。

②経済産業大臣の確認

　後継者は、上記の合意をした日から、一カ月以内に「遺留分に関する民法の特例に係る確認申請書」を経済産業省（中小企業庁事業環境部　財務課）に提出する必要があります。書式及び添付書類は、下記のURLをご覧ください。

http://www.chusho.meti.go.jp/zaimu/shoukei/2014/141217Yoshiki.htm

③家庭裁判所の許可

　経済産業大臣の確認を受けた後継者は，確認を受けた日から１カ月以内に、家庭裁判所に許可の申立を行う必要があります。許可申立書の書式等については下記のURLをご覧ください。

http://www.courts.go.jp/saiban/syurui_kazi/kazi_06_29/index.html

　経済産業省の確認や家庭裁判所の許可も必要であり、煩雑さはありますが、後継者が単独でできるため、遺留分放棄の手続きよりもスムーズです。

経営承継円滑化法上の特例を活用しよう！

　上記の特例は、後継者が相続人となる者ではなくても使うことができますので、例えば娘婿に対する承継、あるいは親族外承継の対策として使うことも可能です。ただし、特例の活用には、合意書の作成等が不可欠ですので、なるべく専門家に相談されることをお勧めします（1-15節、1-16節、1-17節）。

用語の解説

遺留分減殺請求：兄弟姉妹を除く、法定相続人（子ども等）には，遺言によっても取り上げることのできない、最低限度の、遺産に対する取り分が、法律によって確保されており、これを遺留分と言います。この遺留分を請求することを言います。

推定相続人：仮に、現状のままで相続が開始した場合には、相続権があるであろう人のこと。

遺留分の生前放棄：遺留分を有する推定相続人が、被相続人が生きている間に，家庭裁判所の許可を得て，予め遺留分を放棄すること。

中小企業における経営の承継の円滑化に関する法律（経営承継円滑化法）：中小企業の経営の承継の諸問題に対応するために、平成20年に施行された法律。

9 なぜ後継者以外の人が株式を持たないほうがいいの？

知り合いの社長に聞いたら、そこは先代が作った会社を親族みんなで株を持って仲良くやっているらしいよ。私がいなくなったあともそういうふうに仲良くやれないものかねえ

大勢で話し合っていつも意見が一致するとは限らないし、一時はともかく、会社は長く続けていくものだから、今は円満な親戚づきあいも、ずっと上手くいくとは限らないよ。みんなが代替わりしたらなおさらだよ。株式はできるだけ分散させず、1人の後継者に集めたほうが安心だね

株式の分散リスクとは

　そもそも株式会社とは、大きなリスクのある事業を行うことを目的として、大勢の人にリスクを分散して投資を集めるために、みんなが「株式」という単位で少しずつお金を「出資」する仕組みだといわれます。これは、上場企業のような会社には適切な説明ですが、中小企業の多くには大勢が株式で少しずつ投資するという実態はありません。創業者がほとんどの株式を保有しており、せいぜいその配偶者や子ども、兄弟が少しずつ株を持っているというのが多くみられるパターンです。配偶者が名目的に半分株式を保有しているとか、兄弟が基本的に平等で長男だけ少し多く持っているというような例もあり、千差万別です。

　いずれにしても、株式を持っている人が亡くなった場合、その株式がどこへいくのかは会社にとって決定的に重要な問題となります。簡単な例で考えてみましょう。

　今、A株式会社の株式が400株あり、創業者Xさんが300株、配偶者Yさんが100株ずつ持っているとしましょう。現在会社を実際に動かしているのは後継者に予定されている長男のPさんですが、XY夫婦にはほかに次男Qさん、長女Rさんという子どもがいます。Pさんは結婚して子どもがおり、Qさんは結婚していますが子どもはいません。Rさんは一度結婚して子どもも生まれましたが夫と離婚しました。

▼ A株式会社の株式のゆくえ

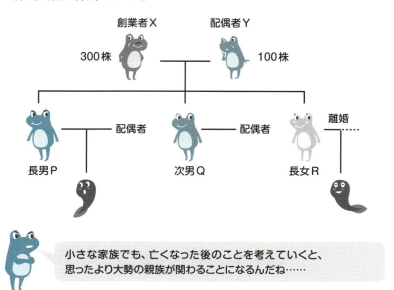

小さな家族でも、亡くなった後のことを考えていくと、思ったより大勢の親族が関わることになるんだね……

　さて、このA株式会社で、創業者Xさんが亡くなった後のことを考えてみましょう。民法上の法定相続分だけで考えると、Xさんの300株は、Yさんが150株（＝300株の2分の1）、P、Q、Rさんが50株（＝300株の2分の1を更に3等分）ずつ取得します。さて、後継者であるはずのPさんは、400株中の50株しか持っておらず（全体の8分の1）、300株持っていたXさんが4分の3の大株主だったのと比べるとずいぶん貧弱です。みんなが仲良くPさんに協力していればいいのですが、たとえば、母親であるYさんと折り合いが悪くなると、Yさんは250株という過半数の大株主として会社を牛耳ることができます。Pさん自身はともかく、例えばYさんとPさんの妻の間に「嫁・姑問題」が起きたらどうでしょうか。

　あるいは、Yさんは株式を取得せず、P、Q、Rが平等に100株ずつ株式を取得したらどうでしょうか。それでもPさんは400株中の100株しか持っておらず、例えばY、Q、Rのうち2人に反対されると過半数を抑えられなくなり、会社の安定経営は難しくなります。もし、ここでさらにRさんが亡くなってしまったりすると、今度はその子どもが相続人として株主になり、ますます複雑なことになります。

　二代目でさえこうなのですから、さらに三代目、四代目ともなれば、いわゆるネズミ算式に当事者が増えていき、とても毎回話し合って会社の経営方針を決めるどこ

ろではなくなります。いったんこうなってしまってからでは収拾は困難で、最初に株式を集中させることが肝心なのです。

株主が増えることのデメリット～話し合いコスト

●話し合うって簡単じゃない

Xさんの頭の中には、今までYさんと2人で会社をやってきたイメージしかないかもしれません。人数が増えても同じように話し合えば十分、取締役の任期が来たときだけ登記のために株主総会の議事録がいるから、そのときはみんなでハンコを押して司法書士に渡せば大丈夫…そんなふうに考えていませんか。

しかし、なかなかそうはいかないのです。

Xさんにとっては、配偶者であるYさんと意思疎通を図るのは簡単です。Yさんはもともと創業者であるXさんと長年一緒にやってきたのですから、会社のこともわかっているでしょう。XさんとYさんで「ツー」「カー」のワンマン経営が成り立ちます。

ところが、Xさん亡き後、Pさんは会社の後継者だとして、QさんやRさんは別の職業に就いていることも多いでしょう。QさんやRさんにしてみれば、会社のことはよくわからない、Pさんに聞いても面倒くさがって教えてくれない、でもハンコだけは押すように言ってくる、決算書だけ渡されても会社の状況はよくわからない、自分の仕事も忙しいし…そんな納得のいかない状況に置かれがちです。他方で、Pさんにしてみれば、親父の会社を継いだのは自分なのだから、他の兄弟は知りもしないのに口を出してほしくないと思うのも仕方ないところです。ここですでに「すきま風」が吹いてきます。株式をみんなで持つということは会社を共同経営するということなのに、全員がそういう意識を共有できないことによる意識のズレが現れるのです。さらに、兄弟の配偶者となると兄弟以上に感覚はわかり合いにくいものになります。その子ども＝いとこ同士ともなればなおさらです。年末年始に集まって親戚同士の世間話をするくらいならともかく、「一緒に会社を経営する」ための意思疎通を十分に図るのは難しいことなのです。

●人数が増えれば喧嘩の確率もUP！

また、株式が大勢の手元に分散していると、その分だけ、「誰かと誰かの関係が悪化する」リスクは高まります。たとえば、Xさんが亡くなった後、YさんとQさんの仲が悪くなってしまった場合、Pさんとしては、お母さんと弟が喧嘩しているわけで

すから、会社を円満に動かすためには2人の関係を修復してあげなければなりません。そこでRさんがどちらかの味方について喧嘩に加わってしまったらさらに大変です。XさんとYさんの夫婦げんかで済んでいた時代とは違うのです。

株式が分散しないように対策を

●株式さえまとまっていれば

そこで分割リスク対策ということになります。Xさんが亡くなるにあたって、あるいは亡くなる前に、A株式会社の株式を全部Pさんが保有する形にできれば、その後、Pさんは自分の思うとおりに経営でき、煩わしい親族関係も気になりません。

●株はあっても口は出さないという方法も

また、一つの方法として、種類株という株式を使い（3-15節参照）、親族が株式を持っていても、実際の経営にはタッチしない形を作ることも考えられます。利害関係がまったくなくなるわけではありませんが、その都度親族内の意見をまとめる必要がなくなるのは大きなメリットと言えます。完全な株式の集約が難しい場合には有効な方法の一つと言えます。

10 個人事業と会社では違いがあるの？
会社と個人の財産の基本

最近はみんな会社組織で事業をやっているけど、うちは立ち上げたときのまま個人事業なんだよね。おかげさまで年商もずいぶん増えたけど、株式会社の場合とうちのような個人企業の場合とでは、事業を息子に引き継がせるときに違いがあるのかね？

株式会社の場合は、会社という「ハコ」にいろんな資産がしまってあって、ハコの持ち主が「株主」だから、基本的に株式を承継させればOK。個人事業の場合は、そういうまとまった「ハコ」がないから、いろんなものを個別に引き継がないといけないよ。個人財産と会社財産の区別もないから相続では注意が必要だね

そもそも株式会社とはなんなのか？ 法人格とは？

　株式会社は、営利を目的とする社団法人であり、自然人（個人）と区別される独自の「**法人格**」をもっています。これは、ちょっと法律を知っている人にとっては常識なのですが、案外、まずここから理解があやふやな人が多いので、しっかり説明しておきましょう。

　ここに2人の人間がいると考えてください。仮に、山田一郎さんという男性と、佐藤花子さんという女性の2人とします。この2人が、それぞれ別々に財産をもっていること、それぞれが独自に相手の意向と関係なく誰か別の人といろんな「契約」を結ぶことができること、これは誰でも容易に理解できるでしょう。これを「権利・義務の主体となる」という言い方で表現します。これは、たとえ2人が法律上夫婦でも親子でも同じことです。「ウチは亭主関白だから、何でもダンナの言うとおりになるのよ」等という話もありますが、これは法的にはあくまで自由な意思に基づいて相手の意向に沿った判断をしているだけで、妻が「権利・義務の主体」でなくなったわけでないのはもちろんです。

　生身の身体を持った「ヒト」のことを、法律用語で「**自然人**」と呼びますが、自然人は誰でもこの権利・義務の主体になっています。しかし、自然人でないものは原則として権利・義務の主体となることはできません。例えば、「ヒト」以外の動物はどう頑

177

張っても権利・義務の主体となることは認められていません。また、「モノ」も同様に、有機物であろうが無機物であろうが権利・義務の主体となることはありません。

ところが、「自然人」以外にも法律が「権利・義務の主体」となることを認めた存在があります。それが「**法人**」というものです。株式会社は、会社法という法律に根拠をもつ「会社」の一種ですが、「会社」は法人の一種なのです。会社法に基づく会社以外の会社の例としては、保険業法に基づく相互会社などがあります。有名な生命保険会社に相互会社がありますね。また、「資産の流動化に関する法律」に定められた特定目的会社（TMKと略称されます）などもあります。これらはみな営利を目的とする法人ですが、営利を目的としない「非営利」の法人としては、一般法としての「一般社団法人及び一般財団法人に関する法律」に定められた一般社団法人、一般財団法人のほか、個別の法律に定められたものとして、医療法に基づく医療法人、私学学校法に基づく学校法人、宗教法人法に基づく宗教法人など、数えればきりがありません。

▼法人にはどんなものがあるか

- **社団法人**：人の団体に法人格が認められたもの
- **財団法人**：財産の集合に法人格が認められたもの
- **営利法人**：団体が得た利益を構成員に分配する（営利）ことを目的とする
- **非営利法人**：営利を目的としない
- **公益法人**：学術、技芸、慈善、祭祀、宗教その他公益を目的とする法人（民法33条2項）

会社＝営利社団法人

会社法上の会社：株式会社・合同会社・合名会社・合資会社
その他の会社：相互会社（保険業法）、特定目的会社（資産流動化法）

こんなにいろんな種類の法人があるのか…。
現代社会では法人の存在は必要不可欠なんだね

法人格があると何ができるのか

　法人は、営利目的か非営利目的か、人を基礎とするものか財産を基礎とするものかなどでさまざまに分類できますが、全ての法人に共通する特徴は「自然人と独立した権利・義務の主体になれること」です。たとえば、先ほどの例で山田さんが「株式会社山田商店」を設立したとしましょう。法的には、ここでの登場人物、つまり「権利・義務の主体になれる存在」は、山田さん、佐藤さん、それに株式会社山田商店の「3人」

になります。株式会社山田商店は、山田さんとも完全に独立して財産を保有することができ、また、第三者と契約を結ぶこともできます。いかにも個人商店らしい名称であっても株式会社は株式会社なのです。また、仮に山田さんが亡くなっても株式会社山田商店は存続します。問題は、株式会社山田商店の「株式」を誰が承継するかに絞られます。

ところが、いくら立派な名前をつけて事業をしていても、法人化されていない事業はあくまで個人事業です。たとえば、山田さんが「元祖山田屋」「日本山田出版」「山田鉄工所」など多くの「屋号」で多角的な事業を営んでいるとしても、法人化されていない限り、全ての資産は山田さん個人のものであり、全ての契約は山田さん個人が結んでいることになるのです。したがって、山田さんの個人財産と山田鉄工所の財産の区別は法的にはありません。山田さんが亡くなった場合には、全ての資産を相続人が話し合って一つずつ分けていくしかないのです。

法人化するときには注意が必要！

● 法人を設立するときはよく考えて

このように説明すると、それじゃあ個人事業より株式会社にしておいたほうが事業承継に有利なのかと思い、急いで法人化を考える方もいるかもしれません。

しかし、ちょっと待ってください。

株式会社を設立すること自体は、比較的簡単な登記手続をすれば個人でも可能ですし、司法書士等の専門家に依頼してもさほど高額の費用はかかりません。ところが、それが事業承継に有利かどうか、また、仮に有利だとしてもどのような計画を立ててスキーム作りをするかという判断が難しいのです。相続のときの税金が多少高くなるくらいのミスで済めば御の字で、取り返しのつかない混乱を招いてしまったり、費用をかけたのに狙った効果がまったく発揮できなかったり、あるいはもっと有効に活用できるスキームを見過ごしてしまったり…「生兵法は怪我のもと」です。

● 個人事業のままでも問題ないケースも

一般的には、事業の規模が小さく、事業用の資産が少額で、かつそれ以外の資産をそこそこ保有しているような場合には、わざわざ法人化しなくても、遺言書の作成等の相続対策で十分な手当てができる場合が多いといえるでしょう。他方で、それでは不十分なようなケースでは、そもそもただ単に法人化してみてもあまり意味がなく、全体としての事業承継対策を考えなければならないことが多くなります。法人化は、事業承継対策の中の手段の一つではあっても、ゴールなどではありません。

11 会社の経営権は誰が握る？

会社の経営って、結局誰が握ってることになるのかねえ。社長、社長って言ってきたけど、社長が交代すれば経営権も新社長に移ると考えればいいのかな？

社長というのは法律上の用語ではないんだよ。会社の経営についての決定権を持つのは取締役や取締役で構成される取締役会になるね。取締役の中で選ばれて会社を代表するのが代表取締役で、代表取締役のことを社長と呼ぶことが多いよ。でも、取締役を選任するのは株主だから、最終的には株主の考えによって決まることになるね

会社は社長のものか？

　一般的には、「社長」という人が会社の中で一番偉いことになっていて、会社のことは社長が何でも決められるように思われています。しかし、これは、法的には正確な理解とはいえません。

　株式会社においては、会社に出資をした株主と会社の業務を執行する取締役が役割を分担する仕組みになっています。これを「**所有と経営の分離**」といいます。

　会社に出資するということは、会社の株式を引き受け、所有するということです。株式を持つということは、イコール会社のオーナー（所有者）ということになります。しかし、例えば、動産の所有者は、その動産を自分で売ったり貸したりして処分することができますが、株主が自分で会社の名前で契約をしたりすることはできません。契約等の会社の業務の執行は、そのために株主総会で選任された取締役が行うことになっています。

あなたの会社に取締役会はありますか

株式会社には、大きく、取締役会を設置している会社と、設置していない会社とがあります。あなたの会社がどちらになっているかで法律的に非常に大きな違いがあるので、改めて登記を確認してみましょう。

●取締役会設置会社

取締役会を設置している会社を「**取締役会設置会社**」といいます。取締役会を設置するには、取締役が3人以上いなければなりません（もちろん、取締役が3人以上いるからといって必ず取締役会を設置しなければならないということはありません）。

平成17年に「会社法」という法律が制定される前は、「株式会社」については商法が定めていましたが、そのほかに「有限会社法」という法律があって、「有限会社」という種類の会社を定めていました。会社法が制定される以前に設立された株式会社は、全て取締役会を設置しなければならないことになっていましたので、現在もそのままの仕組みを踏襲している会社も少なくありません。

取締役会設置会社では、株主は、株主総会で、取締役の選任・解任をはじめとする会社の重要な事項について決議をすることができますが、会社の運営・管理に関する事項については決議をすることができません。つまり、株主は、会社の経営に直接は口出しできないのです。

●非取締役会設置会社

これに対して、取締役会を設置していない会社を、「**非取締役会設置会社**」といいます。これは、以前の有限会社に相当するものです。取締役は1人でもよく、また、非取締役会設置会社では株主総会が「万能の機関」として位置づけられており、会社に関するどんな事項についても決議することができます。これは、取締役会設置会社において、株主総会の決議事項が大きく制限されていることと対照的です。所有と経営の分離が不完全・あいまいにされているということもできますが、その反面、面倒な手続が少なく柔軟に機動的に動けるということでもあります。

▼取締役会設置会社と非取締役会設置会社

	取締役会設置会社	非取締役会設置会社
取締役	3人以上必要	1人いれば可
監査役	原則として必要	なしで可
株主総会	決議事項は限定	何でも決議可能

このほかにも、会社の規模や実情にあわせていろいろな制度設計が考えられるよ

最終的には株主総会で

●形骸化した取締役会を放置していませんか

　先ほど述べたように、平成17年以前は、「株式会社」といえば取締役会を設置する必要がありました。そして、有限会社よりも株式会社のほうが何となく規模が大きく、信用がおけそうに見えるという一般的な認識もあり、社長の妻や子、兄弟などがごく形式的に取締役に名前を連ねているが、実際には会社のことには何も関わっておらず、取締役会も開かれておらず、登記手続に必要なときだけ三文判で議事録が作成されているなどという株式会社も少なくなかったのですが、現在でもそうした形のまま運営されている会社も決して少なくはないとみられます。こういう状態は決して望ましいことではなく、取締役会を設置しておくことに意味がないのであれば、会社の形態を変更して、非取締役会設置会社にしておくことも事業譲渡の準備として有効でしょう。

●株主総会で決められることは何か

　非取締役会設置会社では、そもそも株主が会社に関する事項を何でも決めることができます。また、取締役会設置会社でも、株主総会には、取締役を選任したり解任したりする権限が与えられています（その他に会社の定款の変更ということも可能です）ので、もし、株主が会社の経営方針に不満があれば、直接自分で会社の業務を執行することはできなくても、自分の意向どおりに業務を執行してくれる人を取締役に任命すればいいことになります。

したがって、会社の方針を決めるのは、やはり最終的には株主ということになり、最大の焦点は、「株主総会の決議が取れるか」になります。

● **株主構成はどうなっていますか**

ところが、この株主総会の決議というのが案外「くせ者」です。特に、家族経営で大きくなったような会社では、「そもそも株主は誰と誰なのか」「誰が何株持っているのか」が非常にあいまいになっていることが少なくないのです。社長が「こうなっているはず！」と思い込んでいても、書類を確認してみると、どう考えても社長の理解が間違っている……ということも珍しいことではありません。

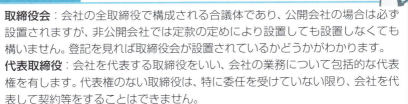

用語の解説

取締役会：会社の全取締役で構成される合議体であり、公開会社の場合は必ず設置されますが、非公開会社では定款の定めにより設置しても設置しなくても構いません。登記を見れば取締役会が設置されているかどうかがわかります。
代表取締役：会社を代表する取締役をいい、会社の業務について包括的な代表権を有します。代表権のない取締役は、特に委任を受けていない限り、会社を代表して契約等をすることはできません。

12 代表取締役はどうやって決める？

今後、息子に事業を譲っていこうと思うんだが、その準備として、まずは息子を社長にしようと思うんだけど、どうすればいいかな

息子さんを代表取締役にするということだね。取締役会を設置している会社かどうかで手続は大きく違うよ

代表取締役とは何をする人か

「社長」というと法的には「**代表取締役**」という立場の人を指すことが多いのですが、代表取締役とは、会社を代表する取締役のことです。

ただし、「代表」といっても、たとえば、「イチローは、日本人メジャーリーガーを代表する存在である」というような場合の「代表」とはまったく意味が異なります。法的な「代表」とは、その人の行為が、法人である会社の行為そのものとみなされるということを意味しています。つまり、代表取締役の行為はイコール会社の行為なのです。

会社というのはあくまで概念的な存在であって、「会社が契約を結ぶ」といっても、会社という人が契約書にサインをするわけではありません。契約書に署名・押印するのはその会社を代表取締役という「人」の行為ですが、これが会社の行為そのものとみなされるという意味なのです。

▼代表と代理の違い

	代表	代理
行為をする人	代表権のある機関	代理人
効果	そのまま法人の行為となる	代理人の効果が本人に帰属

代表権があるということに決定的な意味があるんだね

代表取締役はどうやって選ばれるか

　株式会社には、大きく、取締役会を設置している会社と、設置していない会社とがあります。あなたの会社がどちらになっているかで法律的に非常に大きな違いがあるので、改めて登記を確認してみましょう。

●取締役会設置会社

　取締役会設置会社の場合には、取締役が3人以上必要であることは前述しました。
　取締役会設置会社の代表取締役は、取締役会の決議によって、この取締役の中から選ばれます。

●非取締役会設置会社

　非取締役会設置会社の場合には、そもそも取締役は1人でもよく、この場合、自動的にその取締役が会社を代表する権限を持つことになります。

　また、取締役が2人以上いる場合は、原則としては、取締役の誰もがそれぞれ会社を代表する権限を持ちます。たとえば、A、B2人の取締役がいる場合、特に定款に定めがない限りは、Aが契約を締結しても、Bが契約を締結しても、その契約は会社がした契約ということになります。これはこれで便利といえば便利ですが、バラバラに契約が結ばれるようなことになっては管理が大変ですので、特に定款で会社を代表する取締役を決めるよう定めておくことができ、この場合には、代表権をもつ取締役が代表取締役、そうでない取締役は代表権を持たない取締役（こういう人を「ヒラの取締役」などと呼んだりします）ということになります。定款に規定がなくても株主総会で決議することにより代表取締役を決めることもできます。

代表取締役を誰にするかによって何が変わるか

●社長交代ということの意味

　よく、経済ニュースで大企業の「社長交代」が取り上げられますが、これは、対外的に誰が会社を代表するかということだけでなく、新社長の姿勢によって会社の経営戦略が大きく変わることがあるからです。時代にあわせた経営改革が求められる中でいかに世代交代を図るかということも注目されます。その意味では、代表取締役を誰にするかということは、会社の「顔」を決めることであり、重要な意味を持ちます。

●自分の会社に置き換えて

　ただし、これは主に上場企業での話です。上場企業にとっては、直接の取引相手やクライアントもさることながら、何よりも「株主の目」を気にしなければなりません。上場企業にとっての株主は、基本的にコントロールすることができない存在であり、彼らが会社の株を買ってくれるかどうかで株価が変動します。株価はいわば市場からの会社の採点表のようなものです。

　ところが、上場していない多くの会社にとってはこういう問題はなく、株式は自分たちが会社を所有するための手段に過ぎないので、株式の過半数さえ保有していれば、すぐに**臨時株主総会**を開くなどしていつでも代表取締役を誰にするかを決定することができ、極端な話、気に入らなければすぐ辞めさせてもかまわないのです。もちろん、その人が在任中に締結した契約などは有効なままですから、取り返しの付かないことにならないように注意しなければなりませんが、そういうことまで心配すべきケースは限られるでしょう。

　したがって、問題の中心は株式をどのように移転するかにあり、代表取締役を誰にするかは副次的な問題と理解しましょう。

用語の解説

　上場企業：一般的に、東京証券取引所（東証）を初めとする証券取引所で株式の売買ができる会社のことを上場企業と呼んでいます。上場には審査が必要であり、また情報を幅広く公開することが求められます。市場で株式の取引ができなければならないので、必然的に、株式の譲渡を会社が制限しない「公開会社」となります。

13 株式はどうすれば譲渡できる？

株式の譲渡っていうのは、要するに株を売買すればいいのかね。株の取引なら証券会社の口座でいつもやってるけど

上場会社の株の取引と、そうでない会社の株の取引は全然違うよ。それに税金の問題も絡んでくるから気をつけて進めないとね。まずは手続のやり方から見ていこうか

「株券」ってありますか？

　昔は、株式についてはすべての株式会社に株券の発行が義務付けられていました。そのため、株式の譲渡も株券を交付して行うことになっていました。

　ところが、現在の会社法では、特に定款で株券を発行することを決めていない限り、株券は発行されません。したがって、比較的新しく設立された会社においては、もともと株券を発行していないことが多いと思われます。しかし、昔からある会社の場合には株券が発行されたままになっていることも少なくないでしょう。

　株券が発行されている会社の場合には、株式を譲渡するには株券を交付しなければなりません。株式を譲り受けた人は、株券を会社に提示して名義の書き換えを請求し、**株主名簿**を書き換えてもらいます。もっとも、古い会社の場合、株券を発行することになっているにもかかわらず、実際には発行されなかったという場合もあり、あるいは、発行されたことになっているが株券が見つからないなどということもあります。こうした場合は別途に手続を経る必要が出てくることがあります。

　株券が発行されていない会社の場合には、株式を譲り渡す人と譲り受ける人との間の契約だけで株式を譲渡することができますが、この2人が共同で会社に株主名簿の書き換えを請求する必要があり、株主名簿の書き換えが済むまでの間は、譲受人は、会社に対して自分が株主であることを主張できません。

株式には譲渡制限がかかっていることが一般的

上場企業の株式は、誰でも自由に売買することができます。これは、多くの人から出資を募るためには優れた方法です。

しかし、中小の企業にとっては、誰でも株主になれるということになると、困ったことになります。中小の企業は、もともと、広く一般に出資を募るというより、少数の人たちが事業を営むために集まって作るものですので、株式はそのグループの内部でだけ保有されていることが望ましく、株式が譲渡されることによってそれ以外の人が会社の経営に介入してくることは避けたいと考えています。

このような会社の株式については、株式譲渡に制限をかけることができます。会社法が考えている原則的な形は譲渡制限のない株式ですが、実際には、上場企業でない限りほとんどの会社の株式に譲渡制限がかけられているのが実情です。

譲渡制限のかけられた株式は、会社が承認しなければ譲渡することができません。この場合の「会社の承認」とは、取締役会設置会社では取締役会の決議、それ以外の会社では株主総会の決議によるのが原則ですが、定款でこれと異なる定めをすることもでき、たとえば、代表取締役を承認機関とすることもできます。

株式に譲渡制限がかけられているかどうか、また、譲渡制限がある場合の承認機関がどうなっているかは登記事項ですので、登記を見れば確認することができます。

譲渡制限株式を譲渡しようとする場合の手続は、まず、会社（承認機関）に対して、譲渡を承認するかどうかを決定するよう請求します。

これで会社が譲渡を承認すればそれでよいのですが、承認がないと株式を譲渡することはできません。しかし、そのままいたずらに株式を保有しておくことを強要するわけにもいきません。そこで、このような場合については、会社か会社の指定する人が買い取るよう請求することもできるようになっており、会社の承認がない場合でも株式を譲渡することはできるようになっています。しかし、株式を自分の思った相手に必ず譲渡できるというわけではありません。会社は、自社株買いをするか（この場合株主総会の特別決議が必要）、誰か買主を指定する（この場合は株主総会の普通決議で足りる）ことによって、会社にとって好ましくない第三者が会社の株式を保有し、経営に関与することを阻止できます。

▼譲渡制限株式に関する譲渡の手続

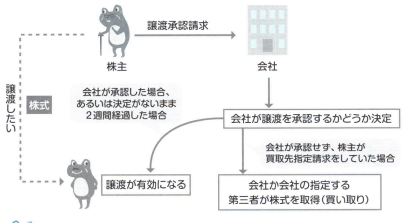

株式の譲渡に争いがある場合は、このほかにも、会社が買い取る株式の価格決定などでトラブルになることがあるよ

事業承継における株式譲渡の手続

●通常は株式を売買か贈与で譲渡することが多い

　事業承継において、もっとも一般的な手法は会社の株式を譲渡することです。譲渡の方法として売買をするか、贈与をするかはさまざまな要素を考慮して決めることになります。この場合には、株式譲渡の手続を取ることが必要になり、特に、多くの場合は株式には譲渡制限がかけられていますので、会社の承認という手続を経ることが必要になります。

　ただし、株式を相続した場合は、売買や贈与といった契約による場合と異なって、株式譲渡の手続は不要です。相続人の間で遺産分割協議によって株式を取得する人が決まればその人が株主になり、会社は株主名簿を書き換えなければなりません。

●株式譲渡の手続を軽視しない

　相続の場合は会社や他の株主からストップがかかることは基本的にありませんが、売買や贈与による譲渡については、反対派株主がいる場合には譲渡承認の手続の中で行き詰まる可能性があります。譲渡承認の請求とあわせて買い取りの請求を

している場合、途中で請求を撤回することができなくなってしまい、思わぬ形で株式を失うという可能性もないわけではありません（その対価として譲渡代金を受け取ることにはなりますが）。こうなってくると非常にややこしい紛争になってきますので、会社の株を1人で全部所有していることが書類の上でも明確になっているような場合以外は、事前に専門家に相談した上で慎重に手続を進めるべきでしょう。

> **用語の解説**
>
> **譲渡制限株式**：定款によって譲渡を制限された株式をいいます。
> **株主名簿**：株主の氏名・名称、住所、持株数等を記録した名簿をいいます。株式会社は株主名簿を備え付けなければならないこととされています。

14 株式を相続させるときに気をつけることってあるの？

株式を売ったりあげたりする場合のことはわかったけど、自分が死んだら持っていた株式は相続されるんでしょ？　その場合も同じことでいいのかな？

相続によって株式が移転することは確かだけど、相続の場合は売買や贈与と基本的に違うよ。相続人が複数いる場合は特に要注意だよ

相続の効果〜包括承継

　株式を売ったり、贈与したりする場合は、「何の株式を、何株」と範囲を決めて譲渡します。これを「**特定承継**」といっています。これに対して、相続の場合は、個別の財産が一つ一つ譲渡されるのではなく、亡くなった人（被相続人）が有していた一切の権利義務がまとまって相続人に承継されます。これを「**包括承継**」といいます。

　相続人が1人しかいない場合には、被相続人が有していた財産は、不動産も動産も債権も、全て、その相続人が1人で取得します。この場合、株式については、名義の書き換えなどの手続は必要ですが、実体的な権利の承継については問題はありません。

　難しいのは、複数の相続人がいる場合です。被相続人が遺言を残した場合は、それぞれの相続人が取得する財産がある程度決まってきますが、ここでは遺言がなかった場合の原則をみていきましょう。

▼売買・贈与や相続

売買・贈与など

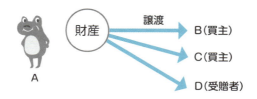

相続

売買や贈与は契約だから相手方との合意が必要だけど、相続は、死んだら当然に開始されてしまうから、生前にしっかり対策しておくことも重要だね

相続された株式はどうなるか

　相続の基本的な仕組みについては3-2節で説明しましたが、被相続人が死亡すると、相続財産となった株式はどうなるでしょうか。例えば株式が1000株あったとすると、相続人が2人なら500株ずつ、4人なら250株ずつになるのでしょうか？　答えはノーです。もちろん、相続人の間で遺産分割のための協議を行い、遺産分割協議が整えば、そのようにすることはできます。しかし、それまでの間、株式は、何株あっても、全ての株式を相続人全員で共同して持っているという状態になります。これを、「**準共有**」といいます。「**共有**」という用語は物 (形のある物。有体物) について使うので、これと区別するために、「準」をつけて「準共有」といいます。こういう状態の株式をどう取り扱うかについては、会社法106条に次のような規定があります。

「株式が二以上の者の共有に属するときは、共有者は、当該株式についての権利を行使する者一人を定め、株式会社に対し、その者の氏名又は名称を通知しなければ、当該株式についての権利を行使することができない。ただし、株式会社が当該権利を行使することに同意した場合は、この限りでない。」

つまり、相続で複数相続人がいると、自動的に「株式が二以上の者の共有に属する」ことになってしまいますので、権利行使者を決めて会社に通知しなければ権利行使ができなくなります。権利行使ができないということは、株主総会の議決権も行使することができません。もし、創業者社長が全株式を持った状態で亡くなると、権利行使者が決まるまではそれこそ会社の重要な決定が全部ストップということにもなります。

ではどうやって権利行使者を決めるのかというと、判例は、特に事情がない限り、共有者の持分価格の過半数で決定すべきだとしています（最判平成9年1月28日等）。

ここで、相続の場合には非常に悩ましい問題が起きる可能性が高くなります。相続において、相続分は基本的に平等であることが「過半数」の確保の妨げになるのです。例えば、社長が亡くなって、その妻Ａと、2人の子Ｂ、Ｃの3人が相続人になったとしましょう。Ａの法定相続分は2分の1、Ｂ・Ｃの法定相続分は4分の1ずつです。この中で「過半数」を取るのは簡単なことではありません。過半数とは「50％よりも多く」の意味であって、「50％以上」ではありませんから、2分の1ちょうどでは過半数にならないのです。したがって、この例では、Ａが1人で勝手に権利行使者を決めることはできず、少なくともＢかＣどちらかの同意を得る必要があります。他方で、Ｂ・Ｃの立場から見ても、ＢとＣが手を組むだけではダメで、結局、Ａの同意を得なければＢもＣも身動きがとれないのです。

似たような状況は共同で企業を設立するような場合にも考えられるのですが、この場合、デッドロックを避けるために、完全な対等関係ではなく49％対51％のような権利配分にしておくといった対策があります。しかし、相続の場合には、遺言などの事前の対策がない限り、自動的に平等性の高い法定相続分で権利配分が決まるので、このような状態に陥るリスクが高まるのです。

気をつけるべきポイント

● 遺産分割協議と権利行使者の指定は異なる

この権利行使者の指定は、相続財産となった株式を誰が取得するかという遺産分割の協議とは異なります。したがって、ほかにも多くの遺産があり、すぐには分割協議がまとまらないような場合には、さしあたり相続人の間で話し合い、権利行使者だけでも決めるようにすべきでしょう。そうしないと、亡くなった社長の後任の代表取締役を選任することも難しく、会社の日常業務にも支障を来します。急いで弁護士等の専門家に相談し、緊急性の高い手続を取ることも含めて検討しなければなりません。

●事前の対策が重要

　このような事態は、生前に対策をしておくことで十分に回避できます。遺言による方法もありますし、株式をせめて一部だけでも生前贈与しておく等も考えられます。具体的な方策は本書にいろいろ示していますので、とにかく早いうちに準備を進めるようにしましょう。

用語の解説

準共有：民法上「共有」は所有権についての規定なので、「所有権以外の財産権」を数人で有する場合を「準共有」とし、共有に関する規定を準用することとされています。

15 種類株式ってなに？

株式にもいろんな種類があるって聞いたけど、どういうもの？事業承継に使えるの？

株式会社はいろんな種類の株式を発行することができるよ。使い分ければ、事業承継にも活用できるので検討してみてもいいんじゃないかな

種類株式とは

　通常、株式会社が発行する株式は一種類だけです。この普通の株式にはさまざまな権利が含まれています。詳細は省きますが、株主が会社から経済的利益を受ける権利（自益権）の代表的なものとして配当を受ける権利、会社の経営に関与する権利（共益権）の代表的なものとして株主総会の議決権などがあり、それ以外にも多種多様な権利が認められています。

　しかし、会社の株式を取得する人が、みな同じ内容の権利を持つことを希望するとは限りません。たとえば、株式からの配当だけもらえればいいという人は、株主総会の議決権のない株式でいいから少しでも安く買いたいと思うでしょう。また、配当をもらえるかどうかよりも会社を支配することが重要だというニーズもあります。

　そこで、会社法は、会社が定款で定めることにより、通常発行される株式（これを**普通株式**といいます）以外にもさまざまな種類の株式を発行することができ、これを**種類株式**と呼んでいます。

　よく見られるのは、上記のように、配当を受けることを重視した「**優先株式**」や、議決権のない株式を発行して資金を調達するための「**無議決権株式**」などです。

事業承継にどのように活用するか

　では、事業承継の場面で種類株式を活用するにはどのような方法があるでしょうか。バリエーションはいろいろありますが、代表的な仕組みを説明します。

●無議決権株式の活用

創業者社長が株式を全て持っていて3人の子がいるような場合、会社の後継者である子には普通の株式を相続させておき、他の2人には議決権のない株式（無議決権株式）を相続させるという方法が考えられます。

通常の相続の規定に従って、普通株式を3等分して子に平等に相続させた場合、3人ともが会社の経営に関与することになり、意見が分かれた場合に困ったことになります。かといって、3人のうち1人の子だけに全株式を相続させようとすると不公平が生じてしまい、相続のときに遺留分減殺請求等の紛争が起きる可能性があります。

しかし、相続させる株式の種類を分ければ、株式の金銭的な価値は議決権のあるなしでそう大きく違うわけではないので、相続人の間で金銭的な価値での不公平を生じることなく、会社の経営は後継者である子1人に集中させることができるわけです。

●拒否権付き株式

事業承継の対策は早いうちに進めたほうがよい場合もありますが、今はあくまで準備の段階であり、経営権を完全に渡してしまうには抵抗があるというケースもあります。このような場合、後継者に株式の大部分を**生前贈与**しておき、創業者の手元に拒否権のついた株式を残しておくという方法が考えられます。

この拒否権付き株式は、非常に大きな権限を一部の株主に与えるので、「**黄金株**」とも呼ばれます。要するに1株でも黄金株を持っていれば、株主総会決議を全部ひっくり返せるわけです。ただし、このような株式は濫用の危険が大きく、裁判で争われる可能性も高いので、利用には慎重な判断が必要です。

●取得条項付き株式

株式について相続が発生した場合、亡くなった人が遺言など事前対策を適切にたてていないと株式が複数の相続人に平等に承継され、株式が分散していきます。これを防ぐため、「株主が死亡したときは会社が株式を買い取ることができる」という種類株式を発行することができます。これを**取得条項付き株式**といいます。こうすれば、相続があっても会社が株式を取得できるので、株式の分散を防ぐことができます。ただし、株式を買い取るには財源が必要であり、またその財源には規制がありますので、注意が必要です。

▼種類株式（無議決権株式）の活用イメージ

A 社　　株式（1種類） 1000株

B 社　　普通株式 400株　　無議決権株式 800株

株式の種類を分けておくことで、経営に必要などうしても必要な株式と、他に分散してもいい株式を分けて承継させることができる。いろんな活用方法が考えられるね

種類株式の発行を検討するには

　種類株式によって会社の株式を柔軟に構成し、事業承継に対処することができますが、必ずしも利点ばかりではありません。

　定款変更の手続だけでなく、どのような種類株式をどのくらい発行するかによって非常に大きな違いが生じてきますので、制度設計には慎重な専門的判断が必要です。また、種類株式を発行してしまうと、種類株式ごとに**種類株主総会**を開くなど継続的な手間もかかってきます。さらに、いったん種類株式を発行してしまうと、そう簡単に元の状態に戻すことはできないので、思った結果が得られなくてもそのままの形で会社を続けなければならないといったこともあります。例えば、生前贈与と種類株式を組み合わせたスキームを構築しても、その後に後継候補者が変わると対応が大変になります。

　種類株式を利用するには、会社の状況に応じた専門的な判断が必要になります。

用語の解説

株主平等の原則：株式会社は、株主を、その有する株式の内容及び数に応じて平等に取り扱わなければならない（会社法109条1項）という原則をいいます。種類株式の発行などについても株主平等の原則の範囲内で行う必要があります。株主平等原則違反があれば、裁判所の判決で是正されることになります。

第4章 基礎知識を整理しよう 税務編

事業承継には どんな税金がかかるの？

事業承継するのにも税金がかかるって聞いたけど本当？

事業承継のスキームによって所得税や贈与税や相続税がかかるよ。まずはどんな税金がかかるのかを確認しよう

事業承継にかかる税金とは

事業承継をするためには自社の株式や不動産などの経営上重要な財産の所有権を旧経営者から新経営者に移す必要があります。財産の所有権を移す手法には、「売買」の他、「生前贈与」や「相続による取得」などがありますが、どのような手法をとっても原則、税金がかかります。この章では、事業承継に伴う税金の基礎知識を整理していきます。

▼旧経営者から新経営者へ財産の所有権を移す手法

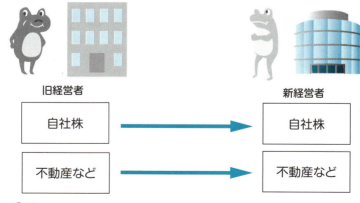

財産権を移す手法として「売買」「生前贈与」「相続による取得」があるけど、どれも税金がかかる！

事業承継のスキームごとの税金を整理する

●「売買」の場合（4-2節参照）

売却益があるときのみ、財産を売った側である旧経営者に所得税（株式譲渡所得）がかかります。例えば、一株5万円で会社を設立した旧経営者が事業承継に伴い、一株3万円で自社の株式を売ったような場合には、所得税はかかりません。

なお、株式を発行会社に買い取ってもらう場合（**自社株買い**）には、「**みなし配当**」のルールが適用され、所得税（配当所得）がかかるケースもあります。譲渡所得税に比べて税金が高額になる場合も多いため、注意が必要です。

●「生前贈与」の場合（4-3節参照）

贈与により財産を取得した新経営者に贈与税がかかります。贈与税は、贈与を受けた金額が大きくなるほど税率が高くなります。また、年間110万円までの贈与は税金がかかりません。

●「相続による取得」の場合（4-4節参照）

相続または遺贈により財産を取得した新経営者に相続税がかかります。相続税の計算方法はとても複雑で、事業に関係のない財産や新経営者以外の親族が取得した財産などさまざまな要素が税金計算に影響します。

▼事業承継のスキームごとの税金の種類・負担者

スキーム	税金の種類	税金の負担者
売買	所得税（譲渡所得）	旧経営者
	所得税（配当所得）	
生前贈与	贈与税	新経営者
相続による取得	相続税	新経営者

事業の引継ぎ方で税負担は変わる！

　事業承継の準備に取り掛かると、まずは仕事がうまく引き継げるのか、経営者が交代して新しい成長曲線を描けるのかという点に意識が集中しますが、その一方で、事業承継自体に税金がかかることにも注意をしなくてはなりません。

　事業承継の対象となる会社の企業価値が高いほど税負担は高くなりやすく、思わぬ税負担を迫られ事業の引継ぎに支障が出てしまうこともあります。

　また、事業の引継ぎ方法によって、税金の負担者や税金の額が変わります。まずは次節以降でそれぞれのスキームごとの税金計算のプロセスを確認しましょう。

用語の解説

自社株買い：株主から自社の株式を買い戻すことをいいます。
みなし配当：自社株買いにより受け取った買い戻し代金のうち、経済実態が利益の配当に相当する部分を配当金とみなして税金計算することをいいます（4-2節参照）。
贈与税：資産を無償で譲り受けたときに、譲り受けた人が負担する税金をいいます（4-3節参照）。
相続税：相続により遺産を取得したときに、遺産を取得した人が負担する税金をいいます（4-4節参照）。

2 売買の税金はどうやって計算するの？

 自社の株式を売却して、思わぬ臨時収入が入ったぞ。何を買おうかなぁ…

 株を売って利益が出たときは税金がかかるよ。税金分は使わずに残しておいてね

株式売却にどんな税金がかかるの？

　株式や不動産などの資産を売却して利益がでた場合には、所得税（譲渡所得）がかかります。非上場株式の場合の税率は住民税を含めて20.315%です。いくらで売却するかは勝手に決めることはできず、原則、税務上のルールに従って計算します（事業承継の場面で売買の対象となる株式は通常、非上場株式ですので、非上場株式の売却を前提として、以降の説明をいたします）。

　なお、発行会社に買い取ってもらう場合（**自社株買い**）には**みなし配当**のルールが適用されて、所得税（配当所得）がかかります。通常の譲渡所得よりも税率が高くなりやすいため注意が必要です。

 株式をいくらで売るかを勝手には決められないんだ…

税率が高くなる場合もあるんだね…

株式を売却したときの税金の計算方法

●売却金額（時価）の決定方法

株式を取得したときの金額より高い金額で売却した場合には、その利益に対して税金がかかります。取得したときの金額は、会社を設立してから自社株買い、増資、減資などをしていない場合には、会社の貸借対照表の資本金と資本剰余金の合計額を**発行済株式総数**で割り戻すと「一株当たりの取得費」がわかります。

これに対して、売却する際にいくらで売るのか、という金額には注意が必要です。自分の資産なのでいくらで売ってもよさそうなのですが、税金計算上は適正な時価に合わせて取引をしなくては余計な税金がかかることがあります。

それでは、その適正な時価はどのように計算すればいいのでしょうか？　法律で「こうしなさい」と決まっているわけではありませんが、買主側が第三者や会社の従業員である場合には7-5節で解説するようなM＆Aの場面で使用される株価評価手法が用いられることが多いです。一方、買主側が親族や自社（発行会社）の場合には、原則、**財産評価基本通達**に従って計算をします。実際には、個々の事情で判断が分かれるところですので、公認会計士や税理士などの専門家に相談しながら計算方法を決めることになります。

●所得税（株式譲渡所得）の計算方法

株式を売却した場合の譲渡所得の金額は、売却金額から取得費と売却手数料等を差し引いて計算します。取得費は、株式等を取得したときに支払った払込代金や購入代金ですが、購入手数料や名義書換料などの費用も含まれます。

なお、株式譲渡所得に係る税金は**申告分離課税**であり、税率は20.315%（所得税15.315%＋住民税5%）です。

①譲渡所得の金額＝総収入金額（譲渡価額）－必要経費（取得費＋委託手数料等）
②株式譲渡に係る税額（所得税＋住民税）＝譲渡所得等の金額×20.315%

●所得税（配当所得）の計算方法

自社株買いをするときの買取価格は会社の内部留保が反映された買い戻し時の時価で計算しますので、内部留保がたまっているほど株主は儲けがあります。この儲けは資産を売買したときの儲けというより、投資した会社から利益の配当を受けたと

きの儲けに性質的に近いので、配当金とみなして税金の計算をします（**みなし配当**）。

非上場株式の配当金に係る税金は**総合課税**であり、給与所得などと合算した上で**超過累進税率**により税金が計算されます

①1株あたりの資本金等の額＝（資本金＋資本積立金）／ 発行済株式総数
②みなし配当＝交付金銭等の額 －（1株あたりの資本金等の額 × 所有株式数）
→給与所得などの所得と合算して、**超過累進税率**で課税される。

売買の税金の注意ポイント

自社株式の売買で事業承継をする際は次のポイントに注意してください。詳しくは5-6節（「自社株の売買価格のルールに従わなかったら？」を参照してください。

・時価を無視して売買すると余分な税金がかかる
・売買代金はしっかり決済する
・売却損が出た場合でも給与所得など、他の所得と相殺できない

用語の解説

自社株買い：株主から自社の株式を買い戻すことをいいます。
みなし配当：自社株買いにより受け取った買い戻し代金のうち、経済実態が利益の配当に相当する部分を配当金とみなして税金計算することをいいます。
発行済株式総数：会社が過去に発行している株式の総数であり、会社の登記簿謄本に記載されています。
財産評価基本通達：相続税や贈与税の計算をする際の土地や非上場株式などの評価基準として国税庁が定めているルールをいいます。
申告分離課税：他の所得と合計せず、分離して税額を計算する課税方式をいいます。申告分離課税の税率は固定税率となっています。
総合課税：他の所得と合算した総所得金額に対して税額を計算する課税方式をいいます。代表的なものに給与所得、不動産所得、事業所得などがあります。
超過累進税率：総合課税の所得にかける税率で、所得金額に応じて段階的に税率が高くなる仕組みになっています。

3 贈与の税金はどうやって計算するの？

株を買い取るお金がないから贈与してもらったよ

無償で財産をもらったときには贈与税がかかるよ

贈与にどんな税金がかかるの？

　資産を無償で贈与した場合には、贈与を受けた側の人に贈与税がかかります。事業承継の場面で株式を買い取る資金がないからと言って、無計画に贈与による名義変更をしてしまうと思わぬ贈与税がかかってしまうので注意が必要です。

　贈与税は年間110万円の**基礎控除**という制度がある他、贈与を受けた金額が大きくなるほど税率が高くなる**超過累進税率**を採用しているため、制度をよく理解して計画的な贈与を行うことで、余計な税負担を避けることができます。

上場企業でもないし、株の価格をどう考えればいいんだろう？
基礎控除が年110万円の枠で株式を贈与できるのかな？

贈与の税金の計算方法ってどうなっているのかしら？

贈与を受けたときの税金の計算方法

贈与税を負担する人

贈与税は、贈与により財産を取得した人が負担します。1人の受贈者が同じ年に2人以上の人から贈与を受けた場合には、贈与を受けた金額を合算して贈与税の計算をします。例えば、父親と母親から同じ年に株式贈与を受ける場合には2人から贈与を受けた金額の合計額に対して贈与税の計算をします。

贈与を受けた金額

金銭の贈与を受けた場合と違い、不動産や非上場株式の贈与を受けたときは「いくらの贈与があったのか」が明確ではありません。そこで、贈与を受けた金額をはっきりとさせるために、その不動産や非上場株式の税務上の価値を計算する必要があります。これらの税務上の価値は**財産評価基本通達**に従って計算します。

基礎控除

贈与税の計算をするときは、贈与を受けた金額から110万円を差し引くことができます。これを贈与税の基礎控除といい、贈与を受ける人ごとに1月1日から12月31日までの1年間ごとに計算します。つまり、年間110万円までの贈与であれば贈与税はかかりません。

贈与税の税率（一般税率と特例税率）

贈与税の税率は、贈与を受けた財産の金額が大きくなるほど税率が高くなる**超過累進税率**を採用しています。税率には2つのコースが用意されており、父母から子、祖父母から孫への贈与で、次の要件を両方とも満たす場合は**特例税率**が適用されて税負担が軽くなります。一方で、要件を満たさない場合には**一般税率**が適用されます。

［特例税率の適用要件］

・贈与を受けた人が贈与を受けた年の1月1日において20歳以上であること
・贈与をした人が直系尊属（父母や祖父母）であること

●贈与税の計算

贈与税の額＝（贈与を受けた財産の金額－基礎控除）×税率－控除額

▼贈与税の速算表

基礎控除後の課税価格	一般贈与財産用 （一般税率）		特別贈与財産用 （特別税率）	
	税率	控除額	税率	控除額
200万円以下	10%	－	10%	－
200万円超～300万円以下	15%	10万円	15%	10万円
300万円超～400万円以下	20%	25万円	15%	10万円
400万円超～600万円以下	30%	65万円	20%	30万円
600万円超～1,000万円以下	40%	125万円	30%	90万円
1,000万円超～1,500万円以下	45%	175万円	40%	190万円
1,500万円超～3,000万円以下	50%	250万円	45%	265万円
3,000万円超～4,500万円以下	55%	400万円	50%	415万円
4,500万円超～	55%	400万円	55%	640万円

［具体例］

創業社長である父親から、後継者である息子（30歳）に、自社の株式200株を贈与した。税務上の株価は1株6万円とする。
　　⇒（1,200万円-110万円）×40%-190万円＝246万円
　　　∴後継者である息子は246万円の贈与税を負担することになる。

節税重視で贈与するか、スピーディに贈与するか

●贈与税を払わずに贈与する方法

　贈与税には毎年110万円の基礎控除というルールがあります。このルールを活用して、毎年110万円の範囲内で贈与をすることで贈与税を払わずに資産の贈与をすることができます。

　例えば、上記の具体例のように税務上の株価が1株6万円の場合、18株（6万円×18株＝108万円≦110万円）までの贈与であれば贈与税がかかりません。株価が一定（6万円）だとした場合、12年間に渡り基礎控除の範囲内で贈与をすることで、累計200株の株式を無税で後継者に渡すことができます。

　時間を味方につけてじっくりと長期戦で事業承継に取り組む場合には有効です。

[基礎控除の範囲内で贈与をする例]

1年目	6万円×18株＝108万円≦110万円	贈与株式累計	18株
2年目	6万円×18株＝108万円≦110万円	贈与株式累計	36株
⋮			
11年目	6万円×18株＝108万円≦110万円	贈与株式累計	198株
12年目	6万円× 2株＝ 12万円≦110万円	贈与株式累計	200株

●贈与税を払いつつ、スピーディに贈与する方法

　現経営者がすでに高齢である場合など、株式の移転にそんなに長い年月はかけられないという場合には基礎控除の範囲内で無税ということにこだわらず、贈与税を払いつつスピーディに株式の移転を進める方法も有効です。

　例えば、税務上の株価が1株6万円の場合、50株であれば贈与税の超過累進税率のうち最も低い10％が適用され（「贈与税の速算表」参照）、贈与税は19万円で済みます。これを4年間繰り返すことで200株の贈与ができますので、贈与税は19万円×4年＝76万円で済みます。一括で200株を贈与するよりも少ない税負担で株式の移転ができます。

[計算]

　（300万円-110万円）×10％＝19万円
　　19万円×4年＝76万円
　∴後継者である息子は累計で76万円の贈与税を負担することになる。
　（一括贈与に比べて170万円の節税になる）

●贈与税の特例を活用して税負担を抑える方法

　このような贈与税を抑えるテクニックの他、贈与税には相続時精算課税制度や贈与税の納税猶予などといった事業承継の場面で使える特例がありますので、これらを利用することで上手に株式の移転をすることもできます。税理士に相談をしながら最適な方法を選択するようにしましょう。

用語の解説

相続時精算課税制度：累計2,500万円の贈与まで贈与税がかからず、その代わりに相続のときに生前に贈与された財産と相続により取得した財産を足した額に相続税がかかるという制度をいいます（5-11節参照）。
贈与税の納税猶予：現経営者から後継者が株式の贈与を受けた場合に、本来負担すべき贈与税が猶予される制度をいいます（5-14節参照）。

4 相続の税金はどうやって計算するの？

会社の株式は遺産相続で息子に譲ろうかな

相続税がかかるよ

遺産相続にどんな税金がかかるの？

　相続で財産を引き継ぐ場合には相続税がかかります。相続税は**被相続人**が持っていたすべての遺産をもとに計算をします。このため、事業承継する会社の株式だけではなく、後継者以外の人が相続する他の資産も考慮に入れて、「どのくらいの税金がかかるのか」、「誰に何を相続させるか」ということを事前に考えておくことが肝要です。

遺産相続で承継人に譲ろうかな

相続税ってどのくらいかかるのかしら？

相続で財産を取得したときの税金の計算方法

正味の遺産額の計算

被相続人が死亡した時点で保有していたすべての財産（会社の株式の他、不動産や預金等）から債務（借入金や未払金等）と葬式費用を差し引いたものが正味の遺産額になります。財産や債務の金額は**財産評価基本通達**に従って評価します。

[例]

自社株式	7,400万円
その他の財産	8,400万円
遺産総額	1億5,800万円
債務・葬式費用	△1,000万円
正味の遺産額	1億4,800万円

課税遺産総額の計算

正味の遺産額から相続税の**基礎控除額**を差し引いた金額が課税遺産総額となります。正味の遺産額が基礎控除額を下回る場合には相続税はかかりません。

[相続税の基礎控除額の算式]

基礎控除額＝3,000万円＋600万円×法定相続人の数

[例]

①基礎控除額　　3,000万円＋600万円×3人＝4,800万円
②課税遺産総額　1億4,800万円－4,800万円＝1億円

法定相続分で按分

課税遺産総額を民法で定められている**法定相続分**で按分します。実際には法定相続分と異なる割合で遺産相続する場合でも、いったん法定相続分で相続したものとみなして相続税の総額を計算する仕組みになっています。

[例]

妻　　1億円×1／2＝5,000万円
長男　1億円×1／4＝2,500万円
次男　1億円×1／4＝2,500万円

●相続税の総額の計算

それぞれの相続人ごとの法定相続分に応じた取得金額を相続税の速算表に当てはめて計算して、各相続人の相続税額を合計額が相続税の総額となります。

【平成27年1月1日以後の場合】相続税の速算表

法定相続分に応ずる取得金額	税率	控除額
1,000万円以下	10%	-
3,000万円以下	15%	50万円
5,000万円以下	20%	200万円
1億円以下	30%	700万円
2億円以下	40%	1,700万円
3億円以下	45%	2,700万円
6億円以下	50%	4,200万円
6億円超	55%	7,200万円

出典：国税庁タックスアンサー「No.4155　相続税の税率」より

[例]

① 妻　　5,000万円×20%－200万円　＝800万円
② 長男　2,500万円×15%－　50万円　＝325万円
③ 次男　2,500万円×15%－　50万円　＝325万円
　①＋②＋③＝1,450万円（相続税の総額）

●各相続人が負担する相続税額の計算

相続税の総額が計算できたら、これを各相続人が実際に相続した財産の金額に応じて按分します。なお、配偶者には**配偶者の税額軽減**という制度があるため、**法定相続分**までの相続であれば相続税はかかりません。

[例]

長男が自社株式をすべて相続し、妻と次男は残りの財産・債務を均等に相続した。
　妻　　1,450万円×25%　＝362.5万円－362.5万円　＝0円
　　　　（妻は配偶者の税額軽減制度により相続税がかからない）
　長男　1,450万円×50%　＝725万円
　次男　1,450万円×25%　＝362.5万円

生前のシミュレーションが重要

　上記の通り、相続税は亡くなった方が保有していたすべての財産をもとに計算をして、また相続人の数によっても税額が変わってきます。事業承継に直接関係しない資産や後継者候補以外の人も考慮にいれなければなりませんので、遺産相続で会社の株式を承継しようと考えている場合には生前に相続税の試算をして、思わぬ税負担が生じないように準備しましょう。

用語の解説

被相続人：遺産を遺して亡くなった人をいいます。
財産評価基本通達：相続税や贈与税の計算をする際の土地や非上場株式などの評価基準として国税庁が定めているルールをいいます。
基礎控除：相続税や贈与税の計算をする際に差し引かれる金額をいいます。相続税の場合は（3,000万円＋600万円×法定相続人の数）、贈与税の場合は一律110万円です。
法定相続人：民法で定められた相続人のことをいいます。
法定相続分：民法で定められた相続割合をいいます。相続人の間で遺産分割の合意形成ができなかった時の取り分ですので、必ず法定相続分で遺産の分割をしなければならないわけではありません。
超過累進税率：総合課税の所得にかける税率で、所得金額に応じて段階的に税率が高くなる仕組みになっています。
配偶者の税額軽減：被相続人の配偶者が遺産分割や遺贈により実際に取得した正味の遺産額が、配偶者の法定相続分相当（または1億6千万円のいずれか多い金額）までは配偶者に相続税はかからないという制度です。

5 売買と贈与と相続、税金面からみてどれが一番得なの？

売買と贈与と相続、結局どれが一番得になるのかな？

比べてみよう

遺産相続にどんな税金がかかるの？

事業承継をする上で自社株式などの資産承継はとても重要なステップです。資産承継の代表的な手法には**売買**、**贈与**、**相続**の3つの手法がありますが、どの手法によっても少なくない税負担が生じます。そこで、それぞれの手法を「税金の負担者はだれか」、「資産の承継がいつ完了するか」、「税率」の3項目から比較してみましょう。

事業承継の代表的な3つの手法

- 売買
- 贈与
- 相続

この3つのうちで、どれを選ぶと税負担が少ないんだろう？

試しに比較してみよう！

売買、贈与、相続の比較

売買、贈与、相続について税金を比較してみると次のようになります。

・売買（所得税）

税金の負担者　：資産を売却する現経営者

資産承継の時期：売却したとき

税率　　　　　：株式　　20.315%

　　　　　　　　不動産　20.315%（**長期譲渡所得**の場合）

・贈与（贈与税）

税金の負担者　：贈与を受けた後継者

資産承継の時期：贈与を受けたとき

税率　　　　　：**超過累進税率**（最高税率55%）

　　　　　　　　※毎年110万円の**基礎控除**あり

・相続（相続税）

税金の負担者　：相続で財産を取得した後継者

資産承継の時期：相続発生後

税率　　　　　：**超過累進税率**（最高税率55%）

　　　　　　　　※3,000万円＋600万円×法定相続人の数の**基礎控除**あり

▼売買、贈与、相続の比較

	税金の負担者	資産承継の時期	税率	基礎控除
売買	現経営者	売却した日	20.315%	なし
贈与	後継者	贈与した日	超過累進税率（最高55%）	110万円
相続	後継者	相続発生後		3,000万円＋600万円×法定相続人の数

単に税金面からだけではなく、総合的な判断が必要

　税率に着目すると、売買による資産承継にすると税率が一定ですので一度に多額の資産を引き渡すときにも税負担が抑えられます。また、相続を待たずに経営権を移譲できるため、生前に後継者をはっきりとさせたい場合にも有効です。ただし、後継者側は購入のために資金が必要ですので、金融機関から融資を受けるなどの資金調達の準備が必要です。

　一方で、贈与や相続の基礎控除をうまく活用して、生前に小刻みに贈与をしつつ、相続時に残りをまとめて引き継ぐという方法の方が結果として納める税金が安くなることもあります。

用語の解説

長期譲渡所得：譲渡した年の1月1日現在の所有期間が5年を超える土地や建物を売ったときの課税所得。
超過累進税率：総合課税の所得にかける税率で、所得金額に応じて段階的に税率が高くなる仕組みになっています。
基礎控除：相続税や贈与税の計算をする際に差し引かれる金額をいいます。相続税の場合は（3,000万円＋600万円×法定相続人の数）、贈与税の場合は一律110万円です。

6 自社株式の税務上の株価の算出方法
財産評価基本通達

ところで自社株式の税務上の株価ってどうやって計算するの？

財産評価基本通達を確認しよう

財産評価基本通達の役割

　贈与税や相続税の計算において、贈与を受けた金額や相続財産の金額を計算するために、自社株式の税務上の株価を把握する必要があります。上場会社の株式と違い、非上場株式は株価が不明確です。そこで国税庁は**財産評価基本通達**で非上場株式の税務上の株価の計算ルールを定めています。

　財産評価基本通達に従った税務上の株価は贈与税、相続税の計算だけではなく、親族間で自社株式を売買するときの譲渡所得税の計算の場面でも流用されます。親族間の取引の場合、課税当局から「節税のためにあえて低い査定額で取引しているのでは？」というあらぬ疑いをかけられることもあります。親族間の自社株売買において、財産評価基本通達により計算した税務上の株価を利用することでこのような疑いを解消することができます。

自社株の株価はどう計算する？

"財産評価基本通達"という計算ルールを使うといいらしいよ

217

財産評価基本通達における税務上の株価の計算方法（原則的評価方式）

　実際の計算はほとんどの場合、税理士に依頼することになりますが、どのような計算の仕組みになっているか、確認してみましょう。

【ステップ1】3つの会社の規模区分

　原則的評価方式では、まず、評価対象の会社を業種、総資産価額、従業員数、取引金額により大会社、中会社、小会社のいずれかに分類します。

▼会社の規模区分（例）業種：卸売業

規模区分	区分の内容		総資産価額（帳簿価額によって計算した金額）及び従業員数	直前期末以前1年間における取引金額
大会社	従業員数が70人以上の会社又は右のいずれかに該当する会社	卸売業	20億円以上（従業員数が35人以下の会社を除く。）	30億円以上
中会社	従業員数が70人未満の会社で右のいずれかに該当する会社（大会社に該当する場合を除く。）	卸売業	7,000万円以上（従業員数が5人以下の会社を除く。）	2億円以上30億円未満
小会社	従業員数が70人未満の会社で右のいずれにも該当する会社	卸売業	7,000万円未満又は従業員数が5人以下	2億円未満

　出典：国税庁HP「財産評価基本通達178」をもとに作成
　https://www.nta.go.jp/shiraberu/zeiho-kaishaku/tsutatsu/kihon/sisan/hyoka/08/02.htm#a-178）

【ステップ2】区分に応じた株価の概要を確認

　会社の規模区分が判明したら、その区分に応じて次のように計算をします。類似業種比準価額と純資産価額の計算方法は【ステップ3】で説明します。

・大会社
「類似業種比準価額」と「純資産価額」のいずれか低い方。

・中会社
「類似業種比準価額と純資産価額を併用して計算した価額[*1]」と「純資産価額」のいずれか低い方。

・小会社

「類似業種比準価額と純資産価額を併用して計算した価額*2」と「純資産価額」の
いずれか低い方。

＊1 「類似業種比準価額」と「純資産価額」を評価対象会社の業種、総資産価額、従業員数及び取引
金額に応じて、以下の割合で比例按分します。「0.9：0.1」「0.75：0.25」「0.6：0.4」
＊2 「類似業種比準価額」と「純資産価額」を「0.5：0.5」の割合で比例按分します。

【ステップ3】類似業種比準価額と純資産価額を算出

・類似業種比準価額

自社と似た業種のモデル会社の株価をベースにしつつ、ひと株当たりの「配当金
の額」、「利益の額」、「純資産の帳簿上の額」についてモデル会社と自社を比較し
て、自社の株価を計算する方法です。モデル会社の株価などは上場会社の数値を
統計的に処理したものを利用することとなっており、国税庁がホームページで公
開しています。

▼類似業種比準価額計算上の業種目別株価等

業種	建設業	○○業
B 配当金額	3.4	
C 利益金額	25	
D 簿価純資産価額	259	
A 株価		
平成27年平均	215	
平成27年11月分	225	
平成27年12月分	226	
平成28年1月分	210	

出典：国税庁HPをもとに作成
https://www.nta.go.jp/shiraberu/zeiho-kaishaku/tsutatsu/kobetsu/hyoka/160602/01.htm

$$類似業種比準価格 = A \times \frac{(b/B) + (c/C) + (d/D)}{3}$$

A：株価（モデル会社）　　　　　　　b：配当金の額（評価対象会社）
B：配当金の額（モデル会社）　　　　c：利益の額（評価対象会社）
C：利益の額（モデル会社）　　　　　d：純資産の帳簿上の額（評価対象会社）
D：純資産の帳簿上の額（モデル会社）

・純資産価額

　自社の純資産価額を株式の数で割って、一株当たりの純資産価額を算出する方法です。純資産価額とは、会社の資産から負債を差し引いた金額のことをいい、仮に会社が解散した場合に買掛金や借入金を全部返済した後に最終的に残る財産です。

　決算書の貸借対照表に表示されている資産と負債の差額である「純資産の部」の合計額と位置づけ的には近いのですが、貸借対照表に表示されている資産と負債は**簿価**で計上されているのに対して、純資産価額を計算する際には資産と負債を**時価**に換算して算出する点が違います。

例外的な評価方式を使う場合も

　一定の条件下では、上記の原則的な評価方式ではなく、例外的な評価方式で税務上の株価を算出します。財産評価基本通達にはさまざまなケースが定められていますが、代表的なものには次のようなものがあります。

●株式や土地をたくさん持っている会社などは、純資産価額方式を使用

　株式の保有割合が50%以上の会社の株式や、土地の保有割合が70%以上（大会社の場合）の会社の株式は、**純資産価額方式**を使用します。このような会社は、持ち株会社や資産管理会社である場合がほとんどですので、通常の会社と同じように扱うことはできず、むしろ「株式や不動産を会社を通して間接的に保有しているだけ」と言えるので、会社の資産と負債をすべて**時価**で評価してその差額を会社の価値として計算する純資産価額方式を使用します。

●取得者が少数株主の場合は、配当還元方式を使用

　同族株主以外の人が株式を取得した場合には配当還元方式を使用します。**同族株主以外**の人とは例えば、自社の役員や従業員などで株式取得後の保有割合が5%以下に留まるような少数株主をいいます。このような少数株主は株式を持っていても、会社の意思決定にはほとんど関与できず、配当金を受け取るくらいしか株主としてのメリットがないため、**配当還元方式**を使用します。

　配当還元方式では、過去2年間の平均配当金額を10%で割り戻して、元本の株価を逆算して計算します。一般的に、原則的評価方式に比べて評価額は低くなります。

用語の解説

贈与税：資産を無償で譲り受けたときに、譲り受けた人が負担する税金をいいます（4-3節参照）。

相続税：相続により遺産を取得したときに、遺産を取得した人が負担する税金をいいます（4-4節参照）。

財産評価基本通達：相続税や贈与税の計算をする際の土地や非上場株式などの評価基準として国税庁が定めているルールをいいます。

簿価：会社の資産、負債について帳簿に記載されている金額をいいます。

時価：会社の資産、負債の現時点での市場価値をいいます。

同族株主：評価対象の会社の議決権を30%以上所有している親族グループ等をいいます。親族には配偶者、6親等内の血族、3親等内の姻族までを含みます。

事業承継をし易くするには？
自社株の相続税評価額を下げる！？

事業承継はしないといけないけど資金面や税金の負担が大きいな

自社株の評価額を下げることで資金面や税金の負担を軽くすることができるよ

自社株の相続税評価額を下げることで事業譲渡が容易になる！

　売買、贈与、相続の3つのどの手法を使っても有利に事業譲渡をするためには、自社株の相続税評価額を下げる必要があります（税金の詳細については4-2節、4-3節、4-4節を参照）。

▼自社株の相続税評価額を下げるには？

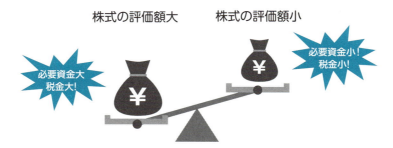

　自社株の相続税評価については4-6節のとおり、オーナー経営者から後継者への承継のような会社全体からすると所有割合の多い関係者でのやりとりにおいては、主に小規模の会社については、**純資産価額方式**、中規模の会社においては類似業種比準価格方式との併用方式で評価を行います。

　オーナー経営者からの承継が多く発生する小規模から中規模の会社においては、

純資産価額方式による評価の割合が多いためこちらの対策に絞って検討していきましょう。

自社株の相続税評価額を下げる具体的方法！

●（1）純資産価額方式の株式評価の概要

大まかにいえば、次の図の純資産の金額を評価します。

具体的には**財産評価基本通達**に従い、会社の資産、負債を評価し、「資産」－「負債」を純資産とします。

▼純資産は資産－負債

資産	負債
	純資産

●（2）オーナー経営者に退職金を支払う

4-11節にある通り、退職金は税制上特別有利な扱いとなっています。オーナー経営者退任のタイミングにあわせてオーナーに退職金の支払いをすることで、資産を減少させることができます。

●（3）資産の売却をする

バブル期に買った土地・不動産など購入した際の対価が現在の時価よりも高い資産が会社の資産としてある場合には、これらの資産を売却することにより会社の資産を減少させることができます。たとえば、バブル期に5千万円で買った土地を時価2千万円で売却することで、資産を3千万円減少させることができるのです。

●（4）不良債権の処理をする

取引先の会社で業績が悪化して売掛金が回収できておらず、近年取引が無いなどにより回収の見込みが立たない場合には、一定の条件により売掛金を**貸倒処理**することができます。**貸倒処理**をした場合には、売掛金の金額を資産から減少させることができます。

● (5) 保険に加入をする

逓増定期保険など保険の種類によっては、数年後の解約による返戻率が比較的高率になる商品があります。これらの保険において税務上の資産計上は2分の1を計上するということになっています（保険の種類により異なりますので、保険会社などへの確認が必要です）。例えば年間保険料が300万円の保険に加入をすると、300万円の現預金の減少に対して、保険資産の増加が150万円となり、都合150万円を資産から減少させることができるのです。しかも数年後には返戻率を高率に解約することができますので、数年後においては実質の資金減少は少なく抑えることができます。

相続税評価額を下げる際に注意すべき事項

● (1) 資金が必要

退職金を支払うにせよ、保険に加入するにせよ、対策には資金を必要とするものが多くなってきます。生前贈与や金融商品などを活用して、計画的に資金調達をすることが必要になります。

● (2) 対策実施と株式贈与などのタイミングに注意が必要

対策実施後に自社株の評価が下がっているタイミングで売買、贈与を実施する必要があります。対策として実施までに期間を要するものもありますので、事業譲渡の計画時期に間に合うように計画的に対策を実施する必要があります。

用語の解説

財産評価基本通達：相続税や贈与税の計算をする際の土地や非上場株式などの評価基準として国税庁が定めているルールをいいます。

純資産価額方式：4-6節参照

類似業種比準価格方式：4-6節参照

貸倒処理：金銭債権の全額が回収不能となった場合　債務者の資産状況、支払能力等からその全額が回収できないことが明らかになった場合は、その明らかになった事業年度において貸倒れとして損金経理することができます。

逓増定期保険：契約期間満了までに保険金が最大5倍まで増加する定期保険の一種です。途中解約した場合の解約返戻金が契約後早い段階で高率となることもこの保険の特徴です。

8 事業承継の時にお得な制度があるって聞いたんだけど、どんな制度？

事業承継するときのお得な制度はないの？

事業承継時の税務上の優遇制度があるよ

事業承継を円滑に行うための税務上の優遇制度がある！

　国としても円滑に事業承継が行われないと将来の産業衰退を招いてしまうため、事業承継が円滑に進むように税務上の優遇制度を設けています。相続により先代から取得した承継会社の株式を3年以内に承継会社に売却する際に適用となる「**みなし配当特例**」、事業用に供している土地建物の相続を受けた場合にこれらの資産の相続税評価額が軽減される「**小規模宅地の特例**」、事業承継会社の株式を贈与や相続により取得した場合のうち一定の場合に、贈与税や相続税の納税が猶予、免除となる「**非上場株式の納税猶予**」などがあります。

事業承継時の税務上の主な優遇制度

●（1）みなし配当特例

　オーナー経営者から相続により取得した承継会社の上場していない株式について、相続税の納税が発生し、納税資金の不足などの理由により相続開始後3年以内に承継会社に買い取らせたときには、事前に届出書を提出することにより、譲渡にかかる税金を減らすことができます。

▼みなし配当特例で譲渡にかかる税金はこんなに変わる！

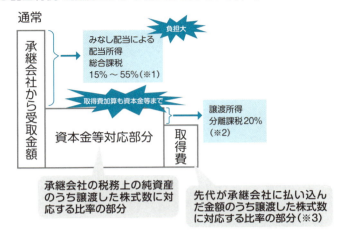

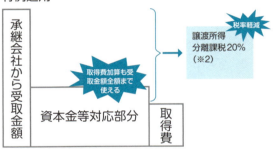

※1 所得税5%〜45%、住民税10%の合計、ただし他に配当控除により5%〜10%軽減あり
※2 所得税15%、住民税5%の合計
※3 取得費加算により相続税として支払った金額のうち、譲渡資産の相続税の課税価格に対応する部分の一定割合を取得費に加算できる取得費加算の特例制度があり。ただし、対価に対応する部分が限度。

● (2) 小規模宅地の特例

　オーナー経営者と一緒に住んでいた親族がオーナー経営者の営んでいた事業に使っていた土地・建物を相続により取得した場合には土地に関する**相続税の課税価格**の一定割合を軽減する小規模宅地の特例の適用を受けることができます。生前に事業承継を受けた会社の建物の建っている先代経営者の土地を相続した場合も同様に適用があります。

▼小規模宅地の特例で譲渡にかかる税金はこんなに変わる！

オーナー経営者が
営んでいた事業の建物

相続・遺贈

オーナー経営者と
一緒に住んでいた親族

オーナー経営者が
営んでいた事業の
建物の敷地

▼軽減内容

事業内容	限度面積（※5）	軽減割合
下記以外の事業	400㎡	80%
貸付事業（※4）	200㎡	50%

※4　不動産貸付業、駐車場業、自転車駐車場業など
※5　軽減を受けることができる土地の面積。対象の土地のうちこの限度面積までの部分について軽減の適用を受けることができます。

● (3) 非上場株式の納税猶予

　承継対象会社の株式を先代経営者から後継者が贈与や相続により取得した場合には、「贈与の税金」(4-5節参照) や「相続の税金」(4-4節参照) のように後継者が贈与税や相続税を負担する必要があります。事前に届出などをしておくことにより一定の要件のもと贈与税の納税が猶予されたり、相続した株式のうち一定の部分の相続税の納税が猶予されたりします。詳細については5-14節を参照してください。

▼事前に届出をすることで、納税が猶予される

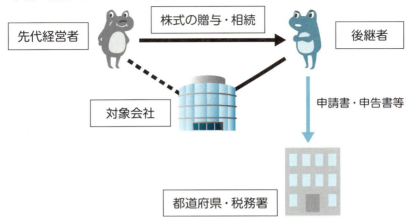

要件を満たしていれば、後継者が贈与税や相続税の一定部分の納税を猶予される!

事業承継時の税務上の主な優遇制度を受ける際の注意点

●(1) みなし配当特例の注意点

　みなし配当特例については、株式の譲渡をする前までに譲渡者、譲渡を受ける会社双方が届出書を税務署に提出する必要がありますので、忘れずにこれを実施するようにしましょう。また、株式を譲渡した結果、株主の持分割合が変化して、株主間の力割合が変化した結果、後継者の親族グループが最大の株主グループではなくなってしまう可能性もありますので、注意が必要です。

●(2) 小規模宅地の特例の注意点

　適用を受けようとする土地の上にある建物の所有者となる人に注意が必要です。建物の相続を兄が、土地の相続を弟がというような形にしてしまうと、この特例の適用を受けられなくなってしまいます。建物の所有者とその敷地の所有者は一致させるようにすることが必要です。

▼建物と敷地の所有者が同一でないと小規模宅地の適用はされない！

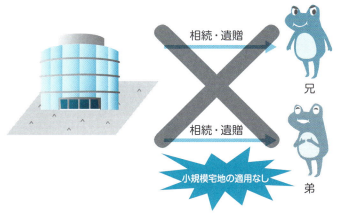

用語の解説

資本金等：資本金の額または出資金の額と法人税法上の資本剰余金の金額の合計。
取得費：売却した資産を取得するために支出した金額をいいます。株式でいえば、払込代金や購入代金、購入手数料、名義書換料などをいいます。
取得費加算：相続により取得し、相続税を納税した土地・株式などを相続開始後3年以内に売却などした場合に、相続税額のうち一定金額を売却した資産の取得費に加算することができる特例制度をいいます。

9 相続税の納税資金ってどうやって捻出するの？

相続税って高いんでしょう？ 払うの無理じゃない？

相続税を納めやすくする良い方法があるよ

相続で納税資金に困る場合は多い

　多額の資産が動く相続。事業承継では、承継会社の株式が先代オーナーの個人所有の土地、建物とともに相続・遺贈で動くことになります。通常は動いた財産の**相続税評価額**から**基礎控除**等を引いた金額の10％から55％の税金を先代オーナーの死後10ヶ月以内に税務署に納めなくてはなりません。株券や土地・建物などの資産は容易には売却もできず、急な売却には足元を見られることにもなり、納税資金に困る場合が多く見られます。納税資金の対策としては、まず、**保険金の利用**などによる事前の対策があり、先代オーナー死後の対策としては、**相続税の延納制度**や**物納制度**を活用する方法があります。

相続税の納税資金対策

●（1）保険金の利用

　先代オーナーが生前に自分が死亡した場合に相続人に保険が支払われる生命保険に加入、払い込みをし、先代オーナーの死亡により相続人に保険金が支払われた場合には、**500万円に法定相続人の数を乗じた金額**については**相続税が非課税**となります。たとえば、先代オーナーに妻・子２人のいる場合には、生前に先代オーナーが2,000万円の生命保険に入り、子供のうち１人が先代オーナーの死亡によりこれを受け取った場合、500万円×３人（妻・子２人）＝1,500万円については相続税がかかりません。計画的に納税資金にあてるために保険に加入しておくわけです。受取保険金は**遺産分割協議書**やさまざまな書類が必要な銀行預金と違い、死亡時に保険

会社に請求することで、後継者に確実にかつ比較的早く保険金が支払われ、納税資金を準備することができます。

▼保険を利用した納税資金の準備

● (2) 延納の利用

相続税はまとまった納税資金を準備することについて困難を伴うため、**相続税額が10万円を超える**場合に、**最長20年**[*1]以内において**延納許可限度額**[*2]の範囲内で**分割納付**をする制度があります。ただし、納付までの期間と分割納付金額に応じて利子[*3]を支払う必要があり、延納税額に相当する**担保**を提供する必要があります。

*1 　相続財産の種類や割合に応じて最長期間が決まっています。不動産等の割合が75％以上の場合、不動産にかかる部分について20年です。
*2 　延納許可限度額としては、相続税額から申請時に保有している現金額や当面の生活費や運転資金を考慮した金額が計算式として提供されておりこれに当てはめて計算します。
*3 　利子税については、現状、年1.2％以内です。これも相続財産の種類により率が異なります。

● (3) 物納の利用

延納と同様の理由により、延納によっても納税資金を準備することが困難である場合、相続により取得した財産を物納許可限度額[*4]の範囲内で納税に充てることができる制度があります。ただし、物納に充てることができる財産には優先順位[*5]があり、国にとって換価しやすいものが優先となっています。納税者が相続財産のうちから選択できるようなものではないことに注意が必要です。

*4 　物納許可限度額としては、相続税額から申請時に保有している現金額や当面の生活費や運転資金、延納を適用できる金額、今後見込まれる臨時的な収入、支出を考慮した金額が計算式として提供されておりこれに当てはめて計算します。
*5 　優先1位（不動産、船舶、国債・地方債、上場株等）、優先2位（非上場株）、優先3位（動産）。

納税資金対策実施時の注意事項

（1）相続税の非課税が利用できる保険契約とその内容

保険の種類としては死亡保険金が支払われる保険は利用することができます。**定期保険**、**終身保険**、**養老保険**などがありますが、通常、納税資金準備では死亡保険金が必ず支払われる**終身保険**が用いられます。終身保険の加入の際、高齢であったり、健康状態に不安があったりしますが、必要資金を一括で支払うが加入の制限が緩い**一時払い終身保険**という保険もあります。相続税の非課税の利用できる保険契約の内容として、**保険金支払人**、**被保険者**（その人が死亡した場合に保険金支払があり）が現オーナーであり、**保険金受取人**は事業承継者である相続人（子＊6）である必要があります。

＊6　基本的に孫は相続人にはなりません。ただし、祖父と養子縁組した場合は相続人になりえます。

（2）延納、物納の利用には一定のハードルがあります

延納においては**延納可能限度額**の計算にもあり、**物納**においては**物納許可限度額**の計算にもありますが、納税資金が無い場合に限定されています。申請をしても要件にあっておらず、許可されないとその間の**延滞税**を支払う必要があるため、専門家に相談の上で、利用要件および利用可否について事前に検討する必要があります。あくまで納税できない場合の制度ですので、相続税の納税については、保険金などの事前の対策を講じておくことが必要です。

用語の解説

遺産分割協議書：遺産分割協議書とは、全ての相続人が遺産分割協議で合意した内容を書面に取りまとめた文書のことをいいます
換価：差し押さえた財産を、国税徴収のために国が自ら強制的に金銭に換える手続きです。
定期保険：定期保険とは、生命保険のうち保障期間を契約時に定め、契約終了時の返戻金のないものをいいます。
終身保険：死亡保障（死亡時または高度障害時には家族へ保険金が支払われる保障）と貯蓄機能の双方を兼ね備えた保険をいいます。
養老保険：貯蓄型の生命保険の一種で、一定期間保障がされ満期時には死亡保険金と同額の満期保険金が支払われます。

10 事業承継の時に自社株以外に注意することは？

事業承継の時に自社株の評価のほかに税金に関係することで注意することはあるのかな？

事業を継続していくために重要な不動産について税金やいろいろなことに注意しよう

不動産について考えてみよう

不動産は、事業の拠点となる重要な財産であるためその取扱いについて整理します。
それではまず所有者について考えます。
本社等の事業の拠点となる土地や建物は、

①自社が所有する
②経営者が所有して自社へ貸し付ける
③外部から賃借する

という状況が考えられます。
　③については、賃貸借契約の名義変更などの問題を除けば財産の承継が想定されないので①、②の所有を中心に考えます。

不動産の所有者と事業承継との関係は？
●税金負担との関係

　不動産は、自社で所有される場合には4-7節のとおり純資産価額方式の株価評価の資産に含まれ、自社株の評価額として自社株の売買、贈与、相続を通じてそれぞれ所得税、贈与税、相続税の負担があり、経営者に所有され自社へ貸し付けられる場合には、経営者の個人の財産として時価による売買、財産評価による贈与、相続を通じてそれぞれ所得税、贈与税、相続税の負担があります。

事業継続性との関係

　不動産は、自社所有の場合には、自社の意思によりその不動産を自社の拠点として問題なく事業を継続することができます。

　経営者が不動産を所有する場合についても同様に考えることができます。

　それでは、自社所有の場合と経営者所有の場合のいずれも第三者へ売却（一部売却を含む）をした場合はどうでしょうか？

　形態が上記③の外部から賃借することになり、相手の承諾（賃貸借契約）が必要となるため、事業の継続性（不動産の利用の継続性）に少し制限が入ります。

事業承継に向けての対策は？

●税金負担への対策

　不動産は、会社に所有されている場合には4-7節の資産の売却をすることにより自社株の相続税評価額を下げること、また、経営者に所有されている場合には4-8節の小規模宅地等の特例を適用することにより土地の相続税の課税価格を減額することで税金負担の軽減を考えましょう。

　小規模宅地等の相続税の課税価格の特例制度とは、被相続人（経営者）が保有し、被相続人の事業（自社への賃貸を含む）や自宅に使用されていた土地を相続により相続人（後継者）が相続（承継）する際に、その土地を相続した相続人がその被相続人の土地での事業や自宅の居住を引き継ぎ、継続してその土地を保有する場合には、必要財産（余力財産ではない）と考え、土地の相続税の課税価格を一定割合減額し、相続税の負担を抑えることができるとても有利な制度です。

　事業承継の場合には、面積400㎡まで土地の相続税の課税価格を80％減額する検討が可能です。

　非常に有利な制度のため利用するためには、まさに事業を承継するためのいくつかのルールを守らなければいけません。事業承継での検討を想定して整理します。

・主なルール（特定同族会社事業用宅地等の場合）

①経営者と親族で自社の発行済株式の50％超を保有していること
②相続の開始前から経営者の保有する不動産を自社が賃借して事業に使用していること
③不動産を相続する後継者（相続人）が相続税の申告期限において自社の役員であること
④相続税の申告期限まで自社の事業を継続し、後継者（相続人）が相続した不動産を継続して保有すること

▼小規模宅地等の特例

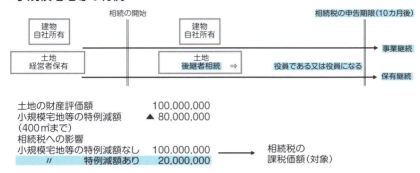

※　建物が経営者保有の場合には自社が経営者から賃借することが前提となります。
※　自社の事業が不動産貸付業の場合には80％減額が50％減額となります。
※　相続による移転の場合のみ適用があり、売買、贈与による移転の場合には適用がありません。

●不動産の取得者・所有者とその他の税金負担への対策

　不動産は、事業の拠点となるため事業承継の上で非常に重要なものであることを確認しました。そのため、不動産の承継は事業承継後の経営を安定させるために基本的には一人の後継者へ承継し、複数の後継者によって分散承継されることによる事業継続の不安定化を抑えることが望ましいと考えられます。

　ただし、相続人が複数人の場合は、公平性など遺産分割に課題が発生する場合もあるため、円滑な遺産分割のために生命保険金等の流動的な現金ないし預金を準備しておくことも必要と考えられます。

　また、事業承継対策として不動産の所有者を変更するために不動産を売買、贈与、相続する場合には、不動産の取得時に不動産取得税と登録免許税という税金の負担が発生することも理解する必要があります。これらの税金の税額は、固定資産税評価額に一定割合（不動産の種類が土地か建物か、またその取得が売買、贈与、相続かにより異なります）を乗じて算出されます。

　不動産の移転（所有者の変更）による対策は、

①不動産取得税と登録免許税の合計額
②事業承継対策として不動産の移転（所有者の変更）を実行し、その対策が有効となる期間中の節税額の合計額

を比較して検討しましょう。
　また、さまざまな状況によりメリットとデメリットが変化することも理解した上で、都度、慎重な判断が必要となります。

▼不動産の所有と税金との関係

種類	所有者		
	自社	経営者	第三者
所有・運用（賃貸等）した場合の税金	収益による法人税課税	所得による所得税課税	左のいずれか（法人か個人か）
維持するために必要な税金	固定資産税		
事業承継の際の税金	自社株価評額として相続税（贈与税）課税	不動産評価額として相続税（贈与税）課税	左のいずれか（法人か個人か）
自社の事業への継続使用について	制限なし	所有者との賃貸借契約（制限弱）	所有者との賃貸借契約（制限強）

▼不動産の移転による税金と事業承継対策における税金の関係

A不動産の移転	譲渡者	譲受者	B譲渡者に課税が想定される税金	C譲受者に課税が想定される税金	D事業承継対策としてAの不動産の移転を検討すべき場合（今後の不動産に関する税金負担の抑制の検討）
売買	経営者	自社	譲渡所得税	不動産取得税登録免許税	①経営者の個人財産が多額であり、また、後継者の個人財産も多額のため相続開始前に家賃収入なども含めて将来の相続財産となる不動産を一旦自社へ移転すべき場合など
	自社	経営者・経営者親族	法人税		②不動産に含み損があるため、その不動産を売却することにより自社株の相続税評価額を下げ、また、譲受個人側で家賃収入などを得た方が資金繰り面などでメリットがある場合など
贈与	経営者	経営者親族	−	不動産取得税登録免許税贈与税	③経営者の個人財産が多額のため、相続開始前に家賃収入などの将来の相続財産となる不動産を配偶者（一定の場合には贈与税の特例あり）又は後継者へ移転すべき場合など
相続	経営者	経営者親族	−	登録免許税相続税	④経営者の個人財産が多額ではないため生前贈与の必要性が低く、相続にのみ適用がある小規模宅地等の特例（贈与には適用なし）を適用するなど相続による移転の場合の相続税負担が節税となる場合など

Aの不動産の移転は、BCで想定される負担税額の合計額とDの不動産移転以降に想定される節税額を比較して検討する必要があります。

Dは、事業承継の想定期間によりメリットとデメリットが変化するため慎重な判断が必要となります。

用語の解説

不動産取得税：土地や家屋を売買、贈与、新築など（以下、売買等という）によって取得した時にかかる税金を言います。都道府県が不動産を取得した方へ課税し、納税通知書を送付します。

登録免許税：土地や家屋を売買等により取得した場合には自らの権利を明確にするため所有権を登記しなければなりません。この登記の際に納めるべき税金を言います。

11 退職金の税金計算って給料と違うの？

退職金については給料とかと違った税金の計算方法があるって本当？

退職金の受け取りには所得税がかかるけど、給料とは違う有利な計算式で所得税が計算されるよ。支払う会社は法人税法上の費用になるけど全てが費用になるわけではないので注意が必要だよ

退職金での受け取りについて

　退職金は事業承継において、現オーナーが今までの会社への貢献に対して老後の生活資金を受け取る手段としてのみならず、自社株式の価額を下げる方策として活用されますが、その税務についてみていきましょう。

退職金の税金についての考え方

● （1）退職金を受け取る人の税金は給料でもらうのに比べて有利になっている

　所得税には**総合課税**と**分離課税**があり、給料についてはその受け取り金額から経費相当分を引いた金額が**総合課税**で給与計算がされます。

▼退職金は給料に比べて有利！

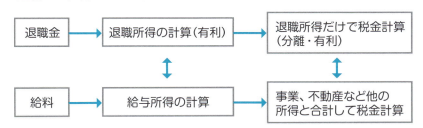

●（2）退職所得の計算の有利

①退職所得控除

　退職金は長年の勤労に対する報償的給与という意味合いがあるため、勤務期間が長ければその分税金が少なくなるようにできています。下記の金額を退職金の税金計算において所得の金額から引くことができます。

・勤続20年以下

　40万円×年数（年数は1年未満切り上げ）

・勤続20年超

　70万円×（年数（年数は1年未満切り上げ）－20年）＋800万円

②2分の1課税

　退職所得控除でも有利ですが、原則的[*1]には、**引いた後の金額を2分の1**にして、そこから税金を計算することができます。

*1　近年の改正として、勤続年数が5年以下の役員（取締役、執行役、会計参与などの会社法上の役員）については、2分の1ができないことになっていますが、自社を長年にわたり経営してきた承継会社のオーナーにおいては、この影響はありません。

③具体例

　たとえば30年勤めた人においては、退職所得控除が次のようになります。

　70万円×（30年－20年）＋800万円＝1,500万円

ですので、1,500万円までの退職金は税金がかからないことになります。またこれを越える2,000万円の退職金の場合でも、税金が計算されるのは、超えた部分500万円のうちの250万円ということになります。

●（3）退職所得の分離課税の利点

　所得税の税率は課税所得に応じて段階別の**超過累進税率**がかかり、課税所得が多いほど税率は高くなります。ですので**別に計算すること**が有利です。例えば事業などの課税所得が900万円あったとして、給与の所得が100万円あると所得を合計して計算するので、**給与の所得部分に33％の所得税**がかかってしまいますが、退職の

所得が100万円あっても所得は合算しないので**退職の所得部分は5%の所得税**でよいことになります。

▼所得税の税率

課税所得	税率（％）	控除額（円）
195万円以下	5	-
195万円超〜330万円以下	10	97,500円
330万円超〜695万円以下	20	427,500円
695万円超〜900万円以下	23	636,000円
900万円超〜1,800万円以下	33	1,536,000円
1,800万円超〜4,000万円以下	40	2,796,000円
4,000万円超	45	4,796,000円

●（4）退職金を支払う会社の税金

　会社役員の場合には、給与は原則的にはその業務の対価として相当の金額について、毎月一定金額を支払ったもののみが法人税法上の費用となることになっています。退職金に関しては不相当に高額ではないという縛りはありますが、その範囲内であれば、一時払いとして支払った金額を法人税法上の費用とすることができます。

●（5）在任中に現オーナーが亡くなった場合の退職金

　子供が取得した場合の退職金については、**500万円×法定相続人の数**の退職金が**相続税法上非課税**となります。法定相続人が奥様と子供2人であった場合には、遺族である子供に1,500万円の退職金が支払われても相続税はかかりません。

　また、退職金ではありませんが、これとは別に亡くなった遺族に対して弔慰金を支払った場合には、業務上で亡くなった際にはその給与の3年分、業務外で亡くなった際にはその給与の半年分相当は相続税がかからず、これを超える部分を相続税法上の退職金として扱うことになっています。

退職金を支払う場合の税金計算において注意すべき事項

(1) 退職金をもらう際には、実際に退職することが必要です

役員退職金を法人税として認めるのは、実際に役員が退職と同様の事情にある場合です。ですので、事業を承継する現オーナーにおいては、役員を退任するか、もしくは、常勤役員から非常勤役員になるなどし、それ相応の給与となり、**経営からは手を引いた状態**となる必要があります。今までどおり経営に関与しているにもかかわらず退職金を支払うなどした場合には、役員賞与として扱われ、全額が法人の費用とならないことになる可能性もあります。

(2) 退職金として法人の費用とできる金額は高額と判断されない部分です

役員退職金として法人税法上費用にできる金額については、法人から支払いができればいくらでも無制限に支払うことができるということはありません。不相当に高額と判断された金額については、法人税法上費用とされないことになってしまいます。

役員退職金の金額の考え方の一つとして**功労倍率**というものがあります。退職金の金額の計算で下記の計算を用いたときに**功労倍率2倍から3倍程度**までが退職金として高額ではない範囲という考え方です。

退任月における給与月額×在任年数×功労倍率

たとえば退任月の給与が80万円であるとして、在任年数が30年、功労倍率が2倍とすれば、80万円×30×2＝4,800万円までは高額ではないことになります。

ただし、あくまでこれは一つの考え方であって、必ずしもこの計算式で安全というわけではありません。たとえば最後の年だけ給与月額を上げるなど、計算式にあてはまっていても、高額と判断される可能性はあります。

用語の解説

総合課税：他の所得と合算した総所得金額に対して税額を計算する課税方式をいいます。代表的なものに給与所得、不動産所得、事業所得などがあります。
分離課税：ある所得を他の所得と合算せず、分離して課税することをいいます。
超過累進税率：総合課税の所得にかける税率で、所得の金額に応じて段階的に税率が高くなる仕組みになっています。
法定相続人：民法で定められた相続人のことをいいます。

第5章 親族承継の具体的なやり方

1 子どもに事業を承継させたい、親族内承継のメリットとデメリットを教えて

そろそろ後継者を誰にするかを考えていきたい。息子がいるのだけれど、親族に承継させることがやっぱりいいのかな

親族内承継にはメリットもあるけれど、デメリットもあるよ。それに息子に承継させるにあたっても、経営理念をしっかり伝えておかないとね

親族内承継のメリットとデメリット

　親族内承継とは、「親族」という言葉とおり、現在の経営者の子ども、娘婿、といった親族に事業をバトンタッチすることです（第1章参照）。

　事業承継の各方法には、それぞれ、メリットとデメリットがありますので、ここでは、親族内承継の特色を見ていきましょう。

▼子どもに事業承継

息子に承継させるにしても、メリット、デメリットがあるようだな……

親　　子

親族内承継のメリットを確認しよう

①社内外の関係者から、後継者としての理解を得やすい

　社内の役員・従業員や、取引先等、特に従業員にしてみれば、会社の経営者が交代するというのは一大事です。しかし、現経営者に近い者が新経営者になるとことは、日本において自然な流れと言えますし、現経営者の時と同じような取引内容、あるいは社内環境が継続するという安心感を与えやすいでしょう。

②所有と経営の分離による混乱を回避することができる

　会社の経営者としての地位をバトンタッチするには、2つの側面があります。一つめは、現経営者が有している、代表取締役「社長」という「経営的な地位」を承継させること。二つめは、現経営者が有している、自社の株式を承継させるということ。株式会社を所有するのは株主であるところ、いわば、会社の「所有面」での承継です。

　親族、例えば息子が経営者のバトンを受け取るのであれば、「社長」という地位の承継と、株式を引き継がせることにより、経営者と所有者を分離させることを一定程度防ぐことができます。

③事業承継のタイミング、期間等を柔軟にしやすい方法であること

　親族という近しい者に対する承継であるため、事業承継をいつ行うのか、また、経営者としての育成の方法等も協議の上、柔軟に対応していくことができます。

・「親族内承継」のデメリットとは

　他方、デメリットは、端的にいって、次の点があげられます。

①親族内に経営者となる意思・資質を有する人いない場合

　親族に後継者となる意思がない場合には、相続の問題を踏まえ、会社の内容を開示して協議していくより他ありません。他方、後継者となる意思があっても、残念ながら適性を欠く場合、そのまま後継者となれば社内が混乱し、従業員や取引先も離れてしまいます。

②相続人が複数いる場合

　後継者になる子への経営権を集中させることが困難である場合もあります。場合によっては、子どもの間での対立・紛争を招きかねません。

　といった点があげられます。

親族内承継のデメリット部分への対策も重要

　親族内承継は日本では馴染みのある方法であり、前述したメリットもありますが、デメリット部分も見逃せません。

・後継者としての「適性を欠く場合」には教育と監視！

　資質を一部欠く場合でも、なお後継者にせざるを得ない場合には、当然ですが何等かの対応が必要です。すなわち、早期に後継者としての教育を行う、あるいは、ベテランの従業員に後見指導育成を頼むといった措置を併せて講じる必要があります。また、メリットにある「所有と経営の一致」に反する面もありますが、現経営者が後継者に株式を全ては譲らず、暫く株式を自身で所有しておく、あるいは他の子どもたちにも一部だけでも株式を持たせておき、株主総会での監視の目を光らせるようにしておくということも考えられます。そして、どのような場合であっても、経営理念については、しっかりと後継者に伝えておく必要があります。そうではないと、後継者に変わった途端に会社が別の事業を行うようになるとか、現経営者の意図しない変容を遂げることになってしまいます。

・相続人が複数いる場合の経営権の集中を行うためには

　この点は、相続において遺言等の方法を用いることによって、ある程度のリスクヘッジができます。第３章を参照してください。

2 子どもに事業を承継させたい、親族内承継の具体的な方法を教えて

息子に後を継がせようと思うのだけど、会社を引き継がせるにはどういう方法があるのかな？

親族内承継には、株式の生前贈与、相続、売買といった手法があるけど、それぞれの税務的な面も含めて、どの方法によるのがよいか決めていかないとね

親族内承継の方法とは

　親族内承継とは、「親族」という言葉とおり、現在の経営者の子ども、娘婿、といった親族に事業をバトンタッチすることです（第1章参照）。

　事業をバトンタッチするには、「代表取締役社長」という経営的な地位を引き継がせるだけではなく、多くの場合現経営者が有している自社の「株式」や事業用の資産がある場合には当該資産を承継者に移すこと、つまり所有を移すこと、が必要になってきます。その方法としては、**①相続による方法**、**②生前贈与による方法**、**③その他（売買等）** の方法があります。

▼子どもに事業承継

息子に後を継がせたいのだけど…

経営者　　息子　　娘　　娘婿

親族内承継の方法を把握しよう

①相続による承継

　「**相続による承継**」とは、現経営者の死亡のときに、「相続」として、後継者への承継が行われる方法です。

　メリットとしては、相続として譲り渡すため、株式の取得のために承継者が用意しなくてはならない資金が売買等による譲り受けの場合と比較して少なくて済むことが挙げられます。現経営者の方も、生きている間に社長という「地位」を譲ったとしてもその後株式は保有していることで、地位を譲ったあと相続が生じるまで（亡くなるまで）、株主として、経営に対する監視を続けることができるということもあります。

　他方デメリットとしては、相続税の発生という点があります（この点は次項以降で詳しく説明していきます）。

　更に、遺言書の作成等の、法律に基づいた対策を講じておくことが必要です。仮に遺言書が無いまま、現経営者が死亡してしまうと、たとえ口頭で「長男が跡継ぎだから、長男に会社や工場を守っていってほしい」と他の相続人に伝えてあっても、死亡後、法定相続分を主張され、株式が分散してしまって経営が成り立たなくなってしまう場合もあり得ます（特に経営者が所有する不動産を会社に使用させていたような場合では、不動産の価値によっては、法定相続人からの請求が過大な額になりかねません）。

　なお、遺言書がある場合でも、その遺言により他の相続人の**遺留分**を侵害する場合には**遺留分減殺請求**がされ、結果、承継者が株式を取得する代わりに高額な代償金の支払をしなければならなくなる等、遺言があるからといって万全というわけではありません（3-4節参照）。

　また、遺言書は、新しい遺言書を作成することで、いつでも内容の全部または一部を変更することができます。時々勘違いをされている方がいるのですが、先に公正証書遺言を作成され、その後、承継者（例えば長男）の知らないところで、被相続人（例えば現経営者である父親）が自筆遺言を作成していた場合、公正証書遺言の効力が優先するわけではありません。公正証書遺言の内容を変更するのは自筆証書遺言でも可能ですので、この場合、法定の要件を満たしていれば、自筆遺言の効力が優先してしまいます。つまり、後継者の地位が不安定になってしまうというデメリットがあります。

●②生前贈与による承継

　現経営者の生前に、後継者に株式等を贈与することで、後継者への承継が行われる方法です。

　メリットは、相続が遺言の内容を撤回することで承継者の地位が不安定になるのに対し、書面を作成した上で履行した贈与は、原則として撤回することができませんので、後継者の地位が安定化するところです。また、後継者が早期に株式を保有することで、経営に対して発言権を有することができ、自覚を促すことにも繋がります。

　デメリットとしては、贈与税が生じてしまう場合があること（次項以降で税金の点はご説明します）、また、相続の場合と同じように、生前贈与についても遺留分の制約を受けることがあり、生前贈与しておけば万全、とは言えないことです（生前贈与は、「特別受益」に該当してしまうことがあり、他の相続人から「持戻し」を求められれば、相続開始時の財産に、生前贈与の評価分を加えた（戻した）財産が「相続財産」とみなされ、各相続人の取り分の算定の前提となってしまいます。つまり「生前にもう貰っているものだから、この相続には関係ない」とは言えないということです）。

●③売買による承継

　他にも幾つかの方法がありますが、①及び②以外の主な方法として、売買による承継があります。これは、端的に、現経営者が保有する株式を承継者へ売り渡すことです。

　メリットとしては、株式に対応する金員を支払うわけですので、遺留分減殺請求等による不安定さから解放されるということです。また、生前贈与と同じように、株式を早期に取得することで経営に発言権を持ち、経営者としての自覚を促すことにもなります。

　他方デメリットとしては、やはり、株式や会社の事業用財産を「買う」ための資金を用意しなければならないことです。1-6節で説明したのと同様に資金を調達するための方法が問題となります。

各々のデメリット部分及び税務的な対策を検討した上で選択しよう！

　上記のように、それぞれの方法にはメリットとデメリットがありますが、特に相続及び生前贈与の場合には、かかってくる税金が重要なポイントです。税務的な対策は次項以降に記載しているので、併せて参照してください。

用語の解説

遺留分減殺請求：兄弟姉妹を除く、法定相続人（子ども等）には，遺言によっても取り上げることのできない、最低限度の、遺産に対する取り分が、法律によって確保されており、これを遺留分と言います。この遺留分を請求することを言います。

代償金：価値ある財産を現物で相続する相続人が、他の相続人に対し、利益のバランスを図るため、代わりに価値に相応する金員を支払うこと。例えば遺言に基づき、兄が株式を全部取得する場合、他に相続財産がないのであれば、弟たちに金銭を支払うケース等があります。

特別受益：特定の相続人が、被相続人から、生前贈与や遺贈等、特別な利益を受けている場合をいいます。

持戻し：「もちもどし」と読みます。遺産分割において、相続開始時の財産に、既に生前贈与等がなされたものの評価額をも加えたものを相続財産とみなし、遺産分割の対象とすること。

3 自社株式の売買による事業承継って！？　どんなことがメリットになるの？

会社を引き継ぐから自社株式を売ってよ

10億円になりまぁす

売買による事業承継

　事業承継における株式の移転には**売買**、**生前贈与**、**相続**という3つの手法がありますが、本節ではこれらのうち売買による事業承継について解説します。

売買による事業承継のメリット

●もっともスピード感のある株式移転手法

　売買による事業承継は、生前贈与や相続に比べて株式移転を終えるまでの期間がもっとも短いスピード感のある手法です。生前贈与の場合は一度に大量の株式を贈与してしまうと贈与税の負担が大きくなりすぎるので、5年～10年以上の時間をかけて株式の移転をすることになり、相続の場合はそもそも現経営者が亡くなるまで株式の移転は始まりません。売買による移転の場合は、取引を1回で済ませても2年に分けても、基本的には税負担は変わりませんので、一度にすべての株式を後継者に譲るプランも現実的です。

●遺留分の影響を受けない

　金銭等の対価を支払って株式の移転を受けた場合には遺留分の影響を受けませんので、事業承継に伴う親族内の争いを未然に回避することができます。遺留分については、3-4節を参照してください。

売買による事業承継で注意すべきポイント

●買取資金が必要になる

当然ですが、買取資金が必要になります。株式の取引価格の決定方法については4-6節及び5-4節を参照してください。

親族内承継、親族外承継を問わず、株式の買取資金を現預金ですでに保有してあり即金で支払えるというケースはあまりありません。特に親族内承継の場合は株式を買取る後継者は30代〜40代の場合が多く、十分な資産形成ができていません。このような場合には、金融機関からの融資などにより資金調達し、事業承継後の事業利益や役員報酬から借入金を返済していくという手法が有効です。具体的なスキームは5-4節を参照してください。

●所得税がかかる

生前贈与や相続の場合と異なり、売買による事業承継の場合は売った側（現経営者）が受け取った代金に応じて所得税を負担します。税金の計算方法については、4-2節及び5-5節を参照してください。

●相続税の節税対策にはならない

後継者に株式を売却すること自体は、直接的には相続税の節税対策にはなりません。なぜならば、自社株式という財産と金銭という財産を交換しただけだからです。改めて考えてみると当然のことなのですが、意外と誤解されている方も多いので、注意してください。

相続税の節税を行うためには、株式の承継とは別に、株式売却により手に入れた資金をもって不動産を購入するなどの「次の一手」を仕掛けることが必要になってきます。

4 資金不足のために事業承継ができないケースとは？

いざとなれば、いざとなったときに承継すればいいんじゃないかな

税金や遺留分などの問題もあり、資金不足のために承継が難しくなってしまう場合があります

相続財産が換金しにくい資産で占められている場合には特に注意

　相続税の額は、相続財産から一定の控除金額を控除し、これに法律で定められている税率を乗じることで算出します。

　相続税を計算する上では、直ちに換金可能な資産であるか否かは関係なく、財産を評価（原則として相続時の時価による評価）した金額に対して課税されます。また、相続税の納付は原則として現金で行う必要があるため、不動産や会社株式など直ちに換金できない資産で相続財産の多くが占められている場合には、納税資金が不足し、相続税の支払いができないという場合もあり得ます。

　相続財産の多くが換金できない資産で占められているような場合には、資産を担保に借入を行い、相続税の納付を行う方法も考えられます。しかしながら、相続税の支払いは相続が発生してから10カ月以内に申告して納付する必要があるため、意外に時間的な猶予がありません。特に相続財産が換金しにくい資産で占められている場合には、事前対策をする必要があります。

相続財産と遺留分

　相続人が複数いる場合、全ての財産を特定の相続人（例えば事業を承継させる相続人）に相続させることは、承継する以外の相続人の遺留分が侵害されるため、他の相続人から遺留分の主張をされる可能性があります。

　例えば、兄弟が2人いる場合、被相続人（父）が、遺言書で「相続財産の全てを事業承継する相続人（長男）にすべての財産を譲る」と記載した場合、次男は何も貰えな

いことになってしまいます。これでは相続人間での不公平が生じてしまうため、法定相続割合の1/2は遺留分として取得する権利を保証されています。ここで、相続財産の大部分が事業承継する株式など、換金性が乏しい資産の場合には、長男は、次男の遺留分として取得させる資産を別途確保しなければなりません。多くの場合、長男には事業承継をさせ、次男には事業と関係なく受け取ることができる相続財産を確保しておく必要があります。遺留分については第3章、5-12節、5-13節を参照してください。

ポイントは、相続財産の内容と早めの相続対策

　相続税にしても、遺留分の兄弟間バランスにしても、いずれにしても、ポイントは相続財産が何によって占められているのか、換金性が高いのか、低いのか、分けることができるものなのか、分けにくいものなのか、を早い段階で明確にしておくことです。その上で相続対策を取る必要があります。

用語の解説

遺留分：遺留分（いりゅうぶん）とは、被相続人の兄弟姉妹以外の相続人に対して留保された相続財産の割合をいいます。

5 自社株の売買価格ってどう決まるの？

子どもに自社株を売却して親族内承継で事業を承継させよう。子どもの資金対策もOK、売買価格は会社を理解している株主の判断でいいよね？

売買価格にはしっかりとしたルールがあるから気を付けよう

自社株の税務上株価の算出方法は株主が決めてはいけない？

自社株の税務上株価の算出の方法は、4-6節で確認しました。

原則的評価方式と取得者が少数の場合の**配当還元方式**があります。「節税のためにあえて低い査定額で取引しているのでは？」というあらぬ疑いを回避するために今一度しっかり確認しましょう。

自社株の売買価格にはルールがある

株主であり、かつ社長でもあることが多い経営者は、会社に精通しているため自社株の売買価格を自ら自由に決めることができそうですが、実はそうではありません。自社株の売買価格は、ルールに従って確定しなければならないのです。

●自由な売買取引と課税に目的のズレがある

自社株の売買価格にルールがある最大の理由は、税法は国民から公平に税金を徴収することが目的であるためです。税金にややこしく細かいルールがあるのはこのためです。

ところが売買取引は自社株の売買をはじめ、嘘をつくなど他の法律を破らない限り自由な取引が可能です。

自社株を売却した場合の税金は、4-2節の所得税の計算方法で確認したとおり、

①売却価格－必要な経費（購入の費用＋手数料など）＝売却のもうけ

②①×税率＝株式譲渡所得税

という算式で計算されます。

　この場合の税額は、売却時点の売却価格によって大きく異なります。

　例えば、株主が経営者と経営者の配偶者の二人の場合に、二人の主張する売却価格が異なってしまった場合は、所得税の税額へ大きく影響します。

　このように、取引は同一内容にも関わらず株主の所得税徴収が異なるという不公平な事実を回避するために、自社株の売買価格にはルールが必要となります。

●誰もが納得する客観的な相場があればズレは解消する

　上場株式は、税務上株価の算出の方法のようなルールではなくその時の相場で日々取引され問題となっておりません。なぜでしょうか？

　先ほどの例は、株主が経営者とその配偶者の二人という非上場会社が前提であり、二人のみで売買価格を決めてしまうことができるため、その売買価格には客観性のある相場が存在しないからです。

　上場会社のように株主が大勢多数存在し、売買取引が頻繁に行われる場合の株価は、不特定多数の者で自由に取引されるため、誰もが認める客観性のある相場が存在します。投資家はじめ関係者は、その相場に納得して取引しているのです。したがってその相場を売買価格とすることは、株主が二人のみの場合のような恣意性のある売買価格、その売買価格の差額による不公平な所得税徴収という問題が発生せず、課税の目的たる公平性が達成されます。そのため、税務上株価の算出の方法のようなルールは必要ないのです

●非上場株式の売買取引価格はどう決まる？

　非上場株式は、株主が少数であり、また、取引があまりないため売買価格の相場が不明確となります。このため、4-6節の原則的評価方式と配当還元方式という税務上株価の算出の方法のようなルールが定められています。

　この方法は、公平性を重視するため会社の規模、取引状況、類似業種の株価などさまざまな要素をもって株価を算定する方法となっています。4-6節でこの方法の算式が詳細に定められている理由が整理できるかと思います。非上場株式の売買価格は、基本的にはこれらの方法により算出していきます。

しかし、売買価格に客観性がある場合は、相場での取引となることもあります。それは、親族外承継の場合の純然たる第三者に対して売買する場合などです。この場合は、理路整然とした契約に基づく交渉になるため、当事者間で恣意性のある売買価格を決めることが難しくなり、客観性のある売買価格が設定されることが想定されるためです。

自社株の売買価格の考え方

算定方法の考え方

それでは自社株の売買価格についてまとめます。下記の順に売買価格を確定していくこととなります。

事業承継の際の売買価格は次の①〜③の順に考察しますが、取引状況等から事実上③の株価になることとなります。

①一般的な売買価格がある場合（上場株式）

→　相場

②①の相場がないが当事者間（親族以外等の第三者）が交渉により合理的な売買価格を確定する場合

→　その価格

③①②のいずれにも該当しない場合

→　4-6節の原則的評価方式と配当還元方式を基本として算出

売買価格と後継者との関係

事業承継の際の売買価格は、上記③の株価を基本しますが、二つの方法があります。4-6節にて確認しましたが、この二つの方法の使い分けについて再度整理します。

結論は下記のとおりとなります。

自社株を売る相手の株主としての力（議決権、会社の意思決定への関与）が強い

→　原則的評価方式

自社株を売る相手の株主としての力（議決権、会社の意思決定への関与）が弱い

→　配当還元方式

なぜでしょうか？

経営者が100%持っている自社株を下記のように売買するとして考えてみましょう。

①事業を引き継いでもらう後継者へ 90%
②支えてきてくれた後継者の妻へ 　8%
③何かと相談にのってくれた友人へ　2%

　この場合、同じ自社株でも①②と③の株式としての価値には差があります。①の後継者の90%の株式は当然のことながら、②の後継者の妻の8%の株式も妻が後継者と親族関係にあるため、後継者との相談により会社への意思決定の関与を強く持つことができ、結果、会社を自由に動かすことができる立場になることができる株式となります。

　それでは③の友人の2%の株式はどうでしょうか？　友人は、会社への意思決定への関与を試みるも友人一人の2%の株式では意見を通すことが難しく、その2%の株式は4-6節のとおり配当をもらうことがメインの株式となります。

　自社株の売買価格は、同じ株式にも関わらずこのような価値の差が発生することもあるため、課税の公平のためにその価値の差を評価に反映させる必要があります。このために二つの方法が用意されています。

●自社株売買の再検討

　自社株の売買価格は、税金の負担へ直結すること、またその売買価格にはルールがあり、そのルールは売却する相手によって変わることが整理できました。

　自社株の売却は、売買価格のみならず友人への売買などの親族外承継をはじめ、さまざまな検討事項があるため慎重に検討しましょう。

●相続・贈与の課税（取引）価格

　自社株の取引価格について売買による親族内承継を中心に確認しました。親族内承継には5-2節のとおり、相続と贈与という方法もあります。この場合の課税される自社株の財産の価格（売買の場合の取引価格）は、売買同様にルールに従って公平な財産価値を算出し、相続税や贈与税を負担することとなります。

用語の解説

議決権：会社の経営方針、意思決定について決議する権利を言います。

▼ 株式の売買

非上場株式

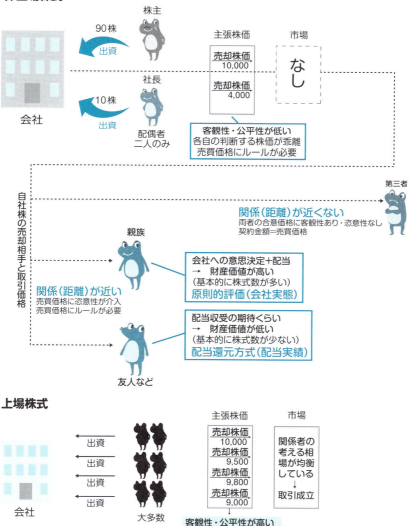

上場株式

6 自社株の売買価格のルールに従わなかったら？

自社株の売買価格には難しいルールがあるね。間違えたりして従わなかったらどうなるの？

想定していなかった税金などが発生するから売買価格には注意しよう

自社株の売却による税金

　自社株の売却にかかる税金は、4-2節の計算方法、5-5節の売却価格により算出します。経営者が自社株に加えて他の非上場株式を所有していて売却した場合には、税金の計算上損益を通算することが可能となりますので合わせて検討しましょう。

①非上場自社A株式
　売却価格100円－取得費40円＝利益60円
②非上場B株式
　売却価格90円－取得費150円＝損失60円
③①－②＝0円
④③×申告分離課税による固定税率（15.315％（住民税除く））＝所得税0円

特別（経済的）な利益って？

　税法の目的は、公平な税金の徴収です。つまり、公平性を欠くような取引やその取引価格に非常に敏感です。当事者が親族など特別な関係の場合は、そのような取引などが発生しやすいため注意が必要です。その場合は、特別な利益の取引があったものとして想定していなかった課税が発生するケースがあります。

　自社株の売買による親族内承継について、売買価格の次にその注意すべき取引を整理します。

自社株の売買時に注意すべき特別な利益とは？

●売買価格のルールに従わない場合

　売買価格のルールに従わない場合とは、経営者と後継者が自社株の売買価格のルールを知らずに当事者のみで決めたり、ルールを知ってはいるものの売買時点の状況などから売買価格を都合よく変えたりする場合が該当します。これがまさに第三者との取引では発生しづらい公平性を欠く取引となります。

　この場合は、適正な価格との差額がおまけ（特別な利益）として贈与（ただであげた）されたものとして贈与税の負担が発生することがあります。

　例えばルールに従って算定された取引価額が100円の場合に、

①経営者が後継者の資金繰りを心配して40円で売却した場合
→　相場100円の財産－実際に支払をした40円＝特別な利益60円
　　60円　→　後継者に対して贈与税の課税の対象となる

②後継者が経営者へのお礼を込めて140円で経営者から購入する場合
→　お礼込みで受け取った140円－相場100円の財産＝40円＝特別な利益40円
　　40円　→　経営者に対して贈与税の課税の対象となる

という算式が成立し、贈与税課税の対象となってしまうのです。

▼特別な利益

① 後継者が経営者から100円の価値の自社株を40円で購入

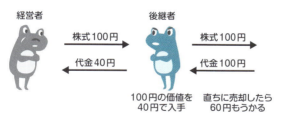

② 後継者が経営者から100円の価値の自社株を140円で購入

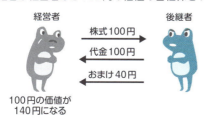

●売買代金の決済

　自社株の売買は、売買価格に加えて売買代金の決済についても注意が必要です。

　取引が公正であるためには、第三者との取引同様に当事者間で売買の行為を認識し、代金の決済を行わなければなりません。特に親子間では、売買行為の認識はさておき代金決済に恣意性が発生しやすい傾向があります。後継者の資金繰りから経営者が後継者へ資金を貸したがその後に返済取引をしない、また、そもそも決済しないといった場合が該当します。

　この場合は、売買取引自体が経営者から後継者への贈与とされ、贈与税課税の対象となるので同じく注意が必要となります。

用語の解説

損益通算：2種類以上の所得がある場合において、一つの所得（もうけ）からもう一つの損失（赤字）を差し引くことを言います。

7 自社株を親族以外へ売却することもできるの？

自社株を親族内承継で後継者へ売却したいけど売買価額が高くて今は決済ができないかもしれない。ほかにいい方法はあるかな？

経営者から自社が買い取る（発行会社による発行会社自己の株式の買い取り）を検討しよう

自社株の発行会社による買い取り（自己株式の購入）を考えよう

　自社株の承継方法と税金のメリットデメリットは、4-5節、5-2節で確認しました。所得税の固定税率を通じたスピード感のある承継か、贈与税と相続税の基礎控除を活用した税負担を抑えた承継かを検討する内容でした。

　そして、売買による承継を選択した場合の売買価格を確認しました。これまでは自社株を親族内承継として後継者へ直接承継することを検討してきました。

　ただし、自社株の売買による親族内承継には買い取り資金が必要です。なぜならルールに従った売買価格による当事者間での売買契約、また、しっかりとした決済の履行が必要であるためです。

　それでは、事前に準備を検討したものの後継者に資金繰りの問題があった場合にはどうでしょうか？

　資金力をはじめ、力のある自社株の発行会社の力を借りる検討をしましょう。具体的には、自社株を後継者へ直接売買せず、一旦自社株の発行会社へ売買してその後に後継者へ承継させる方法となります。

　なぜなら、

①発行会社が買い取りした自社株については議決権が行使されないため、後継者への少数の自社株の承継によって後継者の議決権割合（実質的な持ち株比率）を上げることが可能となる

②①の効果があるため資金力のある発行会社が経営者から一旦一度に買い取る場合

には、スピーディーに承継と同様の状況となる

といった効果を得ることが可能となるためです。

　その後は、慎重な判断のもと下記のような方法で後継者へ承継することとなります。

①後継者としての地位の向上（役員就任など）による役員報酬等の昇給により後継者に買取資金を準備し、後継者が発行会社から買い取る

②さまざまな要件のもと、発行会社から後継者へ自社株を報酬として少しずつ承継する

③発行会社が買い取りした自社株を消却することで後継者の議決権割合（持ち株比率）を高めていく

後継者への売却と発行会社への売却、それぞれ税金負担との関係は？

　選択肢が増えた場合は、慎重にメリットとデメリットを検証する必要があります。

　ここで当事者と課税関係を整理します。

▼自社株の売却と税金

ケース	課税対象者	課税が想定される税金
自社株を後継者へ直接売却して後継者へ承継する場合	自社株を売却する経営者	自社株売却による株式譲渡所得税 （申告分離課税による固定税率15.315%（住民税除く））
自社株を一旦発行会社へ売却する場合	自社株を売却する経営者	自社株売却による株式譲渡所得税 （申告分離課税による固定税率15.315%（住民税除く）） 自社株売却によるみなし配当金に係る配当所得税 （総合課税による累進税率5%〜45%）

▼株式譲渡課税とみなし配当課税

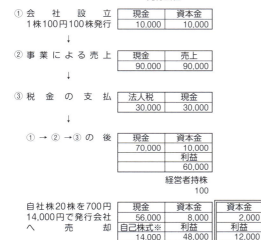

A 2,000円－株式取得費（100円×20株＝2,000円）
→ 株式譲渡に係る譲渡所得課税の対象（発行の後売買により取得する場合に所得又は損失が発生します。）
B 12,000円－配当控除（法人税30,000円課税後に所得税の対象となるため一定額を控除）
→ みなし配当金に係る配当所得課税の対象
C 議決権が行使されなくなります。
※ 簡潔な表記のため実際の処理とは異なります。

　税金負担を抑えることを重視して考えた場合の結論は、経営者の今回の自社株の売却以外の通常の所得状況により総合課税の税率を比較し、それぞれの税額の合計額で判断することとなります。

後継者への売却？ 発行会社への売却？ どちらが有利？？
●税負担を考えたら経営者から後継者へ一度で承継（売却）しよう

　今回の発行会社による買い取りは、その後自社株を消却しない限り最終的に後継者へ承継する流れになると考えられます。この場合は、

①発行会社が買い取る際の経営者の株式譲渡所得税とみなし配当所得税
②発行会社から後継者へ報酬や給料を支給する際の後継者の給与所得税など
（発行会社が後継者へ売却する場合を除く）
と課税回数が増えることとなります。

財産等の移転は、複数回に及ぶ場合には基本的に税金負担も複数回となりデメリットが発生するため、税金負担回数が増えてもメリットがあるか否か慎重な検討が必要となります。

▼財産の移転回数と税金負担

① 自社株を後継者へ直接承継する場合

② 自社株を発行会社を経由して後継者へ承継する場合

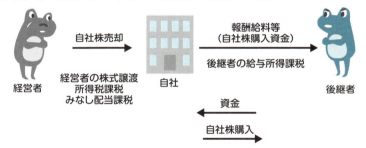

●発行会社が買い取るメリットもある

　発行株式が買い取る方法は、やはり資金力を活用できるため、スピード感ある承継を重視した場合に適した方法となります。
　さまざまな理由により株式が分散してしまった場合をはじめ、税負担を考慮しつつ検討する価値がある方法となります。

用語の解説

自社株の消却：発行会社が自己の株式を取得し、取得した自己の株式の実体をなくし、自己の発行済株式から除くことを言います。消却された自己株式については議決権や配当の必要性はなくなります。
給与所得課税：給料・賞与などの金銭支給収入（一部金銭以外の収入も該当します）からその収入に対する必要経費（給与所得控除）を差し引きした金額に総合課税による超過累進税率（4-2節）を適用して課税することを言います。

8 生前贈与による事業承継って！？ どんなことがメリットになるの？

生前贈与っていうのがあるらしいけど事業承継と関係あるの？

自分が生きている間に後継者に生前に会社の株式などを贈与することも生前贈与にあたるよ

生前贈与による事業承継

現在の事業のオーナーが後継者に事業を引き継ごうと考えた際の会社の株式の移転には、**売買、贈与、相続**の３つの方法が考えられますが、後継者に資金が少なくても実施することができ、**生前に贈与**することで経営の資源の早期活用が期待できる贈与について見ていきましょう。

生前贈与による事業承継の特色

●（1）スピード感をもった対応が望ましい

生前贈与により株式を承継する場合、後述の贈与税の負担の関係から、比較的長い期間が必要になりがちです。事業承継においては、現経営者から後継者に対して事業の引継ぎをするに際しては、事業内容、関係者（従業員、取引先）、経営などさまざまな内容の引継ぎが必要であり期間を要するためできるだけ早く計画をして計画を実行に移してゆく必要があります。また、下記（4）で触れる贈与税においてもより早期に贈与をしたほうが有利に進めることができることになります。

●（2）遺留分の影響を受ける

現経営者が亡くなった場合の相続の際に、相続人は**遺留分**として現経営者の相続財産のうち一定割合をもらうことを請求することができます。特定の相続人が生前に贈与を受けた場合、その財産についても、原則として**特別受益**として相続財産に含まれることになります。後継者に他の財産が無い場合には、せっかく承継した事業

用財産を親族に渡さないといけなくなり、経営が不安定になる可能性もあります。遺留分については第3章、5-12節、5-13節を参照してください。

●(3) 買取の資金が不要

売買と異なり、後継者に事業用財産を買い取るための資金がなくても実施することができます。ただし、贈与を受ける事業用財産の価値の大きさによっては、下記(4)の贈与税を負担する必要が生じます。

●(4) 贈与税の負担が生じる

4-3節の**暦年贈与**の項を見るとわかるように、贈与税の基礎控除は110万円です。贈与税は**超過累進税率**であり、相続税に比べても高率な税率が設定されています。贈与税の最低税率の10%が適用可能な贈与財産の価額としても310万円でしかありません。会社の株式などの高額になる事業用資産を贈与するのには、贈与税の税率が低い範囲での贈与を前提とすると、長い時間を必要とします。

生前贈与による事業承継で注意すべき点

●(1) 親族の理解を得ることが必要

生前贈与による事業承継では、生前に贈与された財産は原則として**特別受益**として、**遺留分**の計算の対象となる資産に入ります。3-4節、3-5節、3-6節にあるように遺留分の対策を行っておくことが有効です。

●(2) 早期に計画だてて贈与

会社が成長するものという前提に立てば、期間が経過すればするほど、会社は成長し、会社の株価も上がっていくと、上記110万円の範囲内で贈与できる株数も減ってきます。また、相続税には**生前贈与加算**という制度があり、次の図のように、現オーナーの死亡前3年間の贈与については死亡前の生前贈与として**相続税の課税対象**となってしまい、**贈与税の基礎控除**110万円は考慮されないことになってしまいます。**暦年贈与**による事業承継についてはできるだけ早期に開始できるように、スピード感をもった対応をすることで、より良い結果が得られることが多いです。

▼税法上生前贈与が有効な範囲

現オーナ死亡

4年前の贈与　　3年前の贈与　　2年前の贈与　　1年前の贈与
　　株式　　　　　株式　　　　　株式　　　　　株式

基礎控除110万円が考慮されるのはここまで

現オーナーの死亡3年前までの贈与は全て相続で取得したものとして相続税で清算!

9 生前贈与の手続きはどうしたらいいの？

息子に承継させようと思っているので、株式を生前贈与したいんだ。手続きはどうしたらいいの？　息子だけど、契約書とか渡した方がよいのかなあ？

贈与があったことをしっかり残すためにも契約書は作っておいたほうがよいでしょうね。株式を生前に贈与するのであれば、一度に全て渡すのではなく、暦年贈与という方法もありますよ

贈与とは

　自己の財産を与える者（贈与者）が、その財産を無償で相手（受贈者）に与える意思を表示し、相手がそれを承諾すること（要するに「○○をあげましょう」「○○を頂きます」という意思の合致）によって成立する契約のことを「贈与」といいます。

　「受贈者」は、子供や配偶者といった相続人に限られるわけではありません。生前贈与は、相続人以外の第三者（例えば娘婿）や法人に対しても可能です。

　なお、贈与は、意思が合致していればよいので、贈与は、契約書が無くても成立します。ただ、民法上、書面によらない贈与は（履行前であれば）いつでも取り消すことができるとされている（民法549条）ように、贈与契約は不安定な要素があります。また、贈与があったことを証明できるようにするためにも、契約書を用意したほうがよいでしょう。特に相続人間では、暦年贈与の観点も重要になってきます。

生前贈与の方法を把握しよう

●株式を贈与するための会社法上の手続きを確認しよう！

　当事者間では、株式の贈与契約を締結すれば贈与する義務が生じますが、株式は会社に対する権利なので、会社との関係での一定の処理が必要です。

　日本では、非上場会社の場合、株式譲渡に「譲渡制限」が付されていることが一般です。これは、3-1節で説明したように、株式（議決権）が会社を支配するのにあたって重要であり、第三者への広い流出を避けることが妥当であるからです。株式の贈

与も譲渡の一つですから、会社に譲渡を承認してもらう必要があります。承認を行う機関がどこであるか（代表取締役か、取締役会か、株主総会か等）及びその手続きを、定款等で再度確認をしてください（もし、定款に指定がない場合は、会社法139条1項より、取締役会が、取締役会が設置されていない会社の場合には、株主総会が承認機関となります。そして、株主から株式譲渡の承認請求があると、不承認の場合には、会社はその請求があった日から2週間以内（会社法139条2項及び145条1号）に結果を株主に通知する義務があります）。

このように、承認機関に対し、承認を求め、その承諾を得る必要があります（事業承継の場では、最も支配力を有する代表者が自己の保有する株式を譲渡するのであって、譲渡が承認されないということは考えにくいですので、不承認になった場合の手続きについては記載を省略します）。

そして、承認にあわせて、譲渡（贈与）契約書を締結します。現在では多くの中小企業において、「株券」は発行されず、「株主名簿」に株主として記載され、これにより株主としての地位を取得します。ですので、譲渡が完了した後には、株主名簿の名義の書き換えの手続きをし、書き換えておくことを忘れないようにしましょう（名簿書き換えについては、株式の譲渡者、譲受者の両名で請求する場合と、譲受者のみで請求できる場合がありますので、併せて定款を確認してください）。

●暦年贈与って何？

①暦年贈与とは何か？

「**暦年贈与**」とは、「れきねんぞうよ」と読みます。これは、贈与税の課税の方法の一つで、毎年1月1日から12月31日までの間に110万円までの財産贈与ならば、税金がからない（非課税）という仕組みになっています。

②暦年贈与の注意点とは？

暦年贈与を活用して、贈与をしていくとしても、注意しなければならないことがあります。一つは、毎年同じ財産を、同じ時期に交付している場合には、「最初からまとまった額の財産を贈与することになっていた」として暦年贈与が否定されるリスクある（結果、税金が課せられてしまう）ということです。例えば、平成29年12月に、父親が息子に総額で1000万円贈与するとあらかじめ約束して、毎年年末に100万円ずつ分割して交付すると約束したとします。毎年100万円ずつの贈与がされているように見えますが、それは1000万円を贈与するという一つの約束の下、単に「分割して」支払っているにすぎません（これを「**連年贈与**」といいます）。要するに、平

成29年の段階で1000万円を支払うという約束が成立していることになります。「暦年贈与」は、このように最初からまとまった額を贈与することを取り決めている場合には適用されません。毎年毎年、贈与する分を決め、できれば、毎年異なった時期に贈与をしていくことをお勧めします。

　また、贈与自体が税務署から否認されるリスクもあります。例えば、贈与の対象者が贈与を受けたこと自体を知らなかった場合、あるいは贈与したことの証明が何もない場合等です。

●贈与するにも契約書が必要なの？

　上記のように、税務署から後から贈与があったことを否定されると課税されるということもあり得ます。当事同士、贈与についてしっかり理解するためにも、また、贈与があったことを証明するためにも、契約書を残しておくことが必要です。もちろん、贈与があったことを客観的に残しておくことも必要ですから、例えば現金等を渡すときには、銀行口座に振り込む形をとるほうがよいでしょう。

贈与契約書を作成しよう！

　贈与契約書には、決まった書式があるわけではありません。ただし、贈与契約に限りませんが、当事者同士の意思であることを明確に示すためにも、少なくとも署名については自書が良いでしょう。印鑑も、三文判であっても問題はありませんが、実印であればなおのこと、当人の意思であるという信ぴょう性が増します。また、①誰に、②いつ、②何を、③どのようにして（条件がある場合には条件も記載）あげるのかを明確に記載することが必要です。株式についての贈与契約書（無償譲渡契約）の、サンプルを添付しますので、参考にされてください。なお、株式の贈与契約については、印紙は不要です。

▼株式についての贈与契約書（無償譲渡契約）のサンプル

株式譲渡契約書

株式譲渡人である甲野太郎を甲、株式譲受人である甲野一郎を乙とし、甲と乙とは、甲が有する株式会社甲野の、普通株式100株を乙に譲渡するに当たり、以下の通り合意する。

第1条　甲は、甲が有する株式会社甲野の普通株式100株を、本日をもって、乙に無償譲渡し、乙はこれを譲受する。甲は乙に当該株式の譲渡の対価として金銭、その他の要求を一切行わない。

第2条　甲及び乙は、本契約締結後遅滞なく、株式会社甲野に対し、協力して、株主名簿の名義書換を請求する。

以上本契約成立の証として本書2通を作成し、甲乙記名押印し各1通を保有する。

平成○年○月○日

甲
　（住所）○県○市○町○丁目○番○号
　　　　　　　　　　　　　　　（氏名）甲野太郎
乙
　（住所）○県○市 ○町○丁目○番○号
　　　　　　　　　　　　　　　（氏名）甲野一郎

用語の解説

贈与：自己の財産を与える者（贈与者）が、その財産を無償で相手（受贈者）に与える意思を表示し，相手がそれを承諾すること（要するに「○○をあげましょう」「○○を頂きます」という意思の合致）によって成立する契約

暦年贈与：1月1日から12月31日までの1年間に贈与を受けた金額が基礎控除額（110万円）以下なら贈与税の申告が不要となる制度です。110万円を超える贈与を受けた場合には、贈与を受けた人は贈与税の申告と納税が必要です。

10 自社株の贈与税を少なくするためにはどうすれば良いの？

事業用財産をもらえるのはいいけど、贈与税がかかるんだよね

贈与税は少なくなるように工夫することができるよ

贈与税を少なくするためには？

4-3節にもありますが、贈与税は贈与を受けた財産の価額（財産評価基本通達による財産の価額）から年（1月1日〜12月31日）あたり110万円の**基礎控除**を控除した金額に**超過累進税率**を掛けた金額になります。図解すると次のようになります。贈与税を少なくする工夫として、**基礎控除**、**低率の超過累進税率**を利用すること、財産の価額を低くする方法が考えられます。

▼贈与税の計算体系

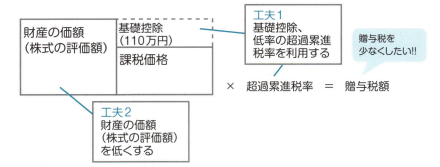

272

贈与税を少なくする工夫

（1）基礎控除、低率の超過累進税率を利用する

各年（1月1日〜12月31日）までの贈与額を単位として贈与税の計算をしますが、**基礎控除額**110万円までは贈与税はかかりません。次の表の**超過累進税率**でいえば、**特別贈与財産**では、**基礎控除**後の課税価格が400万円以下では15%の税率ですが、3000万円を超えるとなんと55%の税率がかかることになります（税率は4-3節参照）。

4,000万円（特別贈与財産）を1年で贈与する場合の贈与税
（4,000万円−110万円）×55%−640万円　＝　1,499万5千円

4,000万円（特別贈与財産）を8年（500万円ずつ）で贈与する場合の贈与税
（（500万円−110万円）×15%−10万円）×8年　＝　294万4千円

8年に分けることでなんと1,205万1千円の贈与税が少なくなったことになります。

（2）財産の価額（株式の評価額）を低くする

財産の価額としては、**財産評価基本通達**の株式の価額となります。ですので、4-7節により株式の価額を低くする対策がそのまま活用できることになります。ここではそのうち1つの具体例として取締役などの役員に支払う**役員退職金**支払スキームを見てみましょう。

話を単純化するために現金1億円、借金5千万円、発行株式100株（全株現オーナー保有）の卸売業の会社で子供が後継者である場合を仮定します。利益が非常に出てしまった場合などで純資産価額方式が有利な場合とします。

退職金支給前の株式の価額
　　純資産価額＝資産−負債＝1億円−5千万円＝5千万円
　　株式の評価額＝純資産価額÷発行株式＝5千万円÷100株＝50万円

退職金支給前における発行株式100株を贈与するための贈与税額
　　贈与財産の価額＝株式の評価額×贈与株数＝50万円×100株＝5千万円
　　贈与税額＝（贈与財産の価額−110万円）×55%−640万円
　　　　　　＝2,049万5千円

退職金（3000万円）支給後の株式の価額

純資産価額＝資産－負債＝７千万円－５千万円＝２千万円

株式の評価額＝純資産価額÷発行株式＝２千万円÷100株＝20万円

（退職金を支払ったことで、30万円も株式の評価額が下がった！）

退職金支給後における発行株式100株を贈与するための贈与税額

贈与財産の価額＝株式の評価額×贈与株数＝20万円×100株＝２千万円

贈与税額＝（贈与財産の価額－110万円）×45％－265万円

＝585万５千円

（退職金を支払ったことで、1,464万円も贈与税が下がった！）

贈与税を少なくする対策実施において注意すべき点

●（1）できるだけ早めに計画に着手する

　基礎控除や低率の超過累進税率の利用においては承継する財産が多ければ、承継により多くの年数を要することになります。また、5-8節にて説明しましたが、現オーナーが亡くなるとその３年前の贈与財産は相続税の対象資産に自動的に切り替わってしまいます。事業内容の承継についてもいえることですが、できるだけ早めに計画に着手し、実行に移してゆくことが重要です。

●（2）他の方式との併用も検討の余地が

　基礎控除や低率の超過累進税率の利用、株式の評価額を低くすることによる対策を行ってもなお、承継すべき財産が大きすぎる場合には、たとえば、**50％超の株式**までは**生前贈与**により承継し、オーナーの権利を確保し、残りの株式については相続により他の親族とともに相続財産として受領するなど、他の方式と併用して承継するということも検討の余地があります。

11 相続するはずの自社株を生前にもらう方法ってあるの？

相続で事業用財産をもらうのでは遅すぎる！？

親族なら、相続より前にもらって税金は相続時に精算できるよ

生前贈与のもう一つの納税方法

　生前に自社株などを承継する際の納税方法として、贈与税を毎年支払うことによる**暦年贈与による納税方法**（5-8節参照）がありますが、それとは別の方法として、財産額**2,500万円**までは贈与税を払わなくてよく、これを超える部分については資産額の**20%**を仮払いし、相続の際に相続税でこれを精算する**相続時精算課税**という納税方法があります。これをうまく利用して、税負担を軽くすることができる場合があります。

相続時精算課税とは？

● （1）相続時精算課税が利用できる場合

　親子間の贈与で利用できます。年齢要件があり、**親が60歳以上、子が20歳以上**です。その親から贈与を受けた財産については、適用開始からその親が亡くなるまでその全てが対象です。親は、母親、父親それぞれからの贈与について**それぞれ別カウントで適用**することができます。例えば、父親だけ相続時精算課税を適用し、母親からの贈与には適用しないこともできます。

● （2）相続時精算課税による贈与税

　子がその親から贈与により取得した自社株式などの財産の価額が累計**2,500万円まで**については贈与税が課税されません。2,500万円を超える財産の価額からはその価額の**20%の贈与税**について**贈与をした年の翌年3月15日**までに支払う必要が

275

あります。ただしこの贈与税については仮の支払いであり、(3) で計算した相続税の金額と相殺します。

● **(3) 相続時精算課税による相続税**

(2) において贈与をした親が亡くなった際には、(2) により取得した財産については、相続税の計算の際に、その金額を、相続財産に加算（ここで加算される金額は贈与の時のその財産の価値になります）します。こうして加算して計算された相続税額については、**(2) で支払いをした贈与税を超える部分の金額を納税**します。**(2) で支払いをした贈与税のほうが多い場合にはその差額を還付**してもらうことができます。

● **(4) 具体例**

現オーナーから事業を承継する子供が3,000万円の自社株の贈与をしたとして、相続時精算課税の適用を受けたときは、2,500万円までの贈与については、贈与税がかからず、これを超えた500万円について贈与税としてその20%である100万円を仮に翌年3月15日までに支払います。5年後に現オーナーが亡くなったとすると、その際の相続税の計算に自社株2,500万円も加算して計算し、仮に相続税額が500万円であったとすれば、贈与税として支払い済みの100万円以外の400万円を相続税として支払えばよいことになります。

▼相続時精算課税贈与と相続の関係

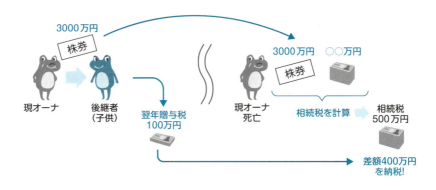

●(5) 相続時精算課税の手続き

①適用開始

現オーナーから承継者である子供に対して自社株式を贈与したら、その翌年2月1日から3月15日までの贈与税の申告期間内に**相続時精算課税選択届出書**を**戸籍謄本**等とともにその承継者である子供の住所地の管轄の税務署に提出します。

https://www.nta.go.jp/taxanswer/sozoku/4304.htm

あわせて、相続時精算課税を適用する財産についての**贈与税の申告書**も提出します。

②翌年以後

現オーナーから承継者である子供が贈与を受けた財産があるときは、納税の有無に関わらずその翌年2月1日から3月15日までに贈与税の申告書を提出します。

③現オーナーが亡くなった際の相続

相続税の申告書に**相続時精算課税適用財産**の明細と**相続時精算課税分の贈与税**の金額を記載して相続税の計算を行います。

相続時精算課税を利用するシーンと利用時の注意事項

●(1) 相続時精算課税の利用を想定するシーン

相続税が発生しないか低額であると想定される場合が考えられます。たとえば、現オーナーから相続する親族が母親と子供1人のみで、相続が想定される相続財産が自社株式3千万円と自宅3千万円のみであるような場合、**基礎控除**4千2百万円(3千万円+相続人2人×6百万円)などを考慮すると**ほとんど相続税が発生しません。このような場合の自社株贈与**に利用すれば、生前贈与をしながら、実質税金負担は贈与税よりも低率な相続税分のみの負担という状況を実現することができます。

●(2) 相続時精算課税の利用時の注意事項

①一回選択するとやめられない

現オーナーから事業承継する子供に対する株式の贈与につき一旦**相続時精算課税選択届出書**を提出してしまうと、その後、現オーナーが亡くなるまでの間、**その子供に贈与をした財産は全て相続時清算税の対象財産**となってしまいます。ですので、5-12節にあるような贈与税の非課税限度110万円や超過累進税率の低率部分を利

277

用した節税はできなくなります。現オーナーからの承継計画を立ててその課税関係を見極めてから選択をする必要があります。

②親族の理解は依然として重要

　相続時精算課税という方法で贈与税と相続税については特例措置が受けられますが、実態は生前贈与となにも変わりがありません。**特別受益**による持戻しの対象にもなりますし、親族から**遺留分減殺請求**を受ける可能性があるのも同様です。3-4節、3-5節、3-6節にあるように遺留分の対策を行っておくことが有効です。生前に相続時精算課税の贈与をして、相続開始後相続財産については**相続放棄**の手続きをとり、明確な意思表示をするということをされる場合もあります。

> ### 用語の解説
>
> **戸籍謄本**：戸籍とは国民各個人の身分関係を公にした公文書で、その原本の全部をそのまま転写したのが戸籍謄本です（現在では、全部事項証明書といわれます）。
> **贈与税**：資産を無償で譲り受けたときに、譲り受けた人が負担する税金をいいます（4-3節参照）。
> **基礎控除**：贈与税の計算をするときには、贈与を受けた金額から110万円を引くことができます。これを贈与税の基礎控除といいます（4-3節参照）。

12 株式を特定の相続人に集めて相続させるには？

会社は、長男に承継させようと思っていて、それは次男にも三男にもよく言い聞かせてあるんだ。だから大丈夫だと思うけど、私に何かあった場合のことを考えると少し心配ではあるなあ

口頭で言い聞かせてあるから大丈夫！ という考え方は、相続を「争族」にしかねません。まず最初のステップとして、遺言書を書くことが必要ですね

もし遺言書がなかったら

遺言書がもし無かったら、会社の株式はどうなってしまうのでしょうか？

相続が発生した時に遺言が無い場合、相続財産は、遺産分割協議が完了するまでの間、原則として「**共有**」、つまり互いに持ち合う状態になります（民法898条）(3-2節)。

そして、所有権以外の権利を複数人で持ち合う場合を「**準共有**」（民法264条）といい、「株式」の場合は、「株主権」を複数人（相続人）で持ち合うものとして(3-14節)、この「準共有」になります。法定相続分に従って、当然に分割されてしまうわけではありませんので注意してください。

例えば、Aが死亡し、Aが400株を持っていて、相続人として妻Bと2人の子供（C,D）がいた場合、もし相続分に従って分配されるのであれば、Bは400株の2分の1の200株、CとDには100株ずつ取得することになります。しかし、上記のように当然に分配されるわけではなく、遺産分割協議未了の間は、あくまで妻Bと子ども2人が300株の株式を「持ち合う」状態になります。

では準共有になるとどのような困った点が生じてしまうのでしょうか。

遺言書の必要性を理解しよう

●株式が準共有になった場合の問題点とは？

遺産分割協議で揉めてしまい、長期の間、協議が成立しないということも考えら

279

れます。その間、株式に基づく権利の行使をどう行うかは、会社法106条が規定しています。すなわち、相続人のうち、株式の権利を行使する者1人決めて、会社に対しその者の氏名を通知し、その権利行使者が、株主としての権利を行使するということになっています。

しかし、そもそも遺産分割協議で揉めている状態なのですから、上記の権利行使者を誰とするのかも揉めてしまい、協議で決まらないかもしれません。その場合、「権利行使者を誰とするか」は、判例（最高裁判所平成9年1月28日判決・最高裁判所裁判集民事181号83頁参照）上、持分の価格に従い、その過半数で決定することができる、とされています。先の例でいえば、妻Bの持分は2分の1、子CとDは4分の1ずつです。ですので、もしAが生前、後継者を長男Cにしたいと思っていたとしても、妻B（2分の1）と子D（4分の1）が、子Dを権利行使者にすると主張すれば、過半数を超える支持を得た子Dが権利行使者になり会社の経営権を握ってしまう、ということになりかねません（権利行使者の決定の態様や行使内容によっては、権利濫用になる可能性もあります）。また、もし相続人が子ども2人であったとすると、その持分は2分の1ずつですので、過半数をどちらも取ることができず、権利行使者が決められない、いわば「デッドロック」状態になります。これでは、会社の経営を進めることができず、滅茶苦茶になってしまいかねません。

従って、生前に対策をしておくことが事業承継には必要不可欠ということになります。ここでは、相続により株式を特定の相続人に集める場合を確認します（株式を生前贈与する方法について、5-8節参照）。

●遺言書の書き方とは？

相続人が複数いる場合に、相続により株式を特定の相続人に集めるのであれば、まず、遺言書の作成が必要です。

遺言書の種類は、①**自筆証書遺言**（本人が作成する遺言書、民法968条）、②**公正証書遺言**（公証役場にて公証人に作成してもらう遺言、民法969条）等があります。特に、自筆証書遺言の場合には、本人が作成するため、相続財産に見落としがないようにすること、また、本人が全部自筆すること（パソコンで作成する等は不可）等の形式に注意が必要です（3-3節）。

自筆証書遺言、公正証書遺言を問わず、特定の相続人（例えば長男）に自社（X社とします）株式を集約させる場合には、下記のような文言を入れることになります。

> **例**：遺言者は、遺言者の有する下記の財産を長男であるＡ（昭和○○年○月○日生）に相続させる。
> Ｘ株式会社の株式の全て

なお、仮に相続の際に、娘婿等に株式を遺贈したい場合には下記の記載例になります。

> **例**：遺言者は、遺言者の有する下記の財産を、遺言者の娘の夫であるＢ（昭和○○年○月○日生、住所　◎◎●）に遺贈する。
> Ｘ株式会社の株式の全て

●相続発生後の手続きは

中小企業の多くは、見知らぬ者が株主となって会社の経営に影響を及ぼすことを防ぐため、株式に譲渡制限を付しています。譲渡制限を付していたとしても、相続によって相続人へ株式が移転する場合は、会社の承認が必要な「譲渡」ではなく、相続による相続人に対する当然の「承継」となります（民法896条）（3-1節）。ただし、株式の分散の防止を徹底するため、相続が生じた場合に、会社が、相続人に対し、当該株式を売り渡すように請求できる「**売渡請求権**」を定款で規定している場合があります（3-1節）。売渡請求権が規定されており、かつ、有力な反対株主がいる場合には、せっかく相続人である後継者が取得した株式に対しても、反対派主導で売渡請求権が行使され、株式を取り上げられかねません。この場合には、遺言書の文言上等も対策が必要ですので、専門家にご相談ください。

なお、娘婿のように相続人ではない者が株式の遺贈を受ける場合には、通常の、株式の「譲渡」と同じこととなり、会社の承認が必要です（3-1節）。手続き的な煩雑さを防ぐため、娘婿等を後継者にすると決めた場合には、予め定款で、例えば「○％以上の株式を有していた者からの遺贈による株式の取得は、会社が承認したものとみなす」といった規定を置いておくと良いでしょう。

遺言上は、遺留分への配慮を忘れずに！　また、遺言執行者を決めておこう！

遺留分とは、兄弟姉妹を除く、法定相続人（子ども等）に対して法律上確保されている、遺言によっても取り上げることのできない遺産に対する「最低限度の取り分」を言います。この遺留分が侵害された場合、相続人は、侵害を回復する限度において、遺贈等の効力を否定することができます。

そのため、遺言書を作成するにあたっては、後継者ではない相続人の遺留分を侵害しないよう、配慮する必要があります。これは、後継者が相続人であろうと、相続人ではない娘婿に遺贈する場合であろうと同じです。

また、生前に株式を譲渡していたとしても、特に後継者が相続人の場合には、当該株式の譲渡がその相続人に特別な利益を付与したもの（**特別受益**）とされる場合には、贈与された時期にかかわらず、遺留分算定の基礎となる財産に算入される可能性があります。生前に贈与しているから遺留分は関係ない、という訳ではありません。

自己の財産を書きだし、株式等の評価（4-6節）を前提に、後継者に株式を与えることを前提に、他の相続人には預貯金を与える等、遺留分を踏まえた分配を行うよう気を付けてください。なお、各々の相続人の遺留分がどの程度かという点については、3-4節を参照ください。

なお、遺言書を作成しても、相続が発生した際、その内容が実現されなければ意味がありません。そこで、遺言書において、「**遺言執行者**」を定めておくことをお勧めします。では、「遺言執行者」とは何でしょうか。

遺産に関して、名義変更や登記の移転等、遺言の内容を実現することを「遺言の執行」といいます。この遺言の執行を行う者を「遺言執行者」というのです。この遺言執行者は遺言書の中で指定しておく必要があります。せっかく遺言を遺しても、遺言の内容の実現に、後継者ではない他の相続人が積極的に動くとは限りません。また、遺言の実現には、不動産や株式の処理等、専門的な手続きが必要になってくることもあります。ですので、遺言書の内容がしっかり実現されるように、信頼のおける第三者（弁護士等の専門家がよいでしょう）を遺言執行者に指定しておくことが有用です。

用語の解説

準共有：複数の人で、所有権以外の権利を持つこと。
遺留分減殺請求：兄弟姉妹を除く、法定相続人（子ども等）には、遺言によっても取り上げることのできない、最低限度の、遺産に対する取り分が、法律によって確保されており、これを遺留分と言います。この遺留分を請求することを言います。
特別受益：特定の相続人が、被相続人から、生前贈与や遺贈等、特別な利益を受けている場合をいいます。
遺言の執行：遺産に関して、名義変更や登記の移転等、遺言の内容を実現すること。また、遺言の執行を行う者を「遺言執行者」と言う。

13 兄弟間の争いを未然に防ぐためには？

うちは長男を後継者にするつもりで、株式も長男に譲渡することにしているんだ。子どもが3人いるから、兄弟の争いが発生しないよう、何か方法をとっておくことはできないのかな？

遺言書の記載方法に工夫をすることもできますし、特に株式については、中小企業承継円滑化法の特例で、遺留分の制約を回避する方法もあります。他には、遺留分の生前放棄という方法もありますよ

兄弟間の紛争を防ぐためには

　遺留分とは、兄弟姉妹を除く、法定相続人（子ども等）に法律上保証された、遺言によっても取り上げることのできない、遺産に対する最低限度の取り分を言います。この遺留分を請求することを「遺留分減殺請求」と言います。

　遺留分減殺請求権は、必ずしも行使されるとは限りません。父の意思を汲み、弟が遺言書の内容に黙って従うということも、もちろんあり得ます。しかし、行使された場合、後継者に株式を遺贈等したにもかかわらず、結果として株式が分散してしまった、そのため事業の承継そのものがうまく行かなくなってしまった、ということが考えられます。また兄弟間の紛争自体、親として望ましいものではないでしょう。そのため遺留分に対する対策を考える必要があります。

　遺留分に対する対策一般としては、遺言書の記載方法の工夫や種類株の活用（3-15節）等があります。また、紛争を未然に防ぐ方法として、遺留分の生前放棄（3-6節）や、株式については特に、中小企業承継円滑化法の特例の活用（3-8節）が考えられます。ここでは、事業承継と紛争を未然に防ぐという点から、対応をまとめて説明します。細かい説明については各節を参照ください。

遺言書の記載の工夫等や特例の活用

● 遺言書の記載の工夫

法的な効力はありませんが、他の相続人の納得できない気持ちを和らげるため、遺言書に「付言事項」を残すという方法もあります。付言事項とは、「相続人に対する感謝の気持ち等、法的効力を直接発生させることを目的としない文章」(3-4節)のことです(3-5節も併せて参照ください)。

弟に対し、これまで会社を手伝ってきた兄に事業を承継させること、そのために株式等を相続させる遺言を遺すこと、そして、自分としては会社を遺していくことが希望であり、兄弟争ってほしくない、遺留分減殺権を行使等してほしくないということを、いわば最期のメッセージとして記載しておきます。

また、複数の遺産がある場合には、遺言書上、「遺留分減殺をする財産の指定をする」という方法もあります。遺留分減殺請求権が行使された場合に「どの財産から減殺(効力を否定)するべきか」という点を、遺言書で指定することができるからです(ただし、一定の条件があります。3-5節参照)。

ですので、仮に、株式と預貯金等の全てを長男に相続させる際に、仮に弟が遺留分減殺請求権を行使した場合には、預貯金から減殺請求権を行使するように、と指定しておくことも考えられます。

● 遺留分の生前放棄とは?

後継者以外の相続人(相続人となる者、推定相続人)に、理解があるならば、被相続人の生前に、予め遺留分を放棄してもらう手続きもあります。これが「**遺留分の生前放棄**」と言われる手続きで、遺留分権利者が、被相続人の住所地を管轄する家庭裁判所に申立をし、許可を得なければなりません。(3-6節) 許可を得れば、遺留分権利者は、相続が発生した場合、遺留分を主張できなくなります。

後継者以外の相続人において、理解があるのであれば、上記手続きを取っておいてもらうことは、遺留分対策として、充分な効果があります。遺留分の主張自体ができないわけですので、兄が取得した株式についても減殺されることはありません。ただし、家庭裁判所から、遺留分の生前放棄が許可されるためには、遺留分権利者に放棄の「見返り」、つまり一定の生前贈与等があることが原則として求められます。

●経営承継円滑化法の特例の活用

前記遺留分の生前放棄は、相続人（となる者、推定相続人）が自身で手続きをしなければならないという問題点があることと、相続人が複数いる場合には、各々の相続人に対する判断が家庭裁判所によりバラバラになってしまうリスクがあります。そこで、「中小企業における経営の承継の円滑化に関する法律（経営承継円滑化法）」による、民法の遺留分の特例を使うことが考えられます（3-8節）。特に株式については有用です。

この特例の下、後継者は、推定相続人全員と下記の合意を締結し、必要な手続きを踏むことにより合意の効果を受けることができます。

①除外合意

後継者が贈与等を受けた株式の価額を、遺留分を算定するための財産の価額に算入しない、要は「除外」する合意です。 株式について遺留分の対象にならないため、円滑な事業承継に資するものです。

②固定合意

後継者が贈与等を受けた株式について、遺留分を算定するための財産の価額に算入すべき価額を合意の時における価額に「固定」する合意です。株式について評価が上がってしまうことで、遺留分額が増えるということを防止する効果があります。

ただし、いずれの合意にしても、合意書を締結後、後継者は、経済産業省の確認及び家庭裁判所の許可を受ける必要があります。

また、上記①②の合意に付随して、株式以外の財産（事業用の不動産等）についても遺留分の算定の基礎となる財産から除外する合意をすることもできます（不随合意と言います）。

ですので、上記の民法の特例に従い、後継者となる兄が中心となって必要な手続きを履践することで、事業承継のために必要不可欠な株式・事業用の施設等を、遺留分減殺請求から一定程度確保することができます（ただし、特例の適用を受けるための条件については、3-8節を参照ください）。

特例の活用も遺留分の生前放棄も、専門家への相談がスムーズ！

上記に上げた方法を活用することで、将来的な兄弟の紛争を、未然に防ぐことも可能です。

なお、遺留分の生前放棄では要件を満たした許可申立書を、特例の活用は、まずはしっかりした合意書を作成することが重要です。申立書あるいは合意書の確認という点だけでも、専門家の確認を得ることをお勧めします。全体手続きの代理人を依頼するという方法ではなく、ピンポイントで確認してほしい書類について弁護士等専門家に確認を依頼するということもできます。

また、税務的な対策は自項以降に記載しているので、併せて参照してください。

用語の解説

遺留分減殺請求：兄弟姉妹を除く、法定相続人（子ども等）には、遺言によっても取り上げることのできない、最低限度の、遺産に対する取り分が、法律によって確保されており、これを遺留分と言います。この遺留分を請求することを言います。

特別受益：特定の相続人が、被相続人から、生前贈与や遺贈等、特別な利益を受けている場合をいいます。

推定相続人：仮に、現状のままで相続が開始した場合には、相続権があるであろう人のこと。

遺留分の生前放棄：遺留分を有する推定相続人が、被相続人が生きている間に、家庭裁判所の許可を得て、予め遺留分を放棄すること。

中小企業における経営の承継の円滑化に関する法律（経営承継円滑化法）：中小企業の経営の承継の諸問題に対応するために、平成20年に施行された法律。

14 自社株の贈与や相続にかかる税金を待ってもらうことって！？

自社株の税金は高くて払えん！

非上場株の納税猶予という制度で納税を待ってもらうことができるよ

自社株の相続、贈与の税金を待ってもらう方法があります

　現オーナーから後継者が自社株式の贈与を受けた場合にはその自社株式の価額に対応する贈与税をその翌年に納税する必要があり、現オーナーが亡くなったことにより後継者が自社株式を相続した場合には、その自社株式の価額に対する相続税をその亡くなった日から10ヶ月以内に納税する必要があります。**非上場株の納税猶予**という制度を利用すると、**3分の2の議決権数に達するまで**の自社株式の**贈与または相続の納税**について、**贈与税についてはその全額**を、**相続税については**その株式に対応する相続税の**80％相当**[1]の金額を待ってもらうことができます。

＊1　超過累進税率の税率差や他に相続をした財産がある場合など税額の80％とはなりませんが、概ね自社株式の相続に対応する相続税の80％程度です。

非上場株式の納税猶予の概要

相続・贈与共に大きな流れは同じです。下記国税庁のページのあらましをベースにご説明します。

▼非上場株式の納税猶予の概要

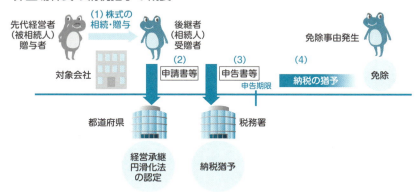

●（1）自社株の相続・贈与

先代経営者が後継者に対して自社株の贈与をしたり、先代経営者が亡くなり後継者が自社株の相続をしたところから始まります。後継者となれる人としてかつては**親族**に限られていましたが、現在では**親族以外の人**でもこの制度を利用できるようになっています。

●（2）経営承継円滑化法の認定を受ける

中小企業庁管轄で進められている認定ですが、提出先は各都道府県になっています。**認定には提出期限（贈与は翌年1月15日まで、相続は先代経営者が亡くなってから8ヶ月以内）**があるので注意が必要です。認定を受けていないと、（3）において非上場株式の納税猶予の適用を受けられないです。ここでは会社や先代経営者、後継者が納税猶予の要件に合致しているかの確認をされ、合致していれば、認定を受けられることになります。納税猶予の適用対象となる条件を簡単に見ていきましょう。

①対象会社
・経営承継円滑化法における中小企業であること
　中小企業基本法の範囲としながら、円滑化法では要件をゆるくしている業種があ

ります。資本金の額と従業員数は**「又は」**で接続されているため、**どちらかが該当すれば**、中小企業にあたることになります。

・上場会社、風俗営業会社、資産保有型会社に該当しないこと

▼経営承継円滑化法における中小企業

中小企業基本法上の中小企業者の定義

	資本金	又は	従業員数
製造業その他	3億円以下		300人以下
卸売業	1億円以下		100人以下
小売業	5千万円以下		50人以下
サービス業			100人以下

政令により範囲を拡大した業種
（灰色部分を拡大）

	資本金	又は	従業員数
ゴム製品製造業（自動車又は航空機用タイヤ及びチューブ製造業者並びに工業用ベルト製造業を除く）	3億円以下		900人以下
ソフトウェア・情報処理サービス業	3億円以下		300人以下
旅館業	5千万円以下		200人以下

②先代経営者

・会社の**代表者**であったこと

・会社の**代表者を退任**していること（贈与の場合）

・一定の株数以上（詳細は5-15節参照）を**一括贈与**すること（贈与の場合）

・その贈与または相続の直前において先代経営者と**同族関係者**で**50%超**の株式を保有していたこと

・その**同族関係者**の中の**筆頭株主**であったこと

③後継者

・会社の**代表者**であること

・**20歳以上**かつ**役員就任から3年以上**経過していること（贈与の場合）

・先代経営者が亡くなる直前において取締役などの**役員**であること（相続の場合）

・贈与または相続後で後継者とその**同族関係者**で**50%超**の株式を保有していること

・その**同族関係者**の中の**筆頭株主**であること

●（3）贈与税、相続税の申告

非上場株式の納税猶予の適用を受ける旨を記載した相続税または贈与税の申告書などを（2）で認定を受けた**認定書の写し**とともに**担保提供関係書類**とあわせて提出します。担保については、納税猶予の適用を受ける**贈与税または相続税額とその利**

子税の額以上の担保が必要となり、納税猶予の適用を受ける非上場株式も一定の要件のもとで担保とすることができます。

●(4) 贈与税、相続税の納税の猶予

贈与税についてはその全額を、相続税についてはその80%程度の納税について原則的には免除事由が生じるまで待ってもらうことができます。**免除事由**としては、先代経営者が亡くなったり（贈与の場合）、事業承継者が亡くなったり（相続の場合）などがあります。

▼納税猶予期間のタイムテーブル

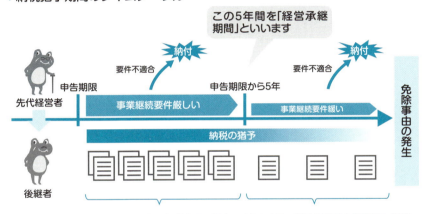

この猶予の期間は、**申告期限から5年以内の期間と5年を超える期間**に分けることができます。**5年以内の期間**については、**事業継続要件が厳しく、報告書**や**継続届出書**を**毎年**提出する必要があります。報告書の提出を怠ることや、**事業継続要件**を満たさなくなった場合には、納税猶予は取り消され、待ってもらっていた相続税・贈与税を申告期限からの利子税とともに納付しなければならないことになります。**5年を超える期間**において**事業継続要件**はゆるくなり、報告書の提出はなく、**継続届出書**の提出頻度も**3年に1回**になります。

非上場株式の納税猶予を利用するシーンと利用時の注意事項

●(1)非上場株式の納税猶予の利用を想定するシーン

承継する非上場株式の価額が非常に高く、納税が難しい場合が想定されます。**持分の3分の2以内の贈与、相続**であれば**贈与時にはその全額、相続ではその80%相当の納税が猶予**され、最終的に死亡や次の代の納税猶予の贈与の適用で**免除**になります。下記のように納税猶予を世代間で繰り返して利用することで、**相続時に実質20%分の納税**をすることで納税猶予が引き継がれてゆくことになります。

▼納税猶予を世代間で受け継ぐ

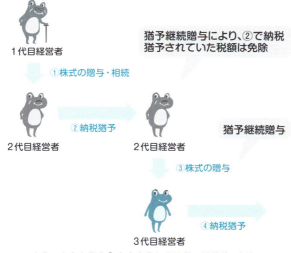

出典：中小企業庁「-中小企業経営承継円滑化法-申請マニュアル【相続税、贈与税の納税猶予制度】平成29年4月施行」をもとに作成 (http://www.chusho.meti.go.jp/zaimu/shoukei/2014/141217syoukei270101.pdf)

●(2)事業継続要件に注意(利用時の注意)

相続、贈与ともに猶予を継続するための**事業継続要件**を満たしている必要があります。**5年間の雇用の平均8割以上**の要件が特に注意が必要です。5年以内に業績悪化などで平均8割未満人数への雇用の調整をせざるをえないことになってしまった場合には、贈与税・相続税と利子税の納税となってしまうことになります。ただしかつては1年間でも8割未満になったら継続要件不適合であったので、かつてよりは要件がゆるくなっています。

▼事業継続要件を満たせるように

要件	5年間	5年経過後
後継者が会社の代表であること	○	－
雇用の8割以上を5年間平均で維持すること	○	－
後継者が同族内で筆頭株主であること	○	－
上場会社、風俗営業会社に該当しないこと	○	－
猶予対象となった株式を継続保有していること	○	○※
資産保有型会社等に該当しないこと	○	○

○：要件を満たす必要がある　－：要件を満たす必要がない
※　株式を譲渡した場合には、その譲渡した部分に対応する相続税と利子税を納付します。保有し続ける株式に対応する相続税は、引き続き納税が猶予されます。

出典：中小企業庁「- 中小企業経営承継円滑化法 - 申請マニュアル【相続税、贈与税の納税猶予制度】平成29年4月施行」をもとに作成（http://www.chusho.meti.go.jp/zaimu/shoukei/2014/141217syoukei270101.pdf）

用語の解説

議決権数：議決権とは、株主総会での決議に参加して票を入れることができる権利のことで、一般的には1単元株に対し1つの議決権があります。
経営承継円滑化法：日本経済の基盤となるべき中小企業の経営承継は、雇用の確保や地域経済活力維持の観点からきわめて重要です。この中小企業が経営承継されないと、中小企業の持つ貴重な技術力やノウハウの散逸が懸念されます。そこで、中小企業の円滑な経営承継を支援する中小企業経営承継円滑化法が成立しています。
中小企業基本法：中小企業に関する施策について、その基本理念、基本方針その他の基本となる事項を定めるとともに、国及び地方公共団体の責務等を明らかにすることにより、中小企業に関する施策を総合的に推進し、もつて国民経済の健全な発展及び国民生活の向上を図ることを目的として制定された法律です。

平成30年度税制改正について

事業承継税制の特例の創設等が平成30年度税制改正大綱にあがっています。

平成30年1月1日から平成39年12月31日までに相続または贈与による非上場株式の納税猶予における特例が与党の改正案に取り上げられています。国会審議を経て、確定すれば変わる可能性がありますので、5-14～16節においては、最新の税制を税理士等に確認して対策を検討することが必要になります。

国税庁：https://www.nta.go.jp/

中小企業庁：http://www.chusho.meti.go.jp/

改正案に取り上げられているのは主なものとして次の事項です。

(1) 納税猶予の対象株式数

　　改正前　3分の2に達するまでの株式

　　改正後　全ての株式

(2) 納税猶予税額（相続税）

　　改正前　相続税の80％

　　改正後　相続税の全額

(3) 事業継続要件（雇用継続）

　　改正前　相続、贈与時の雇用の8割を下回ると満たさなくなる

　　改正後　8割を下回っても理由を記載した書類の提出で満たす

(4) 先代経営者の要件

　　改正前　先代経営者1名から

　　改正後　複数人から

(5) 後継者の要件

　　改正前　後継者の1名へ

　　改正後　後継者複数人（最大3名）へ

(6) 譲渡、合併、解散により納付となった場合の納付金額

　　改正前　株式の贈与時、相続時の相続税評価額を基に計算した納付税額

　　改正後　一定の要件を満たす場合には、譲渡対価、合併対価、解散時の相続税評価額を基に再計算して原則を下回る場合差額を免除

(7) 贈与税の納税猶予の適用と同時に相続時精算課税の適用対象となる人

　　改正前　贈与者の推定相続人（贈与年1月1日で20歳以上）

　　改正後　贈与者から非上場株式の贈与税の納税猶予の適用対象の贈与を受けた者（推定相続人以外も対象）（贈与年1月1日で20歳以上）

15 自社株を贈与した場合に贈与税を待ってもらう方法を詳しく知りたい

自社株を贈与するんだけど贈与税待ってもらえるよね！？

非上場株の贈与税の納税猶予という制度で納税を待ってもらうことができるよ

自社株の贈与の税金を待ってもらう方法

現オーナーから後継者が自社株式の贈与を受けた場合にはその自社株式の価額に対応する贈与税をその翌年に納税する必要があります。**非上場株式の贈与税の納税猶予**という制度を利用すると、**3分の2の議決権数に達するまで**の自社株式の贈与の納税について、その全額を待ってもらうことができます。

非上場株式の贈与税の納税猶予

流れは5-14節で確認していますので、贈与税独自の内容について見ましょう。

●（1）自社株の全部又は一定以上の一括贈与

先代経営者が後継者に対して自社株の贈与をした場合に納税猶予の対象となりますが、対象とする贈与については、下記の贈与に限られています。

先代経営者と後継者の贈与前の持ち株割合の合計が3分の2未満の場合
→ 先代経営者が保有する株式全ての一括贈与

先代経営者と後継者の贈与前の持ち株割合の合計が3分の2以上の場合
→ 先代経営者と後継者の持ち株割合の合計が3分の2になるまでの株式の一括贈与

▼図1 非上場株式の贈与税の納税猶予

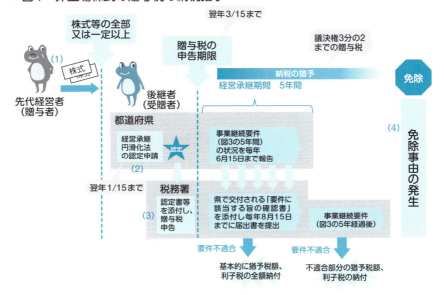

● (2) 経営承継円滑化法の認定を受けます

　中小企業庁管轄で進められている認定ですが、提出先は各都道府県になっています。認定の提出期限は贈与を受けた年の翌年1月15日までですので注意が必要です。認定を受けていないと、納税猶予の適用が受けられないことになります。認定では会社や先代経営者、後継者が納税猶予の要件に合致しているかの確認をされることになります。納税猶予の適用対象となる条件のうち贈与独自のものを簡単に見ていきましょう。

①先代経営者（会社の代表者を退任していること）

　代表取締役は後継者に譲っている必要があります。以前は役員を退任することが要件となっていましたが、会社の代表者を退任していることが要件となっています。この適用を受けても取締役として先代が後継者をサポートすることができるようになっています。

②後継者（20歳以上かつ役員就任から3年以上経過していること）

会社役員として従事した期間があることが要件となっています。長期的な事業承継計画のなかでのこの制度の適用が想定されていると考えられます。

●（3）贈与税の申告

申告書に認定書の写しと担保提供関係書類を添えて提出することになります。納税が猶予される贈与税については、その納税猶予の適用を受ける非上場株式の贈与税の全額となりますが、他の贈与がある場合で**暦年贈与**の場合には下記のような計算になります（相続時精算課税の適用については、後ほど説明します）。納税額は①から②を引いた金額になります。**超過累進税率**で財産の価額が多ければ多いほど贈与税率は高くなりますので、複数の財産の贈与をしている場合には、暦年贈与の場合には税率が低い部分が猶予され、高い部分は納税しないといけないことになります。

▼図2　非上場株式の贈与税の納税猶予額の計算

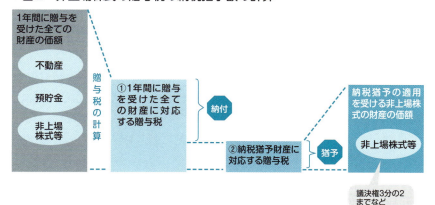

●（4）贈与税の免除になる場合

主なものとしては下記になっており、事業継続要件を満たしている限りにおいて、事業を後継者に承継してゆくためのほぼ全てのパターンで免除が想定されています。かつては先代経営者が亡くなる前に3代目に贈与することは認められていませんでしたが3代目への贈与も認められています。

①先代経営者が亡くなった場合

②先代経営者が亡くなる前に後継者が亡くなった場合

③先代経営者が亡くなる前に**経営承継期間**後[*1]に３代目に贈与税の非上場株式の納税猶予の適用のある贈与をした場合

④経営承継期間後に承継会社が倒産等した場合

＊1　経営承継期間経過前でも障害者になった場合などに該当すれば免除対象になります。

非上場株式の贈与税の納税猶予を利用時の注意事項

（1）事業継続要件に注意

　5-14節でも確認していますが、事業継続要件を満たさなくなってしまう場合には、納税が猶予されていた贈与税と申告期限から納付日までの**利子税**[*2]を納付する必要が出てきてしまいます。事業継続要件を満たすことができるかどうかは適用を受ける前に充分検討をする必要があります。

＊2　近年、経営承継期間（5年）後については利子税は免除されることになりました。

▼図3　事業継続要件を満たせるように

要件	5年間	5年経過後
後継者が会社の代表であること	○	－
従業員数の8割以上を5年間平均で維持すること	○	－
後継者が同族内で筆頭株主であること	○	－
上場会社、風俗営業会社に該当しないこと	○	－
猶予対象となった株式を継続保有していること	○	○※
資産保有型会社等に該当しないこと	○	○

○：要件を満たす必要がある　－：要件を満たす必要がない
※　株式を譲渡した場合には、その譲渡した部分に対応する贈与税と利子税を納付します。保有し続ける株式に対応する贈与税は、引き続き納税が猶予されます。

出典：中小企業庁「- 中小企業経営承継円滑化法 - 申請マニュアル【相続税、贈与税の納税猶予制度】平成29年4月施行」をもとに作成（http://www.chusho.meti.go.jp/zaimu/shoukei/2014/141217syoukei270101.pdf）

● （2）相続時精算課税が適用できる

　以前は納税猶予と相続時精算課税は重複適用ができなかったのですが、最近、非上場株式の贈与に相続時精算課税贈与を適用できるようになりました。相続時精算課税については、5-11節で説明していますので、参照してください。非上場株式の贈与に相続時精算課税を適用するということのメリットは事業継続要件を満たせなくなった場合に顕著です。事業継続要件を満たせなくなった場合においても、猶予を受けた非上場株式の価額2,500万円までについては贈与税を納める必要がなく、それを超える部分についても20％定率の贈与税であり、先代が亡くなった際の相続税で精算することができるようになるということです。後継者が先代の子供であるなど場合で、自社株以外に承継をする財産が少ない場合など、一つの選択肢となります。

　平成29年12月に閣議決定された平成30年度税制改正大綱で非上場株式の納税猶予の特例が取り上げられています。正式には今後の国会審議を経ての改正となりますが、さらに利用しやすくなる方向性ですので、今後の動向に注目です。
　最新の情報は、国税庁、または中小企業庁のホームページ等でご確認ください。
　なお、予定されている主な改正項目は5-14節のコラムをご参照ください。

16 自社株を相続した場合に相続税を待ってもらう方法を詳しく知りたい

自社株を相続したんだけど相続税待ってもらえるよね！？

非上場株の相続税の納税猶予という制度で納税を待ってもらうことができるよ

自社株の相続の税金を待ってもらう方法

先代経営者から後継者が自社株式を相続により取得した場合にはその自社株式の価額に対応する相続税をその先代経営者の死後10ヶ月以内に納税する必要があります。**非上場株式の相続税の納税猶予**という制度を利用すると、**3分の2の議決権数に達するまで**の自社株式の相続税の納税について、**その80％程度**を待ってもらうことができます。

非上場株式の相続税の納税猶予

流れは5-14節で確認していますので、相続税独自の内容について見ましょう。

●（1）納税猶予の対象となる株式

先代経営者から後継者に相続で取得した自社株式のうち、下記のものが納税猶予の対象となる株式になります。

・後継者が相続時にすでに保有していた自社株式と、相続で先代から取得した自社株式の合計が全体の3分の2になるまでの株数。

▼図1　非上場株式の相続税の納税猶予

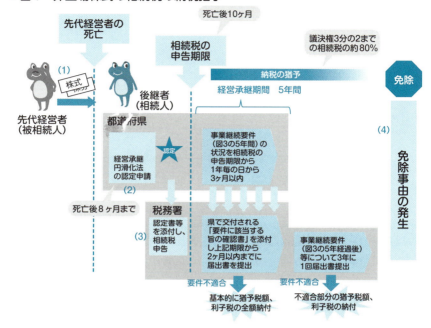

● (2) 経営承継円滑化法の認定を受ける

　中小企業庁管轄で進められている認定ですが、提出先は各都道府県になっています。認定は先代経営者が亡くなってから8ヶ月以内に提出が必要であるので注意です。認定を受けていないと、納税猶予の適用を受けられないことになります。納税猶予の適用対象となる条件のうち相続独自のものは下記になります（他の条件は5-14節参照）。

①後継者
・先代が亡くなってから**5ヶ月以内**に会社の代表者であること
・先代が**亡くなった際に会社役員**であること（先代が亡くなる際に60歳以上の場合）

● (3) 相続税の申告

　申告書に認定書の写しと担保提供関係書類を添えて提出することになります。納税猶予の適用を受ける相続税の計算については、下記のようになっています。納税猶予額は②から③を引いた税額になります。後継者以外の相続人等が取得した財産

に自社株の価額を加える形で税額を計算しています。通常の計算により計算した相続税額から猶予税額を引いた金額については先代が亡くなってから10ヶ月以内に納付する必要があります。

▼図2　非上場株式の相続税の納税猶予額の計算

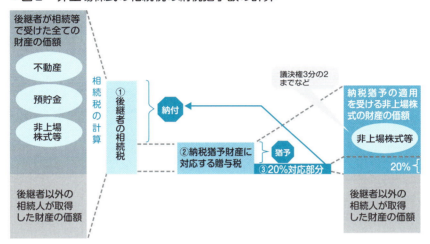

● (4) 相続税の免除になる場合

主なものとしては下記になっており、事業継続要件を満たしている限りにおいて、事業を後継者に引き継いでゆくためのほぼ全てのパターンで免除が想定されています。かつては後継者が亡くなる前に3代目に贈与することは認められていませんでしたが3代目への贈与も認められることになります。

①後継者が亡くなった場合
②後継者が亡くなる前に**経営承継期間後**[*1]に
　3代目に贈与税の非上場株式の納税猶予の適用のある贈与をした場合
③**経営承継期間後**に承継会社が倒産等した場合

[*1]　経営承継期間経過前でも障害者になった場合などに該当すれば免除対象になります。

非上場株式の相続税の納税猶予を利用時の注意事項

（1）事業継続要件に注意

5-14節でも確認していますが、事業継続要件を満たさなくなってしまう場合には、納税が猶予されていた相続税と申告期限から納付日までの**利子税**[*2]を納付する必要が出てきてしまいます。事業継続要件を満たすことができるかどうかは適用を受ける前に充分検討をする必要があります。

[*2]　近年、経営承継期間（5年）後についての利子税は免除されることになりました。

▼図3　事業要件を満たせるように

要件	5年間	5年経過後
後継者が会社の代表であること	○	－
雇用の8割以上を5年間平均で維持すること	○	－
後継者が同族内で筆頭株主であること	○	－
上場会社、風俗営業会社に該当しないこと	○	－
猶予対象となった株式を継続保有していること	○	○※
資産保有型会社等に該当しないこと	○	○

○：要件を満たす必要がある　　－：要件を満たす必要がない
※　株式を譲渡した場合には、その譲渡した部分に対応する相続税と利子税を納付します。保有し続ける株式に対応する相続税は、引き続き納税が猶予されます。

> 出典：中小企業庁「-中小企業経営承継円滑化法-申請マニュアル【相続税、贈与税の納税猶予制度】平成29年4月施行」をもとに作成（http://www.chusho.meti.go.jp/zaimu/shoukei/2014/141217syoukei270101.pdf）

（2）親族以外の人への承継について

近年、**親族**以外の人への相続税の納税猶予も適用できるようになりました。**親族**以外の人への承継の選択肢が広がったということで、事業承継がより、検討しやすくなったと考えることができます。ただし、配偶者と子供（子供が亡くなったことによる孫も含む）以外への相続については、**相続税の2割加算**という制度があり、納付、猶予する税額が2割増しとなりますので、相続税法上では若干の負担差はあります。

平成29年12月に閣議決定された平成30年度税制改正大綱で非上場株式の納税猶予の特例が取り上げられています。正式には今後の国会審議を経ての改正となりますが、さらに利用しやすくなる方向性ですので、今後の動向に注目です。
最新の情報は、国税庁、または中小企業庁のホームページ等でご確認ください。
なお、予定されている主な改正項目は5-14節のコラムをご参照ください。

17 信託ってなに？事業承継に役立つの？

「信託」というのを使って事業承継をする方法があると聞いたんだけど、具体的にはどういうことなのかな。そもそも信託ってどういうもの？

信託というのは、信託法という法律に基づく制度なんだ。事業承継の場面では、株式の運用管理を委託する人（委託者）、これを引き受ける人（受託者）、これによって利益を得る人（受益者）の３者が登場するよ

信託とは？

信託とは、「信じて託す」、つまり信用して任せるというニュアンスの言葉ですが、法律用語としては信託法によって厳密に定義されており、なかなかイメージが掴みにくいものです。

信託は、特定の者が、一定の目的に従い、財産の管理・処分等のために必要な行為をすべきものとすることをいいますが（信託法２条１項）、その方法としては、**契約による場合**（同法３条１号）、**遺言による場合**（同条２号）、**公正証書等で意思表示する場合**（同条３号）のいずれかしか認められていません。

「**委託者**」が信託をする人（頼む人）、「**受託者**」は財産の管理・処分の義務を負う人になります。「**受益者**」は、信託によって管理されている財産から利益を受ける権利（受益権）を持っている人のことをいい、委託者自身が受益者を兼ねる（委託者自身の利益のための信託という意味で、「自益信託」といいます）こともできますが、委託者と受益者を別々の人にする（他益信託）こともできます。

誰でも委託者として信託をすることはできますが、受託者として信託の引き受けをする側については、これを営業として行うこと（商事信託）ができるのは信託業法等により許可（免許）を受けた信託会社、信託銀行等に限られており、資格を持たない者が業として受託者になることは法律で禁止されています。しかし、業としてではなく、あくまで個別の関係に基づいて個人的に信託を引き受ける（民事信託）ことに

は何の問題もありません。

　本書で想定する信託は、現在のオーナーが保有する株式を信託財産として管理することを委託し、オーナーが亡くなった場合に備えるというものです。信託の設定方法や内容によってさまざまなバリエーションがあります。

遺言と信託はどう異なるのか

　オーナー株主が亡くなった場合の備えとしては、本書でも詳しく紹介してきた遺言という方法もあります。遺言ではダメなのでしょうか。

　信託のほうが遺言よりも全面的に優れた仕組みというわけではありませんが、信託には遺言と異なる次のようなメリットがあります。

▼遺言と比較した信託のメリット

	安定性	円滑性	柔軟性
遺言	いつでも新たな遺言を作成可能	遺言執行の手続きや遺産分割に巻き込まれる可能性	死亡しない限り一切効果が発生しない
信託	原則として変更できないものとすることができる	死亡と同時に当然に受益権を取得して承継できる	死亡だけでなく、認知症になったとき等にも対応可能

信託にはどのような手続があるか

　信託を設定する方法としては、契約によって信託を設定する方法、遺言による方法、信託宣言といって公正証書等を作成する方法がありますが、一般的に用いられているのは信託契約による方法です。

　ところで、「遺言によって信託をする」ということと、「遺言の代わりになる信託をする」ということは意味が異なるので覚えておいてください。前者はほとんど利用されておらず、もっぱら後者が「**遺言代用信託**」と呼ばれて利用されています。これは遺言ではなくあくまで契約として信託をするもので、ただ、死亡時にさまざまな効果が発生するので遺言の代わりになるというものです。遺言というのは、書きたい人が自分一人で書いておけば死亡時に自動的に効果が発生しますが、遺言代用信託は契約ですから、委託者と受託者の間で（委託者の生前に）合意して契約書を作成する必要があります。

本書では、主として会社の事業を承継することを目的とした信託の利用の仕組みを紹介しますが、信託は、その他にも、単に所有している資産（不動産や預貯金、保険等の金融資産など）を管理しつつ相続対策を行う場合についてもさまざまな形で活用できます。詳しくは信託の専門書籍に譲りますが、今後、ますます新たな活用方法が生まれてくると考えられます。

18 信託の活用方法を具体的におしえて

事業承継に信託を活用する方法としては具体的にどんなものがあるのかな

信託は契約内容によっていろんなバリエーションを作ることができるけど、標準的な方法のほかに、一般的に知られているのは「後継ぎ遺贈型受益者連続信託」などだね

事業承継を利用した株式の承継の標準的な方法は？

　現オーナー社長Ａさんが100％株主である場合に、その妻をＢ、子をＣ・Ｄの２人として、将来Ｃに会社を継いでもらいたいというケースを考えます。

　現在は、Ａが100％株主である以上、会社のことは全てＡが株式の議決権を行使して決めており、また、この株式は全てＡの財産です。もし何も対策をしない状態でＡが亡くなると、株式はＢ・Ｃ・Ｄの「**準共有**」状態となり、相続人の間で話し合いがつくまでの間、議決権行使も難しくなることは既に説明しました（3-14節）。また、Ａが亡くなるまでの間についても、認知症等によって適切な意思表示が困難になった場合、成年後見人が選任されて株式を管理することになりますが、誰が後見人になるかでトラブルになる可能性もありますし、親族間で紛争があると家庭裁判所は第三者の専門家（弁護士、司法書士等）を成年後見人に選任することが通常ですが、第三者には会社の適切な経営は困難ですし、その後に株式を贈与することもできなくなります。

　こういう場合に、Ａが健康なうちにＡを委託者とする信託契約を締結します。誰が受託者になるかがまずポイントですが、たとえばＢが受託者になってもかまいません（**家族信託**と呼ばれます）し、第三者である信託会社や信託銀行に依頼するケースもあります（もちろん、相応の費用が必要です）。ここではＢが受託者になる場合を想定しましょう。

　信託の対象となる財産（信託財産）はＡさんが保有している会社の株式です。この株式の管理は受託者であるＢに委ねられます。そうすると、株式の議決権もＢが行使することになりますが、ここで、信託契約で、「**議決権行使の指図権**」をＡに設定

しておきます。こうすると、Ｂが自由に議決権を行使して会社の経営を動かせるわけではなく、あくまでもＡの指図にしたがってしか議決権を行使できないことになり、実質的にはＡの経営権は維持されています。さらに、「もし今後Ａの認知症等が進んで適切な判断ができなくなってきた場合には、Ｂの判断で株式の議決権行使ができる」という内容を盛り込んでおくことで、Ａの認知症が急速に進んだような場合にも対応できます。このようにしても、Ｂは、信託法上、受託者として善良な管理者の注意をもって信託財産である株式を管理する義務（善管注意義務）があるので、会社のことを好き勝手にできるわけではないのがＡやＣにとっての安心ポイントです。

　また、株式の受益権は、Ａが生存している間はＡに持たせておき（自益信託）、Ａが死亡したときにＣ及びＤに移転することとします。株式の受益権は最初から子にしておいてもかまいませんが、その場合、実質的に信託を設定したときに子が株式を取得したものとみなされ、Ｃ、Ｄに贈与税が課税されることになります。死亡時に受益権が移転する形であれば、みなし遺贈として相続税の課税対象となります。逆に、会社の株価が下がっているタイミングで子を受益者とする信託を設定することで贈与税を低く抑えることも考えられます。

　ここで、議決権行使の指図権はＣのみに持たせ、受益権はＣとＤに平等に（でなくてもいいのですが、遺留分の問題が生じないように）移転させることにしておくことがポイントです。これによって、株式の財産的価値としてはＣもＤも相続したことになり、相続人間の不公平という問題がなくなり、遺留分減殺請求によって株式が分散する危険が減ります。他方で、Ｄは、財産としての株式はもっているものの、議決権行使の指図権はＣだけが持っている（その指図に基づいてＢが行使する）ので、基本的にＤは会社の経営には口出しができません。

　このようにして、信託を使ってＣに会社（事業）を承継させたいというＡの希望をかなえることができます。また、たとえばＢを介さないこともできますし、逆に、先に受益権をＣに設定しておき、Ａが委託者と受託者を兼ねれば、「実質的には生前贈与を済ませているが、株式の議決権行使＝経営は引退までＡが続ける」という仕組みにすることもできます。

後継ぎ遺贈型受益者連続信託とは？

　先ほどの例では、Ａが亡くなった後にＣが会社を承継することになっていましたが、もし事故や急病などでＣがＡより先に亡くなってしまった場合はどうなるでしょうか。このような場合に備えて、「次の後継者」だけでなく「次の次の後継者」も決めておくというのが**後継ぎ遺贈型受益者連続信託**です。仕組みとしては、信託

契約の中に、「ＣがＡより先に死亡したときは、Ａが死亡した場合にＣが取得するはずだった受益権はＣの子（Ａの孫）であるＥが取得する」という規定を加えることになります。

▼信託による事業承継の標準的な仕組み

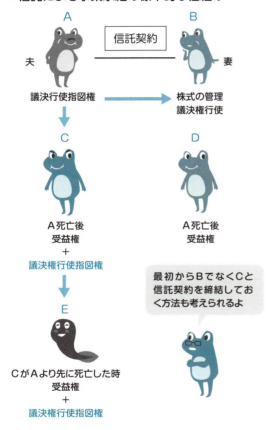

法務・税務面の専門家のアドバイスを

　信託法は平成18年に大改正され、一気に活用の幅が広がりました。非常に柔軟な仕組みを構成することができる、いわばフルオーダーメードの事業承継手法ですが、その分、どこでどのような税金がかかってくるか、法的な落とし穴はないか、慎重な検討が必要であり、専門家の支援なしに利用するのは困難です。こういう方法もあるという知識をもって専門家に依頼するようにしてください。

19 従業員持ち株会を使った事業承継ってどんなの？

従業員持ち株会って事業承継と関係があるの？

従業員持ち株会を使って事業承継を有利に進める仕組みを説明しよう

従業員持ち株会を使って事業承継の税金負担を少なくする

現オーナーから後継者が事業を承継する場合に、現オーナーがその対象会社の多くの株式を保有しており、これを承継しようと考えたときに、株式の評価額が高額になってしまうと、その贈与、相続には**超過累進税率**による多額の税金を納付する必要が出てきます。事前に従業員持ち株会を設立して、**自社株の持分割合を下げる**ことにより、**その贈与、相続による税負担を軽減**することができます。

従業員持ち株会を利用した事業承継の概要

●(1) 従業員持ち株会とは

従業員持ち株会とは自社株を保有する従業員の団体になります。大きな企業において存在するイメージですが、中小企業でも従業員持ち株会を設立することができます。従業員に任意に加入してもらい、自社株を保有し、持分にあわせて**配当金を受け取る**ことができるようになります。従業員は持ち株会に参加することで、**財産を形成**することができ、会社の成長が株式の価額の増加につながるため従業員の意欲を高めることにも効果があります。

●(2) 従業員持ち株会を利用した事業承継

次の図のように従業員持ち株会を設立して、オーナーの支配権に影響が無い範囲で、自社株の一部を保有してもらうことにより、事業承継にかかる株式の価額を低くして、税負担を軽減することができます。

▼従業員持ち株会の設立で事業承継をしやすくする

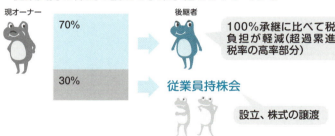

●（3）従業員持ち株会の従業員におけるメリット

　従業員は、現オーナーと同族関係者ではありませんので、株式の取得をするときの株式の評価額としては、**特例的評価方式**という2年間の配当の平均を10倍した金額で評価する方法で評価することができ、純資産価格などによる原則的評価方式と比べて非常に低額な評価額で取得することになり、負担が少なく自社株を取得することができます。仮に贈与だとすると贈与税の基礎控除110万円以内に収めることも容易になります。また、持ち株割合に応じた配当を受領することができ、資産形成をすることができます。

従業員持ち株会を利用した事業承継の応用的活用と注意事項

●（1）種類株式の活用（応用的活用）

　株式会社においては、普通株式以外に、議決権を制限した株式や配当を優先的に受け取ることができる株式などさまざまな種類の株式を発行することができます。オーナーが株式の一部を**配当優先無議決権株式**に変更し、これを従業員持ち株会に譲渡することで、オーナー側の議決権割合を変えずに、従業員における配当による資産形成を促進するような効果を得ることができるようになります。持ち株割合の変化によりその影響が懸念される際にも活用を検討する価値があります。

●（2）従業員持ち株会が否認される場合（注意事項）

　規約などにより組織が運営され、各従業員が自由の意思を持って参加されている持ち株会であれば問題ありませんが、オーナーが形だけ持ち株会を作り、従業員の意思を確認せずに株式の贈与をして株の移転をした場合など、従業員持ち株会が実態を持ったものとは認定されずに**租税回避行為**として、従業員持ち株会が否認されることも考えられます。専門家に相談の上で、正式な設立手順により設立、運営をする必要があります。

20 持ち株会社を使った事業承継ってどんなの？

持ち株会社ってどんなもの？ 事業承継と関係あるの？

持ち株会社を使って事業承継を有利に進める仕組みを説明しよう

持ち株会社を使って事業承継の税金負担を少なくする

現オーナーから後継者が事業を承継する場合に、現オーナーがその対象会社の株式を保有しており、これを承継しようと考えたときに、後継者へ直接株式を移転する方法以外に**持ち株会社を設立**し、**持ち株会社に株式を移転**することにより事業を承継する方法があります。

持ち株会社とはなにか、そして、どのように作るのか？

（1）持ち株会社とは？

近年ホールディングスと呼ばれる会社がたびたび見られますがこれと概念は同じです。事業を行っている会社の株式を保有している会社を**持ち株会社**といいます。

● **(2) 持ち株会社の作り方**

　持ち株会社の作り方はいくつかありますが、そのうちの一つに**株式交換方式**があります。これは、持ち株会社（B社）を設立し、この会社に自社（A社）の株式を移転すると同時に、持ち株会社（B社）の株式を取得し、持ち株会社（B社）を通して自社（A社）を支配するようになります。

▼持ち株会社の作り方

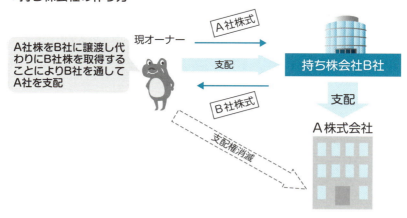

持ち株会社を利用した事業承継の応用的活用

●（1）持ち株会社の銀行借入を利用した事業承継

　さまざまな前提条件はありますが、持ち株会社が借入をした資金で現オーナーの株式を買い取り、事業承継会社からの配当で借入金を返済することにより、後継者に資金が少ない場合にも事業譲渡をすることができる仕組みを作ることができます。

▼銀行借入を利用した持ち株会社の事業承継

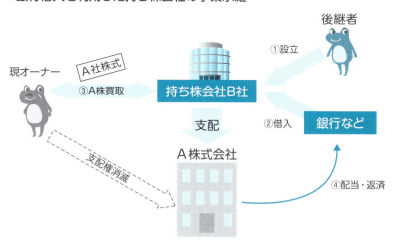

●（2）持ち株会社の株式の評価額が一定の条件のもと下がる場合がある

　持ち株会社における承継会社株式の評価額は、非上場株式の評価で小会社の株式の評価をとれる場合には、4-6節にあるように**純資産価額**や**類似業種比準価格**との折衷方式で株価を計算することになります。**類似業種比準価格**の計算においては、持ち株会社の利益・配当・純資産をもとに株価の計算を行います。事業を行っている事業承継会社に比べて持ち株会社の利益は低く抑えることができ、株式の評価額が低く抑えられることになります[1][2]。このため、直接保有するよりは承継会社の株式の評価額が下がる場合があります。

[1] 設立後3年未満の会社については純資産価額での評価になりますので、設立後3年以上の持ち株会社であることが前提です。
[2] 株式の保有割合が50％以上（小会社の場合）の場合には株式保有特定会社として、株式対応部分については純資産価額方式で計算することになるのでこれに該当しないことが前提です。

21 個人事業主の場合の承継の方法って？

うちは店を経営しているんだけど、法人成りしていなくて、個人事業主なんだ。長男が継ぎたいって言ってくれているのだけど、どうしたらいいのかな？

個人事業主の場合には、リースの切り替え、事業用資産の譲渡等、個別に契約を切り替えたり、個々の資産を譲渡するということが必要です

個人事業主の承継に向けての注意点を把握しよう！

　個人事業主とは、法人成り（法人設立）をせず、個人で事業を行っている人のことを指します。店舗や工場の経営者等、業態はさまざまです。以下では、個人事業主の事業の承継に向けての注意点を説明します。

●資産の共有を避けておくこと！

　後述のとおり、事業用の資産は、後継者に対し、贈与等で承継させることになります。資産が第三者と共有になっている場合、その第三者が贈与を拒むリスクがありますから、なるべく、現経営者の単独所有にしておくことが望ましいといえます。

●許認可は当然には承継しない！

　許認可は、事業の承継に伴って当然に承継されるものではありません。後継者が相続人である場合、相続によって承継できるものもありますが、許認可の種類によっては取得し直す必要が生じることがあります。

　例えば、喫茶店など食品関係の営業を行う場合には、都道府県知事の許可が必要です（お店を所管する保健所が窓口になっています）。相続等が生じた場合には、食品衛生法に基づき、その旨を都道府県知事に届け出なければなりません（こちらも同様に保健所が窓口になります）。ただし、基本的には承継ができます。

　他方、建設業を行う場合、国土交通大臣または都道府県知事の許可が必要ですが、

この許可については、相続によって承継されることはありませんので、許可の申請をし直すことになります。許可の取得には、複数の要件を満たさないといけないため、早期に準備をしておかなければなりません。

いずれにしても、自社の許認可が承継されるか及び承継されない場合には、新規取得が可能かといった点まで検討しておく必要があります。

個人事業主の事業を承継していく方法とは？

●廃業のための手続き

個人事業主の場合は、事業を譲渡した場合、自分は事業を終了することになることが多いでしょう。そのため、下記のような書類を税務署に提出することになります。ただし、後述の開業のための手続きにも言えることですが、下記はあくまで原則的な書面の例ですので、個別のケースについては税理士等にご相談ください。

①個人事業主の廃業届書

開業・廃業届出書については、国税庁のホームページに書式が掲載されています。
(https://www.nta.go.jp/tetsuzuki/shinsei/annai/shinkoku/pdf/04.pdf)

②所得税の青色申告のとりやめ届出書

別の事業を営んでいるといった事情が無ければ、青色申告を継続する必要がありませんので、上記を提出します。書式は、下記のURLに掲載されています。
(http://www.nta.go.jp/tetsuzuki/shinsei/annai/shinkoku/pdf/h28/05.pdf)

③消費税の事業廃止届出書

消費税の納税義務者であった場合には、税務署へ「事業廃止届出書」を提出します（廃業届出書と名称は似ていますが、内容は異なります）。
(https://www.nta.go.jp/tetsuzuki/shinsei/annai/shohi/annai/pdf/1461_06.pdf)

④所得税及び復興特別所得税の予定納税額の減額申請

事業を承継した場合、事業を譲渡した方が予定納税義務の対象者であれば、税の予定納税額が多くなりすぎることになりますので、この申請書を提出して調整を求めます。

●開業に伴う手続き

事業を承継する側は、個人事業主として開業することになります。

①個人事業主の開業届出書

書式は廃業の書式と同様です。国税庁のホームページに「書き方」の説明がありますので参照してください。

②所得税の青色申告承認申請書

青色申告を希望する場合、原則として、事業開始日から2カ月以内にこの申請書を税務署に提出しなければなりません。

③青色専従者に関する届出書

これは、例えば事業承継・開業にあたり、配偶者も個人事業を手伝う場合には、配偶者に対する対価つまり給与を、経費として扱うことができるようにするための届出書です。

●設備や不動産の承継の方法

事業用の設備を、後継者に承継させる方法は、売却または贈与といった方法があります。いずれの場合にしても、まずは、譲渡に先立ち、所有者が誰であるか（第三者の所有ではないか、リース物件ではないか）を確認し、譲渡物をリスト化し、贈与契約や売買契約書を作っていきます。

贈与の場合には、贈与税を考慮する必要があります。まず、後継者に引き継いだ事業用資産（商品や車両等）を算出します。次に、後継者に引き継いだ事業用の負債事業用の債務（借入金等）を確認します（負債の承継は後述します）。そして、「引き継いだ財産額」－「引き継いだ債務額」を算出し、その金額が110万円以下であれば、贈与税は発生しません。110万円を超えるならば、贈与税が発生します。贈与税の具体的な計算方法は、4-3節を参照してください。

他方、店や工場等の不動産を贈与する場合、贈与税が多額になってしまうリスクがあります。事業用不動産については、「使用貸借」をすることがお勧めです。

「使用貸借」とは、借主が、貸主に対し、対象物を無償で使用・収益をした後に返還をすることを約して対象物を受け取る契約（民法593条）です。所有者は現所有者のままですので、贈与税はかかりませんし、賃貸借とは異なり、毎月の地代の支払も不

要です。

　また、その他にも、後継者において、使用貸借した生計を一にする親族名義の資産（不動産以外の厨房設備等も含まれる）から発生した減価償却費や固定資産税等を必要経費に算入することができるという利点があります。そして、後継者が相続人であれば、そのまま相続によって対象不動産を相続させればよいでしょう（ただし、相続人が複数の場合には遺言による対策を併用することが必須といえます）。

●負債の承継

　借入金等がある場合、事業を引き継がせるにあたって、負債も後継者に引き継がせたいということもあります。しかし、債務については、債権者の承諾なく、後継者に引き継がせることはできません。特にメインバンク等からの借り入れについては、事前に十分に協議することが必要です。

●屋号の承継

　店名等の屋号については、後継者にそのまま使用させることができます。屋号を商号登記している場合には、法務局において、名義を切り替える必要があります。切り替えにあたっては、屋号を「営業とともに」譲渡した旨の合意書を持参する必要があります。変更の手続きの書式は特にありませんので、法務局にお問合せください。

●従業員（雇用契約）の扱い

　従業員との雇用契約は当然に引き継がれるわけではありませんので、現経営者と従業員との雇用契約を合意で解除した上で、改めて後継者との間で雇用契約を締結する必要があります。つまり、いったん退職をして、新たに雇用されるわけです。

●取引先への連絡

　その他、これまでの主要な取引先へ、事業を承継したことを連絡します。

承継者が親族等の身近にいないのであれば、「後継者人材バンク」等も活用を！

　個人事業主の場合、後継者を探すことは特に困難です。身近に後継者がいない場合には、「**後継者人材バンク**」を活用してみましょう。

　後継者人材バンクとは、各都道府県に設置された「**事業引継ぎ支援センター**」において設けられたシステムで、創業起業家に「人材バンク」に登録してもらい、後継者

を探している経営者とマッチングさせることを目的としています。事業承継センターへの連絡先はURLを参照してください。

http://www.chusho.meti.go.jp/zaimu/shoukei/140409jigyou.pdf

用語の解説

個人事業主：法人成り（法人設立）をせず、個人で事業を行っている人のこと。
事業引継ぎ支援センター：各都道府県に設置された機関で、後継者のいない中小企業・小規模事業者の「事業引継ぎ」を支援する国の事業を実施するためのセンター。

第6章 従業員に会社を引き継がせたい

誰を後継者にするべきか

 身内に後継者がいないので、番頭格の専務に事業を承継したいんだよね。人当たりもいいし、取引先にも一目置かれているんだよ

 事業を承継するにあたっては、まず「関係者の理解」と「後継者としての育成」が重要なポイントになります。専務のお人柄をお伺いする限り、大きな問題はなさそうですね

身内ではない後継者の場合、後継者の正当性を確保するのが大変

　事業承継を行う場合、社長の後継者として、さまざまな関係者との利害調整が必要になってきます。親族内承継であれば、社長からバトンタッチを受ける正当性がはっきりしていてわかり易いのですが、従業員承継ですと、関係者からの反発が出ることも想定されるため、後継者にバトンタッチするまでに十分な期間をとって準備することが大事になります。

　番頭格の役職員などは、これまでも社長と一緒に事業を支えてきた功労者ですから、さまざまな関係者からも理解が得られやすく、事業承継の候補者としては適任です。

事業承継は、関係者との心の溝を埋めないと失敗する

　従業員へ円滑に事業を譲渡するためには、後継者候補との意思疎通をしっかりと取って、事業承継の準備を進めることが重要です。社内や取引先・金融機関に対して事業承継の計画を公表し、後継者候補が次期社長として正当なものであることを繰り返し説明していくことで、関係者からの反発を最低限に抑えることができます。頭で分かっていても、心が付いて行かずに事業承継が失敗するケースは多々あります。

　将来の経営陣の構成をイメージして、役員や従業員の世代交代をきちんと準備して、後継者候補を社内で育てることが会社の成長力の向上にもつながります。その結果、社内で育った番頭格の役職員に事業を承継させると、非常にスムーズな事業のバトンタッチとなります。

後継者としての教育をしなければ、経営は任せられない

　周りの関係者からの理解があっても、経営者としての資質がなければ、近い将来に事業が立ち行かなくなってしまいます。後継者候補に対する教育は従業員承継における重要なポイントの一つです。

▼社内での教育の一例

教育例	期待される効果
各部門をローテーションさせる	各現場における経験と知識の習得
責任ある地位に就ける	経営に対する自覚が生まれる
現経営者による直接指導	経営理念や人脈の引継ぎ
子会社や関連会社等の経営を任せる	責任感・資質の確認
セミナー等の活用	知識の習得、幅広い視野の育成

　全国の商工会議所や中小企業大学校等の外部機関のセミナーを活用するのも、後継者候補や従業員等の幹部候補の教育・育成には役立ちます。

2 各利害関係者の理解を得るためには？

> 将来有望な若手従業員を後継者にしたいと思っているのですが、どのタイミングで誰に知らせるべきか悩んでいるんだよね

> 本人を含め、会社を取り巻く関係者の理解を得なければ、事業承継が結果として失敗してしまうことが多いので、事前にしっかりと準備しなければいけないよ

従業員承継の場合には、特に関係者に配慮が必要

　従業員承継の場合は、まず後継者本人とじっくり話をして、事業を引き継ぐ意思と経営者として成長していく意欲があることを確認することが大事です。そのためには、後継者本人に対して、会社の経営状態や事業リスクをしっかりと伝えて、社長の経営理念を引き継いでもらえるかどうか、本人から確認を取る必要があります。

　本人が事業を引き継ぐ気になったとしても、親族内承継の時に比べて、関係者の理解を得るために多くの時間が必要になるケースが多いです。特に、親族からの心情的な賛同が得られなかったり、他の役職員からの協力が得られなかったりすることが多々ありますので、後継者となる従業員が事業を継ぐべく意思があり、かつ、経営能力があることを対外的にアピールしていく必要があります。

　一般的には短期間で関係者からの理解を得るのは難しいので、役員・従業員の世代交代を進めたり、社内や取引先・金融機関への事業承継計画を公表したりすることで、徐々に後継者としての正当性を確保していきましょう。

▼会社を取り巻くさまざまな関係者

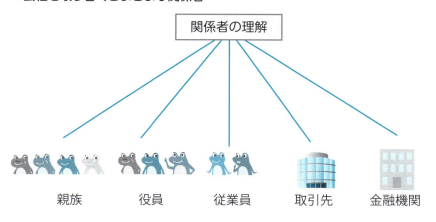

継ぐ気がないと思っていた親族が、突然事業を継ぎたいと言いだすケースも

現経営者の親族が急に後継者候補に立候補して、関係者を混乱させるケースも発生します。経営者と親族との間で感情的な隔たりが生まれると、その後の事業活動にも支障を生じますので、親族の意向は事前によく確認しておかなければいけません。

従業員や取引先、金融機関への正当性アピールも忘れずに

事業を円滑に進めて行くためには、後継者候補を支える他の従業員の協力や、取引先と金融機関からの理解が必須になります。本人と親族の意思がはっきりした後は、他の従業員に対してきちんと説明をしたうえで後継者に協力してもらうような環境を作ることに努め、取引先や金融機関に対しても、後継者候補を紹介して、事業承継にあたっての理解を求めるような環境づくりが必要です。

3 個人保証や担保の処理は？

 後継者候補をたてて、関係者からは一定の理解を得たけど、他に気にしておくことはあるかな？

 会社の借入金やリース契約に対して、社長が個人保証を入れていたり、社長の個人資産を担保に入れたりしますよね？ これらについても、後継者候補や金融機関との間でどう交渉していくかが大事ですね

代表者の個人保証や担保の問題は解決のハードルが高い！

　一般的に、小規模な企業ほど金融機関からの借入依存が高く、それに伴い、金融機関に対して代表者個人が債務保証をしたり、個人資産を担保に入れたりすることが多くなっています。後継者候補がきちんと決まっている場合でも、個人保証や担保の問題をうまく交通整理しなければ、円滑な事業承継ができなくなります。

個人保証の取扱いは難しい

　借入の際に代表者の個人保証を求められることが一般的ですので、事業承継にあたり経営者が交代するタイミングで、個人保証についても、代表者から後継者候補へ切り替える手続きを行わなければなりません。代表者にとってみれば、個人保証を外して、後継者候補に個人保証を代わって欲しいのですが、後継者候補や金融機関からの理解を得なければ実現できません。

　後継者候補は、親族内承継の場合と違って、代表者から先代からの個人資産を引き継ぐことはありませんので、代表者からは蓄えてきた財産を受け取れない一方、個人保証として負債だけ引き継ぐことに抵抗感を持つ人は多いと言えます。実際に、親族外で事業を承継した後継者は、個人保証への不満を感じている割合が高い傾向があるので、事前に後継者と金銭的な条件を含めて話し合いを持つのが良いでしょう。

　また、金融機関との話し合いにおいても、代表者の個人保証を簡単に外してもらえないことが多く、事業承継にあたっての支障になることがあります。中小企業庁と

金融庁の後押しで、「**経営者保証に関するガイドライン**」というものが公表されていますので、このガイドラインを積極的に活用して、一定の条件は必要ですが経営から引退した代表者の個人保証を外してもらい、かつ、後継者候補の個人保証も求められないような対応を受けることも可能です。

代表者の個人資産は、後継者に承継されないことが多いので、利害調整が難しい

借入に対する個人保証に加え、代表者が保有する個人資産や事業用資産を担保に提供するケースは非常に多いです。担保資産を後継者候補が全て相続又は譲り受けることができれば、大きな問題は生じないのですが、経営と関係のない者が譲り受けてしまうと、金融機関との関係において、難しい対応が求められます。

事業承継した後継者は、経営に無関係となった代表者の親族に対して引き続き担保提供を求めるか、または、金融機関に対して代替となる後継者の個人資産を別の担保として提供するか、金融機関に担保を外してもらうか、等の対応が求められますが、何れもハードルは高く、利害調整が難しいものと考えられます。

したがって、そのような難しい局面とならないように、事業承継の準備段階において、事業の収益性を高めて、承継前にできるだけ債務を圧縮し、事業承継にあたって担保となっている資産を外すように金融機関と粘り強く交渉していくことが重要になってきます。

用語の解説

経営者保証に関するガイドライン：中小企業・経営者・金融機関共通の自主的なルールとして定められた、経営者保証を提供せずに融資を受ける際や、既存の保証債務の整理の際のガイドライン。当ガイドラインによって、経営者保証の解除ができる可能性があります（http://www.chusho.meti.go.jp/kinyu/keieihosyou/）。

4 社長の保有株式を購入する資金の調達方法は？

いよいよ後継者候補に株式を譲渡しようと思うんだけど、株式の価値が高くなり過ぎて、後継者候補が資金を調達できなくなるかもって言いだしたんだよね

後継者候補は、株式取得のための資金力がないのが普通ですし、株式購入資金の調達は一番困った問題ですね。事業そのものが順調なら、後継者ご自身に資金力がなくても、色々な手法を使って資金調達することは可能です

株式の買取資金を調達できるかが、従業員承継を成功させる重要なポイント

後継者候補が、事業承継することを承諾した後のステップとして、代表者が保有する株式を買い取るための資金調達方法を考えていきます。

株式を購入する後継者が十分な資金力を持っている場合は大きな問題にはなりませんが、そうでない場合には、株式の買取資金を外部から調達する方法を検討する必要がでてきます。

会社の収益性を担保にして資金調達を行う手法が一般的

事業承継を行う会社の収益性が高く、将来キャッシュフローが十分に確保される見込みがあるなら、後継者が外部から資金借入を行い、事業を継続することで将来のキャッシュフローから借入れた資金を返済していくことが可能になります。

いわゆる**LBO**という企業買収手法で、**プライベート・エクイティ・ファンド**や金融機関から有利子負債として資金調達を行い、その資金により代表者が保有している株式を買い取る手法が一般的に行われています。

後継者本人だけではなく、経営陣全体や従業員組織で事業承継する場合も

特定の後継者ではなく、経営陣が代表者から株式を買収して経営権を取得する**MBO**や、従業員組織が代表者から株式を買収して経営権を取得する**EBO**等を活用して、旧代表者からの事業承継を実現するケースもあります。

用語の解説

LBO：LBOとは、レバレッジド・バイアウト（Leveraged Buyout）の略称で、企業買収手法の一つ。資金調達の多くを有利子負債で賄うことで少額の自己資金でも旧代表者の保有する自社株式を買収することができる。買収対象会社の事業用資産や将来キャッシュフローを前提として資金調達をする手法のことを言います。

プライベート・エクイティ・ファンド：機関投資家や個人投資家から集めた資金で、事業会社の未公開株を取得し、同時にその企業の経営に深く関与して「企業価値を高めた後に売却」することで高い投資収益を獲得することを目的とした投資ファンドのこと。MBO・EBO・LBOにおいて資金の貸手になるケースが多いです。

MBO：MBOとは、マネジメント・バイアウト（Management Buyout）の略称で、企業買収手法の一つ。会社の経営陣が会社の事業用資産や将来キャッシュフローを担保として、プライベート・エクイティ・ファンドや金融機関からの借入等を行うことによって、旧代表者の保有する自社株式を買収し、旧代表者から独立する手法のことを言います。

EBO：EBOとは、エンプロイー・バイアウト（Employee Buyout）の略称で、企業買収手法の一つ。MBOと違って会社の経営陣ではなく、従業員組織が借入等を行って、旧代表者の保有する自社株式を買収する手法のことを言います。

従業員承継の税務って？

後継者に自分の株式を贈与したけど、贈与税とかが心配だな

贈与を受けた時点で贈与税が発生するけど、承継円滑化法による事業承継税制を活用して、贈与税の納税猶予制度を利用することができますよ

贈与税の納税が猶予される

　事業承継の円滑に行う環境を整えるため、平成20年に**承継円滑化法**が制定されています。これによって、事業承継税制として、非上場株式に係る相続税・贈与税の納税猶予制度ができました。また、平成27年1月以降においては、納税猶予の対象が親族内から親族外に拡大されましたので、従業員承継で旧代表者から株式を贈与により取得する場合であっても、そこで発生する贈与税について、一定の条件を満たせば納税が猶予されます。

　この制度を利用するには、経済産業大臣の認可が必要になる他、税務署等への届出も必要になりますので、納税猶予を受けるための要件をきちんと確認したうえで、準備を行う必要があります。

旧代表者においても税金が発生する

　旧代表者が、後継者に自分が保有している会社株式を譲渡した場合には、譲渡益に対して税金が発生します。現状の税制であれば、非上場株式を売却した際の譲渡益に対して、20.315％（所得税及び復興特別所得税15.315％、地方税5％）の税率が適用されます。

　後継者に対して株式の贈与を行った場合には、旧代表者において贈与による課税は特に発生しません。

株式購入代金の資金調達との絡みでジレンマが発生する

　後継者の立場になってみると、事業承継によって株式を取得するのであれば、なるべく購入代金を低く抑えたいものです。しかしながら、通常の売買ではなく、贈与として扱われてしまうと、贈与税を負担しなければいけません。後継者は常に、旧代表者からの株式を取得するために借金をするのか、贈与税を負担してでも株式の贈与を受けるのかの間でジレンマを抱えているのです。

用語の解説

承継円滑化法：平成20年5月に成立した、「中小企業における経営の承継の円滑化に関する法律」で、事業承継の円滑化を図るための措置が講じられています。

第7章 第三者企業への承継にはM&A

1 M&Aを進めるには、どこに相談したらいいの？

M&Aを決意したけれど、まずはどこに相談したらいいかな？

中小企業庁が提供する相談窓口を活用するのはどうですか。あとは、実績のあるM&A仲介会社に相談するのもオススメですね

M&Aの相談窓口になる公的な機関ってあるの？

　現在、国をあげて中小企業の事業承継問題に取り組んでいます。具体的には、経済産業省管轄の**中小企業庁**が、全国47都道府県の商工会議所等に、「事業引継ぎ支援センター」や「事業引継ぎ相談窓口」を設置しており、後継者不在によって事業の引継ぎを検討する中小企業に対して、事業承継への助言や情報提供及び後継者探しのマッチング等を支援しています。M&Aによる事業承継のイメージがつかめない場合は、まずは中小企業庁の相談窓口に行ってみるのが良いかと思います。

　相談する際には、具体的なアドバイスがもらうために自社の決算書を持っていきましょう。

メインバンクに相談するのってあり？

　M&Aを進める決心が既についているのであれば、付き合いのある銀行・証券会社・商工会議所に相談するのも有効です。特にメインバンクであれば、会社の財務状況をよく理解していますから、親身に相談にのってくれるはずです。メインバンク等のネットワークで自社に興味を持ってくれるM&Aの候補者を選んでもらいましょう。

お見合いと同じで、新たな後継者を探すためのマッチング力が重要

　M＆Aの候補者を本気で探すのなら、中小企業のM＆A仲介を専門に行っているマッチング業者を活用するのも一つです。

　M＆A仲介会社は、主に成功報酬ベースで動いてもらえるというメリットもあり、専門のコンサルタントが自社の財務や事業の状況を分析し、候補者へ売り込むための法人案内などを作成してもらうことで、自社の置かれている状況を客観視することもできるでしょう。また、仲介会社はM＆Aに関する売買情報を独自のデータベースに持っていますので、メインバンクとは違った形でのマッチングが期待できるのもポイントです。

用語の解説

中小企業庁：中小企業の育成や発展に関する事務を管掌し、経済産業省の外局として設置されている行政機関です。国が推進する中小企業の事業承継対策について、色々な取り組みを行っています。

M＆Aってなに？
中小企業にも関係あるの？

会社と会社が一緒になることをエムアンドエーっていうそうだけど、横文字でいわれてもよくわからないよ

M＆Aは、英語では「mergers and acquisitions」、直訳すると「合併と買収」という意味だから、確かに、「会社と会社が一緒になる」という言い方でもあながち間違いではないね。でも、M＆Aにはいろんな手法があり、事業承継の方法としても有力に考えられるものだよ

M＆Aとは何か

「M＆A」とは、企業の買収や結合、再編などを総称する用語ですが、「買収」とか「結合」「再編」というのは、法律用語ではなく、経済用語ないし日常用語です。さまざまな法的手法を組み合わせて、他の会社（とは限りませんが、ここでは会社に限定します）から保有する事業の一部または全部を譲り受けたり、他の会社の株式を取得したり、他の会社を合併したりすることにより事業を拡大することを意味しています。ニュースでもよく「Ａ社がＢ社を買収」といったものがありますが、具体的な方法はさまざまなのです。

事業承継の場面では、相続対策を中心とした子や親族への事業承継ではなく（この方法では適切な後継者がなかなか見つからないことも多いために）、親族以外の役員や従業員、あるいはまったくの第三者に対して事業を承継させる際に、M＆Aの手法を用いることが考えられます。

▼株式譲渡と事業譲渡

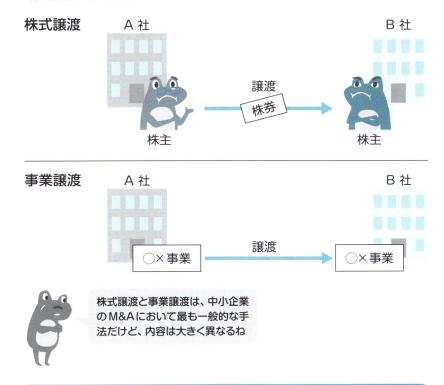

M&Aの手法にはどのようなものがあるか

中小企業のM&Aにおいて用いることが考えられる手法としては、通常次のようなものがあります。

・株式譲渡

株主が保有している株式を第三者に譲渡するというものです。会社の全部の株式を譲渡してしまえば、完全に会社の支配権を手放したことになり、会社とのつながりはなくなります。株式の一部だけを残して譲渡することも考えられ、その場合、残した株式の数に応じて会社への影響力を維持することができます。もっとも、株式の譲渡を受ける側からすれば、一部しか株を持てないのでは意味がないと考えられることも多いと思われます。

株式譲渡の場合、あくまで株式の所有者が変更になるだけですから、会社自体にも会社が営んでいる事業にも変化はありません。

・事業譲渡

　会社が営んでいる事業の一部または全部を譲渡するというものです。譲渡の主体が会社になる点で、株主が株式を譲渡する株式譲渡とは大きく異なります。

　この場合は、譲渡代金は会社に支払われることとなりますので、会社としての税務対策が必要です。また、全部の事業を譲渡した後の会社は、いわば「抜け殻」のような状態になりますが、法人格そのものには何の影響もありません。

　会社が営んでいる事業の一部だけを譲渡するといったことも可能であり、黒字部門だけを切り離して売却するということもよくみられます。

・株式交換

　株式譲渡や事業譲渡のほかには、株式交換という方法もあります。株式交換とは、ある株式会社が、他の株式会社に対し、発行済みの株式全部を取得してもらうというものです。株式譲渡との違いは、株式譲渡が個々の株主との譲渡（売買や贈与）契約によってなされるのに対し、株式交換は、株主総会の多数決で会社の株式全部を一斉に移転してしまうので、大勢の株主がいる場合、特に、上場企業のように不特定多数の株主がいる場合には非常に便利です。しかし、裏を返すと、少数の株主しかいない中小企業では、手続が面倒なわりにあまりメリットがないということでもあります。

・合併など

　そのほかに、会社の合併などの手法を用いることも考えられます。合併には、Ａ社がＢ社を吸収してしまう（Ａ社が存続しＢ社は消滅する）**吸収合併**と、Ａ社とＢ社が合併して新しくＣ社を設立する**新設合併**があります。しかし、このあたりになると、手続も難しくなりますので、中小企業のＭ＆Ａで利用されることはあまりありません。

336

Ｍ＆Ａでどのような手法を選ぶか

　本書で主に取り上げている株式譲渡や事業譲渡も立派なＭ＆Ａの手法の一つですが、それ以外にもさまざまな手法が考えられます。しかし、これを使いこなすのはかなり難しいといえます。特に、手続だけなら不可能ではないとしても、自社の現状と譲渡先の現状にうまくマッチした法務・税務・経営という多面的な要素から最善の方法を考えるのは専門家でなければ無理といえます。また、下手なやり方をすると、第三者から後々でクレームがついたり、税務署から指摘を受けたりすることもあり得るので、専門家に相談しながら慎重に進めていく必要があります。

用語の解説

事業：会社法上の「事業」とは、判例上、「事業とは、一定の事業目的のため組織化され、有機的一体として機能する財産である。」とされています。これを譲渡して事業活動を受け継がせ、譲渡した会社は同じ事業を営まない（競業避止）義務を負うのが「事業譲渡」です。

営業：平成17年改正前の商法では、「営業譲渡」という用語が用いられていましたが、会社法制定の際に、用語の整理として「事業譲渡」という用語を用いることになりました。会社法上の「営業」は、商人が１つの商号ごとに１つの「営業」を営むという意味で用いられており、「事業」とは区別されます。

3 Ｍ＆Ａで事業譲渡したら、会社が悪くならないかな？

Ｍ＆Ａって、合併とか買収のことだよね？ なんだか、ハゲタカとかに会社を乗っ取られてしまう感じで、せっかく頑張って作った会社が悪い方向に行かないか心配なんだけど…

ずいぶんとＭ＆Ａに極端なイメージをお持ちですね。最近では親族外承継の割合も増えてきて、社外の第三者に友好的Ｍ＆Ａで事業承継をするパターンも増えているんですよ

親族や従業員に後継者がいない場合に、事業を継続する有効な手段

　後継者がいないと廃業しか選択肢がなくなりますが、身近に候補者がいない場合でも、事業承継に興味がある第三者を見つけて、事業を引き継いでもらう方法が残っています。第三者に事業承継する場合、一般的には、Ｍ＆Ａによって事業を譲渡することになります。親族や社員へ事業承継すると、経営者教育に多大な労力を要しますが、第三者への譲渡でしたら、社外から経営者を派遣してもらって短期間で事業承継が可能になるというメリットもあります。

　一方で、Ｍ＆Ａの相手はすぐに見つかるとは限らないので、より良い相手に良い条件で事業を引き継ぐためには、時間的な余裕をもって準備しなければなりません。また候補者との条件が合わずに、社長の意思に反してしまうことや、友好的Ｍ＆Ａではなく、結果的に事業を乗っ取られてしまうといったミスマッチが生じやすいというデメリットもあります。したがって、信頼できる仲介機関を選んで、じっくりと相手方の選定を進めることが肝心です。

M＆Aの相手方に何を求めるか優先順位を決めるのが大事

　事業を友好的に引き継いでもらえる相手先をいかに見つけるかが、重要です。経営権を第三者に渡すことになるので、事前にしっかりと準備をしてM＆A候補者に求める要望をまとめておかないと、相手方との交渉に入った時にM＆Aの意思決定ができなくなってしまいます。

　M＆Aの相手方を探してくれる仲介機関に対して、事業売却にあたっての金銭的な条件や、事業や従業員、取引先に関してM＆Aの相手方へ望むことを理解してもらい、M＆Aにあたっての優先順位を決めたうえで、候補者を選定していくのが大事です。

専門家を活用して、自社を冷静に分析し最適なM＆A相手を見つけ出そう

　M＆Aの相手先に要求する売却条件を決めるためには、自社の事業を客観的に分析・評価をしてもらえる専門家が必要です。事業価値算定や税務・法務に関する事項については、公認会計士・税理士・弁護士に相談して助言を求めるのが有益です。また、有力なM＆A相手を探してもらうためには、実績のある仲介機関や仲介業者を選定していく必要があります。

　これらのM＆A関係者を通じて自社の魅力を相手方にアピールすることが、M＆Aを成功に導く近道となります。

7

4 M&Aの基本的なプロセスって？

M&Aを進めていくにはどういう段取りがあるのかな

会社の経営権を第三者に渡すわけだから、しっかりとした準備が必要になるよ。まず、誰に対してM&Aをするかから慎重に考えないとね

M&Aの基本プロセスとは？

M&Aにおいて、どのような手法を用いるにしても共通する基本プロセスとしては、次のような流れになります。

▼M&Aの基本プロセス

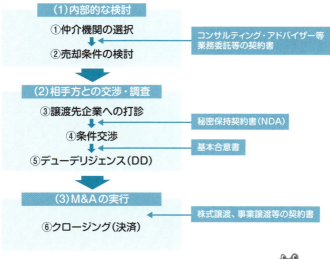

一つ一つ順をおって進めていくことが大事なんだね

M＆Aの具体的な手順を押さえよう

それぞれの手順を説明します。

●（1）内部的な検討の段階

M＆Aを自力で進めていくのは困難なことが多いので、多くの場合は、仲介機関とアドバイザー契約とかコンサルティング契約等を締結して、そのサポートを受けつつ手続を進めます。サポートの内容としては、**①手続に関する事項**、**②買い手の探索**といったことのほか、**③自社の強み・弱みを明確な形でまとめ、場合によっては事業の「磨き上げ」として不要な資産を整理処分しておく**など、売却を有利に進めるための準備を行うことが考えられます。また、当然ながら、**④税務に関する事項**、**⑤法務に関する事項**については、それぞれの専門家である弁護士、税理士、公認会計士に相談し助言を受けることも必要になってきます。その上で「何を・いくらで」売却するかという**⑥売却条件**を決定します。

●（2）相手方との交渉・調査の段階

次に、買い手となるべき相手方との交渉を開始します。まずは一般的な情報を元に、相手方が自社の事業を買ってくれそうか、だいたいいくらくらいと見積もられるかという大枠を掴んだ上で、ある程度、方向性が合致しているという感触が得られれば、本格的な検討に入るため、**秘密保持契約書（NDA）**を締結した上で、秘密となっている情報を開示しながら条件を詰めていきます。さらに、相手方が自社の内部をより詳細に調査した上で買い受けるかどうか、いくらで買うかを決定したいという場合には、基本合意書を締結した上で、**デューデリジェンス**（「詳しく調査する・精査する」という意味で、デュー・デリ、DDとも言います。7-7節参照）と呼ばれる過程に進みます。

●（3）M＆Aの実行

売却条件が確定すれば、M＆Aの手法にあわせて、**株式譲渡契約書**や**事業譲渡契約書**を締結し、その後の手続に入ります。手法によっては、法律上、株主に対して必要な手続や会社債権者に対して必要な手続が定められているものがあるので、こうした手続はもれなく行う必要があります。また、その中でトラブルが起きないよう、慎重に対策した上で手続に入らなければなりません。

これらの必要な手続を終えてようやく最終的な譲渡代金の支払い（決済）を行うこととなり、一般的にはこれでＭ＆Ａ終了（クロージング）です。ただし、事業によっては、その後に役所から許認可を改めて取り直す等が必要になる場合もあります。このような場合にどこまで売主側がフォローする義務を負うか、買主側の自己責任で処理するものとするかは契約の重要な項目となり、これをあいまいにしてトラブルにならないよう契約書の作成段階で十分に検討しなければなりません。

手順の意味を理解しよう

このように、Ｍ＆Ａには複雑な段階が必要になりますが、それぞれの手続が有する意味（特に、それをしなければどうなる危険があるか）を理解すれば、その必要性は明らかでしょう。

もっとも、こうした過程はある程度は流動的なもので、きわめて慎重に進められる場合もあれば、ある程度一括して進められる場合もあります。営んでいる事業が単一で、業態も単純な事案では、わざわざ、NDA→基本合意書→DDという過程を一つずつ踏まない場合もあります。しかし、本当にそれで大丈夫かどうか？　も含めた判断が必要になるわけですから、素人判断で拙速に動くことは避けるべきです。

5 事業の価値って、一つじゃないの？

自分の会社って、どれくらいの価値があるんだろう。会社を高く売るコツってあるのかな

今後の事業の成長性によって、評価方法は変わりますが、一般的には、時価ベースの純資産額と、経常利益の金額が大きければ、事業の価値も高く評価されますよ

非上場中小企業のM&Aで一般的な評価手法は？

　事業価値算定の手法は幾つかあります。大きく分けると、次の3つの評価アプローチが存在し、それぞれ評価の目的や企業の状況に応じて使い分けられています。

　事業承継に直面している企業では、事業が成熟期にある場合が多いと思われますが、そのような状況下の評価では、営業権を加味したネットアセット・アプローチで価値評価を行うケースが多くなっています。

●（1）ネットアセット・アプローチ

　帳簿上の純資産を基礎として、一定の時価評価に基づく修正を行う方法です。帳簿作成が適正に行われており、時価等の情報が取りやすい状況であれば、客観性に優れている評価手法となります。

　一定時点の純資産に基づいた価値評価を前提とするため、将来の収益獲得能力が反映されない欠点があるため、時価ベースの純資産価額に加えて、別途収益性を考慮した営業権（通常、経常利益の数年分で評価されます）を算定して、その合計額を企業評価とする評価手法もあります。

　代表的な評価手法：簿価純資産法、時価純資産法

● (2) インカム・アプローチ

インカム・アプローチは、評価対象会社から期待される利益やキャッシュ・フローに基づいて価値を評価する方法です。一般的に、将来期待される収益獲得能力を価値に反映させやすいアプローチといわれ、評価対象会社独自の収益性を価値に反映させられるため、評価対象会社の持つ固有の価値を算出できる方法になります。他方で、将来の利益やキャッシュ・フロー等の将来情報を見積もる過程において恣意性を排除することが難しいため、客観性が問題になるケースもあります。

> **代表的な評価手法**：DCF（ディスカウンテッド・キャッシュ・フロー）法、収益還元法、配当還元法

● (3) マーケット・アプローチ

マーケット・アプローチは、第三者間や市場で取引されている株式との相対的な評価アプローチとなるため、市場における取引環境を反映し、一定の客観性が図れる点で優れている方法です。他方、他の上場企業とは類似しない状況下にある場合には、そもそも評価が困難であり、評価対象会社の固有の性質も反映させられないケースがあります。

> **代表的な評価手法**：株価倍率法、取引事例法、類似取引比較法

売却する事業が、成熟事業か、成長事業なのかによって、評価が違う？

売却する事業の状況が成熟期にある場合は、安定的に利益が計上されており、純資産がしっかり内部留保された状態にあります。そのような状況においては、ネットアセット・アプローチによる評価が企業の価値を反映しやすくなります。

反対に、売却事業が成長期にある場合には、純資産の大きさよりも、今後どれだけの利益の成長余地があるかが評価の重要な要素になります。そのような状況では、インカム・アプローチによる評価が企業の価値を最も反映することになります。

また、評価対象会社と類似する上場会社が存在する場合には、それらの価値を参考として企業価値を評価するマーケット・アプローチも客観的な評価手法となります。

自社の価値を上げるには、純資産と経常利益を意識しよう

　成熟期にある事業を売却する際、一般的に採用される株価算定の方法は、営業権を加味した時価純資産になることが多いです。この場合、事業の特性に応じて、営業権はM&A後の経常利益の数年分で算定されます。

　自社の価値を大きくするためには、不動産や有価証券等を時価評価したベースでの純資産価額を増大させることと、会社の経常利益を極大化させることが重要です。なお、経常利益はM&A後に想定される利益になりますので、M&A後の損益計算書がどうなるかをイメージすることが重要です。

用語の解説

簿価純資産法：貸借対照表の簿価純資産額を基に株式価値を評価する方法です。
時価純資産法：貸借対照表の資産・負債を時価評価して株式価値を評価する方法です。
DCF法：事業から得られるキャッシュフローを現在価値に割り引いて株式価値を評価する方法です。
収益還元法：税引後の経常利益を割引率で割戻して株式価値を評価する方法です。
配当還元法：配当金を一定の利率で割戻して株式価値を評価する方法です。
株価倍率法：類似企業の時価総額と、自社の財務数値の倍率を基に株式価値を評価する方法です。
取引事例法：評価対象企業の株主について過去に売買がある場合、その取引価額をもとに株式を評価する方法です。
類似取引比較法：類似業種のM&A取引において成立した売買価格に基づいて評価する方式です。

7

345

6 候補先をしぼるときのポイントは？

Ｍ＆Ａの候補者を幾つか紹介してもらったんだけど、相手先を選ぶ時のポイントってあるのかな？

結婚相手を選ぶ感じにも似ていますね。相手先に希望する条件の優先順位をあらかじめ決めておくと、スムーズに決断できると思いますよ

大事なのは、買手候補者が信頼できる相手かどうか

　Ｍ＆Ａ候補者は、さまざまな条件を提示してくると思いますが、もっとも大事な点は、自分が育てた事業を譲り渡す相手として、事業理念や経営者としての人となりが信頼できるかどうか、だと思います。そのためにも、Ｍ＆Ａの条件云々の前に、お互いの信頼関係が築ける相手先かどうかを最初に見極める必要があります。

候補先を絞れなくなってしまう、よくあるパターン

　Ｍ＆Ａ候補者に希望する条件としては、事業理念や、買収金額、買収後の従業員や役員の処遇、取引先との今後の関係性等さまざまな要素があります。複数のＭ＆Ａ候補者が提示する条件を検討するためには、Ｍ＆Ａ候補者へ事前にきちんとした情報を伝えることが重要になってきます。自社に関して誤った情報を伝えたり、限定された情報しか伝えたりしていないと、Ｍ＆Ａ候補者からの条件提示が不正確になってしまい、結果的に候補者を絞れなくなってしまいます。

　「これは譲れない」というポイントを事前にしっかりと伝えることが重要です。

M＆Aにあたって決めるべき条件

M＆Aにあたって、**基本合意書**や**事業譲渡契約書**を締結し、買手企業との条件を具体的に決めていく必要があります。そのため、買手企業が条件を決めるために、通常はデューデリジェンスを行って、会社の状況を細かく調べてもらうことになります。

一般的にM＆Aで決定すべき条件としては、次のような事項があげられます。

M＆Aの方法：株式譲渡、事業譲渡、合併、株式交換等、M＆Aの手法の決定
M＆A価格：株価や退職金等、M＆Aの総額の決定
従業員や役員の処遇：M＆A後の役員や従業員の引継ぎ条件
社長の処遇：M＆A後に会社に残る期間や条件
取引先との関係性：既存の取引先との契約条件
契約期間：M＆Aを実行する時期の決定

7 デューデリジェンスって何？

デューデリジェンスって、会社を調べられるっていうことだと思うんだけど、具体的には何を調べにくるのかな。税務調査みたいなもの？

買主側企業からすれば、会社の内容を詳しく知りたいと思うのは当然だよね。価格決定のためだけでなく、さまざまなリスクが潜んでいないかという観点からの調査が必要になるよ。売主側企業としても適切に協力することが必要になるね

デューデリジェンスは何のために行われるのか

デュー（Due）とは「適正な」、デリジェンス（Diligence）とは「勤勉」あるいは「努力」等と訳される単語ですが、M＆Aの場面では、「詳しく調査する」というような意味で用いられます。短く「**デュー・デリ**」と言ったり「**DD**」と略記したりすることもあります。

デューデリジェンスの目的は、一言でいえば、買主が商品となる会社の内容を詳しく知り、適正な価格評価をするとともに問題点を発見することにあります。これは、手法として何を用いるにせよ、企業を買収する際には必要不可欠なことです。

▼M＆Aの手順

事業
財務
法務
人事
その他

どういう視点から調査するのか
整理するとよくわかるね

買収企業　　　　　　　　　　　　　　　　　買い手企業

デューデリジェンスでは何を調査するのか

デューデリジェンスで何を調査しなければならないかは、明確に決まっているわけではありませんが、一般的には次のような事項を調査することが多いでしょう。

・事業デューデリジェンス

買収企業の事業内容や、どのような資産・ノウハウ・市場における強み・将来性等をもっているかを検討したり、また、営まれている事業の市場についての市場規模、占有率、ブランド、競合他社の状況等を調査したりするものです。主に、買収企業にいくらくらいの価値があるか、買収金額がいくらになるかという観点から調査されることになります。

・財務デューデリジェンス

財務、会計、税務にかかわる調査を行うものです。大きなM＆Aでは監査法人等も関与しますが、中小企業のM＆Aでは少人数の公認会計士や税理士に依頼することが多いのではないでしょうか。財務デューデリジェンスでは、粉飾決算等の問題が存在しないかどうか、隠れた債務（偶発債務）が潜んでいないかといった「守り」の観点の調査のほか、買収によって得られるシナジーといった積極的な要素も検討すべきでしょう。

・法務デューデリジェンス

弁護士に依頼することになりますが、スキーム全体に関する法的手続等のチェック（リーガルチェック）のほか、買収企業の営んでいる事業の評価に影響を及ぼす法的な問題点はないかどうか、買収企業が契約書の作成とか行政庁の許認可といった面で問題のある法的行為をしていないかどうか、抱えている訴訟リスクはないか等の多岐にわたるチェックが必要になります。

・労務デューデリジェンス

社会保険労務士やその資格をもつ人事コンサルタントに依頼することが多いと思われますが、買収企業において労務面での問題がないかどうか等を調査するものです。買収企業の従業員は、買収された後に自分たちがどう処遇されるか、場合によっては買収に先立ってリストラの対象になるのではないかといった不安を抱えることになり、一方で、経験豊富な従業員にここで離職されることは、買収企業の企業価値

の低下を招き、買収金額にも影響を与えることになります。いつM＆Aの事実を公表するか、従業員とどのように話をしていくかは悩ましい問題です。

買収される側もデューデリジェンスの重要性を理解しよう

　デューデリジェンスの重要性は、どちらかというと買主側企業の視点から説かれることが多く、要するに「思わぬリスクを見つけ出し回避するため」のものという意識が強いように思われます。確かにこの観点は非常に重要であり、特に、買収企業に潜んでいる偶発債務や訴訟リスクは、ただ「買収金額ほどの効果を得られなかった」というだけでなく、「買収金額と比べものにならないほど多額の損害を被った」という結果にもなりかねないので、慎重に調査しなければなりません。

　他方で、買い手側企業にとってのデューデリジェンスは、あくまで買収企業の任意の協力を得て行うものであり、犯罪の捜査や税務調査のような強制力がないことはもちろんです。そうすると、必然的に、「これで完璧に調べ上げた」と自信をもてるケースは少なく、最終的にはある程度の疑心暗鬼の中でリスクを背負いながら買収を決断する形にならざるを得ません。

　そこで、事業承継の観点からデューデリジェンスの意義を捉え直してみると、買収企業にとっては、「買い手に安心して買ってもらう」、ひいては買収金額のアップにつながるのがデューデリジェンスの場であるということになります。一般的に、買収企業側では「都合の悪いことは明らかにしたくない」という心理が働くものですが、隠そうとするとかえって相手の疑念を招く上、もし、明らかにしなかった事実が買い手企業に大きな損害を与えるようなものであった場合、表明保証条項違反などで損害賠償請求を受ける原因にもなりかねません。信頼関係を築くためにも、前向きな姿勢でデューデリジェンスに臨むべきでしょう。

用語の解説

許認可：原則として禁止されている行為について、行政（役所）が個別に禁止を解除することを、行政法の上で「許可」と言います。法律の条文上「認可」と言われているものも多くはこの意味での「許可」にあたります。事業承継においては、承継後に従前の許認可をそのまま受けることができるか、新たな許認可が必要になるか等も配慮する必要があります。

8 秘密保持契約ってどういう契約なの？

M＆Aをするときには秘密保持契約というのを結ぶんだってね。いつもの取引でも、契約書のひな形にはお決まりの秘密保持の決まりが入っているけど、そもそも秘密保持契約ってどういう契約なのかな

M＆Aでは、日常的な取引の対象となる商品やサービスの内容だけでなく、会社の事業が全体として譲渡の対象となるわけだから、いわば会社の全てを相手にさらけ出した上で合意しなければいけないよね。でも、必ずしも合意に至らない可能性もあるので、そうした場合に備えて詳細な秘密保持契約を結ぶ必要性が特に高いといえるよ

なぜ秘密保持契約が必要なのか

　M＆Aの過程では、買主が売主企業の事業内容を精査し、譲渡価格を決定する上で、売主企業の内部のさまざまな秘密情報の開示を受けることが必要不可欠です。しかし、その秘密が外部に漏れてしまうようでは、売主企業としても安心して秘密を開示することができません。そのため、M＆Aの協議を開始する段階で、**秘密保持契約**を締結しておき、その上で具体的な協議に入ることが一般的です。

　逆に、買主の立場から見ても、適切な秘密保持を約束しておくことで、売主企業に対して十分に秘密を開示するよう求めることができますので、思わぬトラブルを防ぐことにつながります。

秘密保持契約ではどのようなことを定めるか
● 「秘密」の定義を明確にすること

　秘密保持契約では、秘密保持義務の対象となる秘密情報とは何か、どのようなものが秘密情報の範囲に含まれるのかを明確に決めておく必要があります。

たとえば、Ｍ＆Ａの場面では、売主企業の内情にかかわることだけでなく、「Ｍ＆Ａについて協議・交渉している事実」自体も秘密にしておく必要があります。これは、売主企業がそのような「身売り」を検討しているということが売主企業の取引先等に漏れることを防ぐ意味があります。もちろん、最終的に事業譲渡などが決まった段階で取引先などには適切に説明し、取引の維持や終了について話し合う必要がありますが、そもそもクロージングするかどうかわからない段階で中途半端に情報が漏れると、単なる信用不安要素になるなど混乱を引き起こす可能性があるからです。

　なお、この点に関して、単に「秘密」といっても法的保護が受けられるかどうかは別問題であることも理解しておきましょう。たとえば、不正競争防止法は「営業秘密」を「秘密として管理されている生産方法、販売方法その他の事業活動に有用な技術上又は営業上の情報であって、公然と知られていないもの秘密として管理されている生産方法、販売方法その他の事業活動に有用な技術上又は営業上の情報であって、公然と知られていないもの」と定義して（同法２条６項）、営業秘密を不正に取得する行為等を禁止していますが、「秘密として管理されている」などの要件を充たすのは意外と難しいことです（詳しくは、経済産業省のガイドライン等もありますので参考にするといいでしょう。http://www.meti.go.jp/policy/economy/chizai/chiteki/trade-secret.html）。秘密保持契約できちんと保持すべき秘密の範囲を指定しておくことが重要になってきます。

●秘密を開示できる範囲を明確にしておくこと

　買主企業は、開示を受けた秘密情報の内容を検討することになりますが、その検討・分析には専門家の協力が必要です。そこで、弁護士、税理士、公認会計士などのほか、Ｍ＆Ａに協力してもらうコンサルタント、アドバイザー等にも秘密を開示してもよいという条項を入れることになります。さらに、スポンサーとなるべき金融機関ないし出資者や大口の株主などにも開示する必要が出てくる場合もあります。

●交渉がうまくいかなかったときのことをきちんと考えること

　秘密保持契約は、あくまでもＭ＆Ａについての「合意をするかしないか」を決める前提として締結されるものですから、交渉の結果、買収価格などで折り合いがつかず話が流れてしまうことも当然あり得ます。そうした場合に、いったん開示した秘密をどう処理するかが大きな問題となります。厳密には、渡した書類やデータ等は破棄してもらうべきですが、コピーが取られている可能性もありますし、それを確認する

方法も現実的にはありません。しかし、データにパスワードをかけておく等の対策は
ある程度やっておくべきでしょう（パスワードも一緒に漏洩する可能性もあります
が、リスクを低減することはできます）。また、秘密が漏れた場合に損害賠償を求め
ることができる可能性を高めるため、開示する情報に「秘密情報」と印字して明示し
ておくといったことも重要な対策になります。

　一般的に、前向きな話をしている最中に「うまくいかなかった場合の話」はあまり
したくないものですが、そこはビジネスと割り切り、相手に理解を求めるべきです。

形式だけで済ませず、実際に保護してほしい秘密を念頭に置くこと

　秘密保持契約を締結する段階では、秘密が漏れた場合に実際にどのようなトラブ
ルになるのかイメージがわきにくいこともあり、形式的にひな形を用意して何の修
正もしないまま調印しているケースも少なくありません（それだけでもいいほうで、
全く無頓着な処理がなされていることもあります）。

　しかし、秘密を適切に保持することは、Ｍ＆Ａの場面だけでなく、日常的な経営に
おいても重要なことです。情報化が進んだ現代では、どのような企業でもパソコン、
スマートフォンの活用は当たり前であり、電子メールのやりとりだけでなく、ウェブ
（クラウド）上で情報を共有したり、オンラインの会計ソフトを利用したり、情報が流
出するリスクは常に存在します。今どき、「紙ベースでしか存在しない情報」などと
いうものもほとんど考えられません。自社から流出するだけでなく、相手企業が情報
を意図せず流出させてしまう危険もあるわけですし、流出してしまった場合の損害
は甚大です。日ごろからこのようなリスクを踏まえて秘密を管理しておく体制を整
えていれば、Ｍ＆Ａの場面における秘密保持契約の重要性も理解しやすいでしょう。

7

353

9 基本合意書ってなに？ そのポイントは？

M＆Aでは、実際の契約をする前に基本合意書というのを作るのが一般的だと聞いたけど、そこではどういうことを取り決めるのかな？ 一回の契約書で済ませることはできないの？

M＆A取引は、売主、買主それぞれ企業にとって非常に重要かつ大規模な契約になるから、ほんとうに契約するかどうか慎重に判断する必要がある。しかし、漠然と細かいことについて話し合いを続けても、大きな方向性で合意できなければ結局無駄になってしまう。そこで、基本合意書によって、最終契約に向けた大きな方向性で合意ができたことを示し、その後に詳細な契約交渉に入るという段階を踏むんだ。そういう意味では、必ず必要な契約というわけではないんだよ

基本合意書とはどういうことを取り決めるものか

基本合意書で取り決められる内容はさまざまですが、よく見られるのは次のような条項を盛り込んだものです。

①基本方針として当事者が最終契約に向けた協議を進めていくこと
②基本となるスキーム
③対価の額（概算額や計算方法）
④今後のスケジュール
⑤独占交渉権の有無
⑥合意に至らなかった場合の処理（基本合意書は法的拘束力を持たないのが通常）

なぜ基本合意書を作成するのか

M＆Aでは事業全体を移転するため、単発の取引と異なり細かいことまで確認し

た上で詳細な取り決めを行う必要があります。しかし、交渉の最初の段階から、例えば会社の資産の一つ一つについてどれがいくらといった細かい話をしてみても、結局、基本的なスキームやスケジュール感で合意ができなければそのような話し合いは無駄になってしまいます。

こうした契約交渉のコストを削減するため、当事者は、まず基本的な方針について合意を結び、その後に最終契約の締結に向けた詳細な話し合いをしていくという段階を経ることになります。

売主からみれば、複数の買主候補がいる段階では、まず基本的な事項を定めて候補者を絞り込み、基本合意書を締結した候補者と細かい検討を重ねていきます。買主として買収を検討している企業としても、いつまでも他の買主候補者との価格競争にさらされるのも避けたいところであり、基本合意によって独占交渉権を得る意味があるといえます。

逆にいえば、基本合意書の締結は、このように複数の候補者がいる場合にはコストの削減に有効ですが、そもそも一対一の話し合いしかない（ほかに買ってくれる人が見当たらない）ような場合には、結局、最終契約が締結できるかどうかだけが問題になるわけで、これと別個に基本合意書を締結する意味は乏しくなります。とはいえ、合意に達した事項を確認するという意味では、話し合いを円滑に進める効果はあるといえるでしょう。

基本合意書のポイントは

●原則として法的拘束力はないものにすること

前述のとおり、基本合意書は、あくまでも最終契約の締結に向けた話し合いの相手を絞り込むことにあり、この段階で「いくらで売りますよ、買いますよ」ということを決めてしまうわけではありません。そのため、基本合意書は、原則として法的拘束力を持たないものとすることが通常です。

●独占交渉権の設定

基本合意書では、買主候補者に対し、独占交渉権を与えるのが一般的です。これにより売主としては基本合意書の有効期間中は他の買主と交渉することはできなくなります（このような条項については法的拘束力を持たせる必要があります）。もっとも、独占交渉権を与えない場合もあり、また、独占交渉権といっても、売主が他の候補者に売り込みをすることを禁止するのか、他の者が売主に積極的にアプローチし

てきた場合にも断る義務を課すのか、独占交渉権を侵害した場合に違約金や損害賠償があるのかどうかといったことで細かい違いがあります。

●基本合意書に対する違反行為にどう対応するか

基本合意書は、あくまで法的拘束力のないものという位置づけが原則ですが、かといって、これに違反したら何の効果もないかというとそういうわけではありません。たとえば、明らかに不当な交渉破棄などについては、最高裁が判例で認めている契約締結上の過失の法理などによって損害賠償義務を負うことがあります。また、違約金条項を定めるなどしておけば相手に対する抑止力になるでしょう。

では、違反行為、特に、独占交渉権の侵害に対して、裁判所から「他の者との交渉は独占交渉権を侵害するものなので止めるように」という「差止め」の判決（ないし仮処分決定等）を得ることができるでしょうか。これについては学説上もさまざまな意見があり、最高裁（最判平成16年8月30日。いわゆるUFJ事件最高裁決定）も必ずしもはっきりした判断をしていません。しかし、実際には、訴訟にせよ仮処分の申立てにせよ、他の者との交渉が進展するまでの間の短い期間に裁判所から明確な差止めの判断をしてもらうことは手続上困難であり、差止めには期待できないことが多いと思われます。そういう意味でも、違約金等の定めをどうするかが基本合意書の重要なポイントになってきます。

●必要性については慎重に検討すべき

基本合意書には以上のような意味がありますが、逆にいうと、小規模なM＆Aでは必ずしも重要な意味をもたないことも多いと思われます。この点では、形にこだわるのではなく、たとえば（証拠が残るように）メールのやりとりなどで交渉経過や合意点をはっきりさせておくことで交渉の進捗を管理し、確実に話し合いを進めるという実戦的な姿勢のほうが重要ともいえます。基本合意書が本当に必要かは要検討ということになるでしょう。

10 M&Aを進める際の注意点は？

よくM&Aが失敗した、みたいな話を聞くのだけど、気をつけるポイントを教えてくれない？

売り手側の失敗でありがちなのは、事業の売却タイミングを逸してしまうパターンや、M&A後に従業員や幹部が流出してしまうパターンなどの失敗談がありますね

中小企業のM&Aでありがちな失敗談

まず、M&Aに関する情報管理を徹底する必要があります。M&Aの準備を進めている途中に、外部や自社従業員にM&Aを検討していることがわかってしまうと周りから余計な詮索を受けますので、情報の取扱いには注意が必要です。

中小企業の場合は、特に従業員の退職リスクを十分考える必要もあります。M&A後に社風が変わってしまったり、労働条件が変更になってしまったりすることで、従業員の大多数が退職してしまうこともあるため、自社従業員に対してM&Aを伝える時期と方法については、よく幹部社員と相談すべきです。

他に、M&Aの買手候補者が見つかったけれど、途中で交渉を中断してしまったために、買手候補に逃げられてしまった、などといったケースもあります。事業の売却はタイミングとスピードも大事になってきます。

M&Aに関する重要情報の守り方

通常は、M&Aの初期段階においてM&A関係者との間で**秘密保持契約**を締結することになります（7-8節参照）。これによって、経営者やM&A担当部署は情報漏洩に対する意識をきちんと持つケースが多いです。

情報漏洩で注意すべきなのは、社内の会議等でM&Aの途中経過を知った、M&Aと関係がない所管部門の役員が「ついポロっと」口を滑らしてしまったりするケースです。社内の不要なメンバーにM&Aの動きが伝わらないように、あえてM&A

の調査を会社の休日にしたり、社長だけで話を進めていくのも情報漏洩の対策には有効です。

従業員の退職リスクにどう備えるか

中小企業の場合には、Ｍ＆Ａの条件に重要な役職員が退職しないこと、といった項目が加わることがあります。キーパーソンの退社によって、事業の価値自体にも大きな影響が出てくることから、買い手の関心の高い項目の一つになります。

したがって、社長の側からも、然るべきタイミングで重要な役職員に対してＭ＆Ａによる事業承継を行うことについて説明を行い、引き続き事業への協力を求めていくことが重要です。

11 事業譲渡契約書のポイントは？

事業譲渡契約書を作るときにはどんなところに注意したらいいかな？

事業譲渡契約は、会社法上の手続は比較的簡単だけど、対象資産や負債はあくまでも個別に移転することになるんだ。そのため、対象資産や負債の範囲を正確に記載することが必要になるよ。また、一般的に契約締結からクロージングまでの間には一定の期間が必要になるけど、その間に価格を変動させるといった必要があることが多いので、状況の変化に柔軟に対応できるような規定も必要だね

事業譲渡契約の基本構成

事業譲渡契約では、一般的に、最低限、次のような条項が設けられています。

①事業譲渡の合意
②事業譲渡の対象となる資産及び負債の明細（別紙として目録や一覧表を用いることも多い）
③契約上の地位の承継、許認可等
④譲渡代金の額及びその変更について
⑤売主による表明保証（瑕疵の不存在、競業避止等）
⑥クロージング（クロージングの条件及びクロージング日）
⑦契約の解除、損害賠償等
⑧協議条項、裁判の管轄合意などの一般条項

しかし、当事者の利害がぶつかり、関心が集まるポイントは個別の案件によってさまざまであり、契約書は慎重に作成しなければなりません。

事業譲渡契約書のポイント

●対象となる資産、負債の範囲を明確にすること

すでに説明したとおり、事業譲渡契約は、会社の合併などと異なり、法人格自体が

包括的に変動するのではなく、あくまで個別の財産の集合体としての事業を譲渡するというものです。したがって、個別の財産ごとに譲渡の対抗要件（不動産については登記、動産については引渡し、債権については確定日付ある通知等）を備える必要があり、また、負債の承継についても、いわゆる債務の引き受けとして個別に債権者の承諾を得なければなりません。したがって、株式譲渡や会社の合併の場合とは異なり、単に「営む事業の全部を譲渡」という形では不十分なことが多く、具体的に何をどのように譲渡するのかを契約書の中で明確にしておく必要があります。

　しかし、実際にはこれが案外難しいのです。たとえば、対象資産のリストアップをするにも、一般的には決算の中で計上されている資産を見ることが多いと思いますが、決算書に計上されていない資産があったり、逆に計上されている資産が実際にはすでに処分されていたりすることも珍しくありません。そうした場合、売主と買主の間で譲渡対象となる資産の内容の理解にズレが生じ、場合によっては譲渡代金の額の決定に結びつくトラブルにもなりかねませんので注意が必要です。

●第三者の同意・承諾の必要性に注意すること

　前述したとおり、事業譲渡契約はあくまで個別の資産・負債の移転という効果しか持っていないので、特に、譲渡会社が負っている負債の取り扱いには注意が必要です。買主がどの負債を引き受けるかは事業譲渡契約によって決まりますので、逆に言うと、負債を残したまま事業譲渡をすることもできてしまいます。ただし、詐害的な場合はこの限りではありません（会社法23条の2第1項）し、買主が、売主企業の商号をそのまま使って事業を続けた場合には、事業譲渡契約の内容にかかわらず売主企業の負っていた債務を弁済する責任を負う（**商号続用責任**といいます。会社法22条1項）など債権者保護のためのさまざまな規制があります。

　また、負債の支払いに限らず、事業譲渡以前に行われてきた取引を取引先が今後も続けてくれるかどうかはケースバイケースですので、必要に応じてあらかじめ協議を行い、必要な取引については継続してくれるよう頼まなければなりません。こうした同意・承諾の取り付けは、もっぱら売主側の責任で行うことになります。

●許認可については特に注意が必要

　各種の許認可が必要な事業においては、譲渡後も同様に許認可を受ける必要があることは当然です。株式譲渡の場合、法人名義で許認可を受けていれば、会社の株主が代わるだけで会社そのものはそのまま維持されるのですから、許認可の継続につ

いて特に注意する必要はないのが通常ですが、事業譲渡の場合は、事業の主体となる法人が変更されますので、買主企業において新たに許認可を取得する必要があるのが一般的です。役所とよく協議し、いつ申請すればよいのか、いつ許認可が下りるのか等を十分に確認した上で事業譲渡契約の締結やクロージングのタイミングを決めなければなりません。また、万一許認可が得られなかった場合は事業譲渡全体を白紙にせざるを得ませんので（その場合に違約金等が生じるかどうかも交渉のポイントです）、買主企業を選定する際には、提示価格だけでなく買主企業の実績や経験なども考慮すべきでしょう。

●クロージングまでの状況の変化に対応する

　事業譲渡契約は、契約締結からクロージングまでの間に、前述のようなさまざまなポイントをクリアしなければなりません。その間に、譲渡対価にかかわる問題が出てくるのはむしろ当然であり、それを織り込んだ契約にしておくことが必要です。契約の時点では譲渡対価の計算方法などを定めておき、額はあくまで暫定的なものとして決済日までに確定するとか、基準日を設定してその日の時価で確定させる等さまざまな方法が考えられます。

合併よりは簡単だが…

　一般に、事業譲渡契約は会社法上の手続が簡単なため、会社の分割・合併などよりも簡易な事業承継の手法だと考えられています。

　これは別に間違いではなく、債権者保護手続等、会社法に定められた手続の負担の点では事業譲渡のほうが簡単です。しかし、会社の資産・負債が包括的に移転できる分割・合併と比べると、個別の資産・負債の移転が必要な事業譲渡のほうがかえって複雑な契約にならざるを得ない場合もあり、実際には一長一短というべきでしょう。手続の簡単さからいえば、株式の譲渡（売買）だけで済む株式譲渡がもっとも簡単であることはいうまでもありませんが、株式譲渡の場合、複数の法人が存続することになりますので、買主側としては十分な吟味が必要です（さしあたっては株式の譲渡を受けておき、将来的には内部的に合併や事業譲渡による法人の一体化を目指すという二段階の方法も考えられます）。

　手続の取捨選択にはさまざまなメリット、デメリットを勘案した慎重な判断が必要になります。

12 事業譲渡によるM&Aの際の税金は誰が負担するの？

M＆Aで事業の一部を譲渡したときの税金は誰が負担するの？

事業譲渡の対価を取得した会社が税金を払うことになるよ

事業譲渡の利益に対する税金は会社が負担

　事業譲渡は会社の身体の一部の切り売りですので、売主は会社自身であり、対価を得るのも会社自身です。したがって事業譲渡の利益に関する税金は自社が負担します。

固定資産の売却と同じように法人税、住民税が課税される

　事業譲渡をした際には、事業譲渡の対象となった自分の会社が法人税、住民税を負担することになります。事業譲渡とは自分の会社の中の特定の事業だけを第三者に売却する手法であり、具体的にいうと、その事業で使っていた資産（工場設備や不動産、特許権など）や得意先との契約を売り渡すことです。工場設備や不動産などは売主側の貸借対照表に計上されていますが、得意先との信頼関係などは貸借対照表に資産として計上されていないため、事業の売主側が事業譲渡の対価として金銭を受け取った場合には、通常、事業譲渡益が発生します。事業譲渡益は企業会計上の特別利益として扱われ、事業譲渡を行った事業年度の通常の事業活動に関する損益と合算した上でその事業年度の法人税、住民税の計算をすることになります。

　なお、会社に過去の事業損失である繰越欠損金がある場合は、事業譲渡により生じた当事業年度の利益と相殺することができます。

法人税以外の税金にも注意！

●消費税（売主側）

　事業譲渡の対価も消費税の課税対象となります。土地などの非課税資産に対する対価については非課税になりますが、それ以外の事業用資産やのれんに対する対価については消費税がかかってきます。仮に当事者間の契約書に消費税に関する記載がなかったとしても、売主側はこれらの対価に対する消費税を申告・納税しなければなりません。事業譲渡の契約が完了した後に想定外の税負担が生じないように、消費税分も含めた取引価格で交渉をする必要があります。

●現経営者への課税（売主側）

　売主は自分の経営する会社である（現経営個人ではない）点がポイントです。事業譲渡による対価を受け取るのは会社自身ですので、上述の通り、事業譲渡という行為自体については現経営者個人の税負担はありません。ただし、事業譲渡で手に入れたお金を会社から個人に払い出すためには、役員報酬、役員退職金、配当金などの方法による必要があり、いずれの場合も所得税の課税対象となります。

●不動産取得税（買主側）

　買主側の注意点として、事業譲渡の対象となる資産の中に不動産がある場合には、その不動産に関する**不動産取得税**や登記変更のための**登録免許税**が発生するという点があります。

用語の解説

のれん：事業譲渡の対象となった事業に係る資産及び負債の差額（純資産価額）より、その事業譲渡の対価の方が大きい場合のその超過する額をいいます
不動産取得税：不動産の取得に対して課される税金であり、標準税率は取得した不動産の適正時価の４％です。
登録免許税：売買による不動産の所有権移転の移転登記にかかる登録免許税は、その不動産の適正時価の１，０００分の２０です。

13 株式譲渡契約書のポイントは？

株式譲渡契約書を作るときにはどんなところに注意したらいいかな？

株式譲渡契約は株主と買受人との間の個別の契約だけど、一般的には株式に譲渡制限が付されているので、会社の承諾について定めておく必要があるね。1人で全株式を持っている場合にはあまり問題は起きないけど、他の親族などが株式の一部を持っている場合には注意が必要だよ。買主としては偶発債務に注意が必要だね

株式譲渡契約の会社法上の注意点

株式譲渡契約の性質は売主と買主の間の売買（や贈与）契約ですので、当事者間の合意があれば契約は成立しますが、株式の移転を会社に対抗するため、譲渡の承諾等の手続が必要になることは既に説明しました（3-13節参照）。

株式譲渡契約の中では、売主の責任で会社から株式譲渡の承諾を得ること、買主はこれに協力すること等の取り決めがなされるのが一般的です。

株式譲渡における典型的なトラブル

●株主構成を的確に把握すること

創業者が1人で出資して設立した会社で、その後も株式の変動などがまったくないような会社であれば特に問題はありません。

ところが、実際には、たとえば、原始定款を確認してみると出資者と当初株主が異なっていて、その間のつながりがわからないとか、長年にわたって暦年贈与の形で株式が移動されている形跡があるが決算書の株主構成と計算があわないといった問題にぶつかることも少なくありません。たとえば、1000株が発行済みの株式会社の内部で、Aさんが「自分が1000株全部のオーナーだ」と主張しているのに対して、Bさんが「いや、私が300株持っており、Cさんも200株もっていて、Aさんは500株しか持っていないよ」などと言い出す（そしてそのような書類が出てくる）等という紛争もあります。ここまでになると裁判も覚悟しなければなりません（東京や大阪のよ

うな大きな裁判所には「商事部」というこのような会社紛争を専門に扱う専門部が設けられていますが、冗談半分に「商事部は家事部だ」と言われるように、会社内部の紛争にはこのような会社の支配権を巡る親族間の紛争が多いのです）。

こうした問題が株式を譲渡したいという段階になって初めて噴出することも珍しくないので、まず基本、足元を固めて株式譲渡に臨む必要があります。

●偶発債務には特に注意が必要

Ｍ＆Ａを行うにはデューデリジェンスによって売主企業を詳細に調査をするということは前述しました（7-7節参照）。その大きな目的の一つは、Ｍ＆Ａの後、予想もしていなかった債務があったことが判明するという「**偶発債務**」の問題であり、これをいかに発見し、遮断するかが重要です。

事業譲渡の場合は、会社の資産や負債が個別に移転するわけですから、「移転する」と取り決めなかった負債が移転することはそもそもないので、商号続用の責任などに注意しておけば問題は小さくて済みます。

ところが、株式の譲渡を受けた場合、法人全体の支配権がそのまま法人格ごと移転してくるわけですから、従前の事業に関しては完全な支配を得ることができるというメリットがある反面、法人が内部に抱えていた「隠れた負債」なども全て引き受けることになる危険があるわけです。

したがって、偶発債務に対処するためには、より入念なデューデリジェンスが必要であることはもちろん、株式譲渡契約においても、売主の**表明保証条項**を十分なものとしておくこと、偶発債務が発見された場合の契約解除や損害賠償について詳細な取り決めをすること（何をもって偶発債務というのかも明確にしておくことも必要）などが重要になってきます。

株式譲渡の方法に注意

ここで取り上げた株式譲渡は、第三者に一括して全株式を譲り渡すという形であり、いわば「一発勝負」による事業承継となりますので、そこに向けた事前の準備が重要になります。

しかし、実際には、このような一発勝負の株式譲渡契約で事業承継をする例は必ずしも多くはありません。むしろ、例えば、親が子に株式を毎年100株ずつ贈与していき、最終的に経営を移行するのも広い意味の株式譲渡による事業承継の一種であり、このような場合のほうがむしろ一般的です。

とはいえ、株式譲渡の手続や効果については本質的な違いはありませんので、内容を十分理解しておく必要があります。

14 株式譲渡によるM&Aの時にも税金には注意が必要？

株式譲渡契約書の準備はOK。そして理解も進んできた。次に気をつけることってある？

税金に注意だね

株式譲渡によるM&Aと税金

●仕組み

株式譲渡によるM&Aは、7-2節で確認しました。経営者の所有する自社株を売却することで会社の所有者を変えるものでした。特徴は、会社にとっての変化が会社の所有者の変更に留まり、基本的には従来の事業形態を引き継ぐスムーズな手法といえる点です。

●経営者の自社株の売却と税金の関係について

今回の手法は、経営者の自社株の売却による方法となりますので、考えられる行為と税金負担は、主に下記の2つとなります。

①経営者の自社株の売却

こちらは、5-7節で確認しました。売却相手が発行会社以外の場合は、経営者へ株式譲渡所得税（申告分離課税15.315％（住民税除く））が課税され、仮に売却相手が発行会社である場合は、合わせてみなし配当所得税が課税されます。

②経営者の辞任（退職）と退職金の支給

経営者は、自社株の売却により売却先へ会社株主（会社所有者）としての立場を承継します。さらに自社株売却先の意向による新たな経営者の役員就任に伴い、自社の役員（従業員）を辞任（退職）することになるのが通常の流れです。

退職金は、この経営者の退職の際に支給を検討されます。

退職金の税金上の効果は4-7節、税金計算とルールは4-11節で確認しました。

経営者（役員）への退職金の株式譲渡によるＭ＆Ａその他への効果を考えよう

役員退職金は、支給する自社において、4-7節での資産を減額させるとともに大きな退職金という費用（損金）を計上する効果も持っています。

この大きな費用は、基本的に経営者が退職する事業年度に一度に計上されるため会社が赤字になることも想定されますが、事業承継という将来への費用のため、前向きな効果として考えることができます。

役員退職金は、基本的にインパクトある大きい金額の費用（損金）を一度だけ使うことができる方法です。最後にその効果を整理し、改めて支給の検討をしましょう。

・承継後の利益（所得）との通算ができる！

退職金支給事業年度が赤字になった場合には、その赤字は一定の要件のもとに翌事業年度以降の利益（所得）と相殺することができます。これにより翌事業年度以降の法人税等の負担を抑えることができます。

・投資家へ向けての準備方策との相性がいい！

自社は、自社株の売却によるＭ＆Ａに向けて購入者の自社株購入意欲を高めるための準備を進める必要があります。ムダをそぎ落とす資産整理といった内容になるかと思います。その際に資産の含み益や経営者からの借入金の債務免除益（贈与税課税も想定されますので注意が必要です）といった臨時的な利益（所得）の発生による法人税課税が想定されます。

役員退職金は、恐らく多額になることが予想されるその法人税課税の基となる臨時的な利益（所得）との相殺効果を持っています。

・自社株の評価を下げる効果の影響も考えよう

経営者は、自社株を売却する場合にその評価は高い方がいいのでしょうか？　低い方がいいのでしょうか？

経営者自身の手取収入（自社株の売却収入）のみ考えれば自社株評価は高い方が有利となりますが、総合的に考えた場合には、下記のような比較が必要となります。

①自社株の売却収入を重視した場合

売却収入（自社の資産整理業務による投資家の購入が前提）－株式譲渡所得税

②退職金の支給を実行した（経営者が退職金の受給を受けた）場合
　①＋退職金－退職金に係る退職所得税

　この比較を行う上では、

A 投資家の購入意思の確定のためには自社株の売買価格は低価格が有利
B 退職金支給（経営者受給）前後では自社株の評価額（売買価格）が異なり、経営者の自社株売却収入への影響が大きい
C 退職金支給（経営者受給）自体の経営者への手取収入への影響が大きい

といったさまざまな変動要素があるため、総合的な正解は何を重視するかということになります。

事業承継のさまざまな方法の中で正解となる方法は？

　役員退職金の効果について少し確認しました。役員退職金のみについてもさまざまな検討事項がありました。
　事業承継という大きな世界の中には、これまで確認したとおり多種にわたる留意事項とさまざまな対策の手法がありました。

①何を重視するのか？
②①に関係する留意事項は何か？
③②の対策として選択すべき手法は何か？

というような広い視野を持ち、早い段階から専門家への相談をはじめ、さまざまな準備をする必要があります。

用語の解説

事業年度：会社は株主その他関係者に対し、決算書などの書類を作成して財産状態や経営成績を報告する必要があります。その財産状態や経営成績を集計するための期間を言います。
含み益：会社が当初購入した資産の当初の購入価格とその資産を現時点で売却した場合の売却価格との差額（当初の購入価格＜現時点の売却価格）を言います。
債務免除益：債権者が債務者に対し、その債権の回収を放棄することで債務者が得る債務の無償化による利益を言います。

索引

【アルファベット】

DCF法	344,345
DD	348
DES	87,88
EBO	37,39,327
LBO	326,327
M&A	32,36,40,42,43,45,63,68
M&A仲介会社	31
M&Aの基本プロセス	340
MBO	327
Mergers and Acquisitions	40,43
NDA	341
PL	89
SWOT分析	104

【あ行】

後継ぎ遺贈型受益者連続信託	306,307
遺言	150,153,154,157,162,304
遺言執行者	282
遺言書	159,280,284
遺言代用信託	304
遺言の執行	282
遺産相続	214
遺産分割協議	144,148,168,193
遺産分割協議書	230,232
委託者	303
一時払い終身保険	232
一般税率	207
遺留分	152,154,156,158,163,169,246,251,252,265,266
遺留分減殺請求	38,39,63,153,154,156,157,162,172,246,248,278,282,286
遺留分の生前放棄	172,284,286
遺留分率	155
インカム・アプローチ	344
売上高	89
売渡請求権	142,281
営業	337
延納	231,232
延納可能限度額	232
延納許可限度額	231

延納税 ... 232
黄金株 ... 196

【か行】

会社内承継	36
会社分割	111
外部環境	107,109
外部教育	128
外部倉庫サービス	97
価額弁償	155
貸倒処理	223,224
家族信託	306
合併と買収	40
株価倍率法	344,345
株式	141,173,176
株式交換方式	312
株式譲渡	44,45,143,189,190,335
株式譲渡契約書	341,364
株式の合併	44
株式の交換	44,45
株式の売却	44
株式の分割	44
株主	175
株主総会	182
株主総会議事録	94
株主平等の原則	197
株主名簿	92,94,187,190
換価	232
管理会計	84
企業価値の評価	31
議決権	256
議決権行使の指図権	306
議決権数	292
議決権制限株式	38,39
議決の種類	141
期限の利益	71,72
期限の利益喪失	72
基礎控除	206,213,215,216,230,272,273,277,278
基礎控除額	211,273
基本合意書	347,354

369

吸収合併	336
給与所得課税	264
共有	145,192,279
許認可	350
寄与分	147
金融仲介機能のベンチマーク	71,72
偶発債務	365
グットバッドスキーム	111
国の支援	52
経営会議資料	94
経営管理体制	115
経営事項審査	114
経営者保証に関するガイドライン	325
経営承継円滑法	170,172,286,292,295,300
経営承継円滑法の特例	172,285
経営承継期間	297
経営の承継	25
経営力向上計画	119
経常利益	89
継続届出書	290
契約管理台帳	97
契約書原本	97
契約書のPDF	97
決算書	94
現在事項証明書	94
原則的評価方式	253
検認	153
権利行使者	193
後継者候補	127,128
後継者人材バンク	317
公正証書遺言	150,280
公認会計士	31
功労倍率	239
コーポレートガバナンス	115
個人事業	177
個人事業主	318
個人事業主の承継	314
個人保証	31,32
戸籍謄本	277,278
固定合意	170,285

【さ行】

債権放棄	87,88
財産評価基本通達	204,205,207,211,213, 217,218,221,223,224,273
財務体質	112
財務デューデリジェンス	349
債務の免除	111
債務免除益	368
時価	220,221
時価純資産法	343,345
事業	337
事業価値	112
事業価値を高める経営レポート	26
事業継続要件	290,292,297,302
事業再生ADR	111
事業資金	25
事業承継ガイドライン	52,74,76
事業承継計画	50,122,124,135
事業承継診断	76
事業承継診断クイズ	76
事業譲渡	31,32,44,45,111,143,335,336
事業譲渡契約	359
事業譲渡契約書	341,347,359
事業デューデリジェンス	349
事業年度	368
事業引継ぎ支援センター	31,32,317,318
事業分野別指針及び基本方針	119
資金不足	251
自己株式の購入	261
資産	86
自社株買い	201,202,203,205
自社株式	25
自社株式の買取り資金の調達	31
自社株式の譲渡	31
自社株の消却	264
自社株の相続	287
自社株の相続の税金	299
自社株の贈与	287
自社株の贈与税	272
自社株の贈与の税金	294
自社株の売買価格	253,255
自社株の売買価格のルール	258

自社環境	79
市場環境	79
自然人	177
私的整理	111
シナジー効果	31
自筆証書遺言	150,280
資本金等	229
社外関係管理	116
社内関係管理	116
収益還元法	344,345
従業員承継	36
従業員持ち株会	309
就業規則等の規定類	94
終身保険	232
受益者	303
主債務者	167
受託者	303
取得条項付き株式	196
取得費	229
取得費加算	229
種類株式	38,39,61,63,161,162,195
種類株主総会	197
準共有	145,148,192,194,279,282,306
純資産	86
純資産価額	313
純資産価額方式	220,222,223,224
小規模宅地の特例	225,226,228,235
承継円滑化法	328,329
商号続用責任	360
使用貸借	316
譲渡所得税	25,26
譲渡制限	142
譲渡制限株式	188
除外合意	170,285
所得税	25,26,201
所得税の税率	239
所有と経営の分離	180
申告分離課税	204,205
新設合併	336
親族	33,35,288,302
親族以外の人	288
親族内承継	34,242,245

信託	303,304,306
審判	148
審判手続	146
推定相続人	172,286
税金	200,203
生前贈与	160,196,201,249,274,275
生前贈与加算	266
生前贈与による承継	35,247
生前贈与の手続き	268
生前放棄	163
税務署への届出書類(控)	94
税務申告書	94
税理士会	67
節税	208
設備	25
宣誓供述書	157
専門家の支援	52
総合課税	205,237
相続	214,215,249,265
相続財産	251
相続時精算課税	275,276,278,298
相続時精算課税制度	209
相続時精算課税選択届出書	277
相続時精算課税適用財産	277
相続時精算課税分の贈与税	277
相続税	25,26,31,32,201,202,221,276,287
相続税の延納制度	230
相続税の課税価格	226
相続税の課税対象	266
相続税の総額の計算	212
相続税評価額	230
相続による取得	201
相続による承継	35,246
相続人	146
相続人等に対する売渡請求	143
相続人の順位	146
相続の税金	210
相続法	140,166
相続放棄	168,278
相続割合	146
贈与	214,215,265,271
贈与契約書	270

贈与税..... 25,26,31,32,201,202,221,278,287	
贈与税の基礎控除 266	
贈与税の計算 208	
贈与税の申告書 277	
贈与税の特例 209	
贈与税の納税猶予 209	
贈与の税金... 206	
組織図 94	
租税回避行為 310	
損益計算書 89	
損益通算... 260	

【た行】

第三者承継 68,129,132	
代襲相続.............................. 145,146,148	
代償金 248	
退職金 237,239	
退職所得 238	
第二会社方式 111	
代表取締役 183,184	
担保 102,231	
担保提供関係書類 289	
地域金融機関 58	
地域の支援 52	
知的資産... 25	
中小企業基本法 292	
中小企業庁.. 333	
中小企業等経営強化法............................118	
中小企業における経営の円滑化に関する法律	
.... 172	
中小企業における経営の承継の	
円滑化に関する法律............................ 286	
超過累進税率 205,206,207,213,215,	
216,266,272,273,296	
長期譲渡所得 215,216	
調停 146	
定期保険... 232	
逓減定期保険.. 224	
ディスカウンテッド・キャッシュ・フロー法	
.... 344	
低率の超過累進税率............................. 272	
デットカット...111	
デューデリジェンス 45,348	

登記簿騰本.. 94	
当期利益... 89	
倒産手続き...111	
同族株主 221	
登録免許税..236,363	
特殊決議..141	
独占交渉権.. 355	
特定承継..191	
特定同族会社事業用宅地等 83	
特別決議................................. 39,141,143	
特別受益.................... 147,156,157,159,162,	
248,265,266,278,282,286	
特別贈与財産 273	
特別方式遺言..150,152	
特例税率.. 207	
特例的評価方法 310	
取締役会..182,183	
取締役会議事録 94	
取締役会設置会社.................... 181,182,185	
取引事例法.. 344,345	

【な行】

内部環境..107,109	
内部教育 128	
内部承継 122	
内部統制報告書制度................................115	
日本公認会計士協会 65	
日本税理士会連合会................................ 67	
認定書の写し 289	
ネットアセット・アプローチ.................... 343	
のれん... 363	

【は行】

配偶者の税額軽減 212	
配偶者の税額軽減 213	
配当還元法.. 344,345	
配当還元方式 220,253	
配当所得 201	
配当優先無議決権株式 310	
売買 214,215,249,265	
売買による承継 247	
発行済株式総数 204,205	
非上場株式 254	
非上場株式の相続税の納税猶予................ 299	

372

非上場株式の贈与税の納税猶予......... 294,295
非上場株式の納税猶予
　............................225,227,288,289,291
被相続人.................................... 210,211,213
人の承継...................................... 25
非取締役会設置会社.................. 181,182,185
被保険者.................................... 232
秘密証書遺言.............................151
秘密保持契約............................42,351,357
秘密保持契約書............................ 341
表明保証条項............................ 365
含み益.................................... 368
付言.................................157,162
付言事項.................................157,159
負債.................................86,166
附帯合意.................................... 171
普通株式.................................... 195
普通決議.................................141
普通方式遺言............................. 150
物納.................................231,232
物納許可限度額............................ 232
物納制度.................................... 230
不動産.................................... 25
不動産取得税.............................236,363
プライベート・エクイティ・ファンド....... 327
分割課税.................................... 237
分割納付.................................... 231
弁済の繰り延べ.............................111
変動損益計算書.............................89,91
包括承継.................................191
放棄.................................... 163
法人.................................... 178
法人化.................................... 179
法人格.................................... 97,177
法定相続.................................... 149
法定相続人............................... 145,154,213
法定相続分.............................145,211,212,213
法的整理.................................111
法務デューデリジェンス........................ 349
簿価.................................220,221
簿価純資産法............................. 343,345
保険金.................................... 230

保険金受取人............................. 232
保険の種類................................. 232
保証.................................... 102
保証人.................................... 167

【ま行】
マーケット・アプローチ..................... 344
マイナス財産............................. 166
見える化................................. 26,50
磨き上げ.................................45,50,104
みなし配当.........................201,202,203,205
みなし配当特例.............................225,228
民間の支援................................. 52
民事再生法.................................111
民法の特例................................. 170
無議決権株式............................. 161,195
免除事由................................. 290
持ち株会社................................311
持戻し.................................147,157,248

【や行】
役員退職金................................. 273
優先株式................................. 195
養子縁組................................. 160
養老保険................................. 232

【ら行】
利子税................................. 297
リスケ.................................111
臨時株主総会............................. 186
類似業種比準価格..................... 313
類似業種比準価格方式..................... 224
類似取引比較法............................. 344,345
暦年贈与.........................266,269,271,296
暦年贈与による納税方法........................ 275
連帯保証............................. 31,166,167,168
連帯保証人.................................37,39,167
連年贈与................................. 269
労務................................. 98
労務デューデリジェンス........................ 349

373

●著者紹介
みんなの事業承継研究会

今井多恵子
慶応義塾大学法学部法律学科卒業。平成18年弁護士登録。

相続等を取り扱う一般民事の法律事務所とベンチャーから上場企業まで企業法務を中心に取り扱う法律事務所の双方を経験したのち、平成25年、同期弁護士とともに平河町にてist総合法律事務所を設立。企業法務及び個人からの相談案件も幅広く取り扱っている。主な著書に「ダンゼン得する 知りたいことがパッとわかる会社設立のしかたがわかる本」(共著 ソーテック社) ほか多数。

河江 健史
早稲田大学商学部卒業。平成14年公認会計士二次試験合格。

河江健史会計事務所代表、FYI株式会社代表取締役。監査法人、証券取引等監視委員会などの勤務を経て現職。「100年先にも残る事業を」との思いで事業承継支援を行う。著書は「インドネシアのことがマンガで3時間でわかる本」(共著 明日香出版社)、「会計事務所と会社の経理がクラウド会計を使いこなす本」(共著 ダイヤモンド社) ほか多数。

坂和 宏展
大阪大学法学部卒業。平成18年、東京弁護士会に弁護士登録し、都内法律事務所に勤務。平成22年、大阪弁護士会に登録換えし、坂和総合法律事務所にて執務。企業法務、一般民事事件 (特に不動産・交通事故等)、倒産事件、家事事件等を幅広く扱うほか、特色ある分野として、再開発・区画整理事業等を中心とするまちづくり関係業務を専門的に扱う。大阪経済法科大学非常勤講師 (民事執行・保全法、倒産処理法。H25〜)、奈良県行政書士会ADRセンター調停人養成候補者研修講師 (H28) 等。

船木 進
東北大学工学部卒、システムインテグレーション企業などを経て税理士業界へ。

趣味の飲食を実益にしようと飲食店専門の事務所、FS税理士事務所を設立準備中。

生駒 智彦

愛知学院大学商学部商学科卒業。平成24年税理士登録。

生駒智彦税理士事務所代表。

専門学校講師、会計事務所勤務を経て平成28年10月、税理士事務所を開業。個人、中小法人の身近な存在として税務コンサルティングをはじめ、その他サポート業務を行っている。

税理士法人ファーサイト

伊香賀照宏・青木幹雄・米津良治の30代の公認会計士・税理士3名が共同運営している東京千代田区の税理士法人。

先代が30年前に開業した会計事務所を、先代死去のため平成25年に代表者の息子である伊香賀が20代で承継し、他2名と共に平成27年に法人化して事業を行う。自身が事業承継に直面した経験から、事業承継に悩む企業が真に求める経営参謀として多数の承継案件に関与し、税務業務だけに限らない幅広いサービスを行っている。

カバーデザイン・イラスト mammoth.

事業承継のツボとコツが
ゼッタイにわかる本

| 発行日 | 2018年 4月 2日 | 第1版第1刷 |

著　者　みんなの事業承継研究会

発行者　斉藤　和邦
発行所　株式会社 秀和システム
　　　　〒104-0045
　　　　東京都中央区築地2丁目1-17　陽光築地ビル4階
　　　　Tel 03-6264-3105（販売）Fax 03-6264-3094
印刷所　三松堂印刷株式会社　　　Printed in Japan

ISBN978-4-7980-5321-9 C2034

定価はカバーに表示してあります。
乱丁本・落丁本はお取りかえいたします。
本書に関するご質問については、ご質問の内容と住所、氏名、
電話番号を明記のうえ、当社編集部宛FAXまたは書面にてお送
りください。お電話によるご質問は受け付けておりませんので
あらかじめご了承ください。